教育部人文社会科学青年基金项目
（项目编号：11YJC751035）

中国博士后科学基金第55批面上资助项目
（项目编号：2014M551667）

留学生与晚清文学转型

姜荣刚 著

中国社会科学出版社

图书在版编目(CIP)数据

留学生与晚清文学转型 / 姜荣刚著 . —北京：中国社会科学出版社, 2015.9
ISBN 978 - 7 - 5161 - 6920 - 9

Ⅰ.①留… Ⅱ.①姜… Ⅲ.①留学生教育—教育史—中国—清后期 ②中国文学—古典文学研究—清后期　Ⅳ.①G648.9 - 092②I206.2

中国版本图书馆 CIP 数据核字 (2015) 第 221044 号

出 版 人	赵剑英
选题策划	刘　艳
责任编辑	刘　艳
责任校对	陈　晨
责任印制	戴　宽

出　版	中国社会科学出版社
社　址	北京鼓楼西大街甲 158 号
邮　编	100720
网　址	http://www.csspw.cn
发行部	010 - 84083685
门市部	010 - 84029450
经　销	新华书店及其他书店

印刷装订	三河市君旺印务有限公司
版　次	2015 年 9 月第 1 版
印　次	2015 年 9 月第 1 次印刷

开　本	710×1000　1/16
印　张	15.5
插　页	2
字　数	280 千字
定　价	59.00 元

凡购买中国社会科学出版社图书，如有质量问题请与本社营销中心联系调换
电话：010 - 84083683
版权所有　侵权必究

目　录

导论 …………………………………………………………… (1)
　　一　本课题研究的现状与问题 ………………………………… (1)
　　二　本课题的研究意义、思路与方法 …………………………… (4)
　　三　研究对象的界定 …………………………………………… (8)

第一章　晚清留学生
　　　　——一个新兴文学群体的出现 ……………………………… (10)
　　第一节　晚清留学生文学群体出现的历史背景 ………………… (10)
　　第二节　晚清留学生文学群体考述 ……………………………… (14)
　　第三节　晚清留学生文学群体创作基本情况分析 ……………… (27)

第二章　异域体验与晚清留学生文学革新思想的形成 ………… (34)
　　第一节　从物质文明的诱惑到精神文化的认同 ………………… (34)
　　第二节　屈辱感、国民性与文学救国 …………………………… (40)
　　第三节　异域启蒙文学的催化 …………………………………… (45)
　　第四节　留欧美与留日学生文学革新思想之差异及其成因 …… (50)

第三章　留学生与晚清文学观念的裂变与重构 ………………… (54)
　　第一节　留学生与晚清小说戏曲观念的转变 …………………… (54)
　　第二节　艺术与审美：留学生与晚清"文学"本质的回归 ……… (58)
　　第三节　留学生与晚清世界文学观念的发轫 …………………… (65)

第四章　留学生与晚清翻译文学的兴起与繁荣 ………………… (67)
　　第一节　留学生与晚清翻译文学理论的形成 …………………… (68)

第二节　留学生与晚清诗歌翻译 …………………………………… (72)
　　第三节　晚清留学生与林译小说 …………………………………… (84)
　　第四节　留学生与晚清其他合译小说 ……………………………… (90)
　　第五节　留学生与晚清政治小说的翻译 …………………………… (94)
　　第六节　留学生与晚清虚无党小说的翻译 ………………………… (101)
　　第七节　留学生与晚清科学小说的翻译 …………………………… (109)
　　第八节　留学生与晚清侦探及其他小说类型的翻译 ……………… (114)
　　第九节　戢翼翚、苏曼殊、伍光建及吴梼的小说翻译 …………… (120)
　　第十节　周氏兄弟与晚清直译风气的开启
　　　　　　——《域外小说集》 …………………………………… (127)
　　第十一节　留学生与晚清戏剧翻译 ………………………………… (131)

第五章　留学生与晚清诗文革新 …………………………………… (136)
　　第一节　留学生对晚清"诗界革命"理论的发展 ………………… (136)
　　第二节　以新名词入诗及重"意境"轻格律的诗歌创作倾向 …… (139)
　　第三节　以古文传载西义的严复 …………………………………… (143)
　　第四节　留学生与晚清"新文体"的兴起 ………………………… (146)
　　第五节　晚清女留学生的新体诗文创作 …………………………… (150)

第六章　留学生与晚清小说戏曲变革 ……………………………… (158)
　　第一节　留学生与晚清"小说界革命"运动的发起 ……………… (158)
　　第二节　晚清第一部新小说
　　　　　　——文化输出与陈季同《黄衫客传奇》的小说书写 …… (166)
　　第三节　借历史抒发救国与革命思想
　　　　　　——晚清留学生的新型历史小说创作（上） …………… (173)
　　第四节　借历史抒发救国与革命思想
　　　　　　——晚清留学生的新型历史小说创作（下） …………… (179)
　　第五节　留学生与晚清种族革命小说（上） ……………………… (186)
　　第六节　留学生与晚清种族革命小说（下） ……………………… (194)
　　第七节　留学生与晚清其他类型的小说创作 ……………………… (198)
　　第八节　留学生与晚清短篇小说创作的转变 ……………………… (204)

第九节　留学生与晚清戏曲变革 ………………………（215）

参考文献 ……………………………………………………（225）

后记 …………………………………………………………（240）

导　　论

一　本课题研究的现状与问题

留学生是晚清始出现的一个独特文学群体，对中国文学的现代转型发挥了关键性作用，因此很早就受到了学界的关注。梁启超、鲁迅、周作人、许寿裳及冯自由等人的回忆文字及相关论著对晚清留学生的域外文学活动及其影响均有所涉及，唯零星粗浅不成系统。"五四"以后，晚清留学生的个案研究有较大进展，严复、鲁迅、邹容、陈天华、秋瑾、苏曼殊等知名人士均有较多研究成果问世，但从整体上对此一群体进行系统研究的论著却不多见。

相对而言，史学领域对留学生予以系统研究起步较早，对文学研究不无借鉴意义。1927年舒新城出版了第一部系统研究中国留学生的专著《近代中国留学史》，提供了一些参与过晚清文学活动的留学生的生平资料。嗣后日本学者实藤惠秀则以大量第一手资料撰成了《中国人留学日本史》（1960年）[①]，该著虽非文学专论，但却保存了不少留日学生的原始资料，对他们的文学活动也有所涉及，如第五章中"文学书籍的翻译"一节、第六章"对中国出版界的贡献"、第七章"现代汉语与日本词汇的摄取"等内容均与文学直接相关。20世纪80年代起留学生群体开始成为中国大陆学界研究的热点，孔凡岭《留日学生对中国近代文化的贡献》（《齐鲁学刊》1987年第6期）虽为史学论文，但涉及翻译、印刷技术改革、语言改革等与文学转型有关的内容，且有专节论述留学生对近代文学

[①] 据谭汝谦、林启彦称，实藤惠秀1939年写成《中国人留学日本史稿》，交东京日华学会出版（非卖品），后经多次增订改易，于1960年正式出版《中国人留学日本史》一书，1970年再出增订版。参见实藤惠秀《中国人留学日本史·译序》，谭汝谦、林启彦译，香港中文大学出版社1982年版。

发展的促进,可谓开全面系统研究风气之先。与孔著相比,李喜所的专著《近代留学生与中外文化》(天津人民出版社1992年版)时间跨度更长,论述也更为全面深入,作为文化内涵之一的文学理所当然地成为该著论述的重要内容之一。王奇生的《中国留学生的历史轨迹:1872—1949》(湖北教育出版社1992年版)则辟有专章探讨"留学生与中国文学"之间的关系。此外,还有周晓明的《多源与多元:从中国留学族到新月派》(广西师范大学出版社1999年版),李喜所主编、刘集林等撰写的《中国留学通史·晚清卷》(广东教育出版社2010年版),都不同程度地涉及文学方面的论述。

继史学之后,文学领域也开始注意到留学生文学群体的重要性。早在20世纪50年代日本学者泽田瑞穗就说:"经由大多数留学生之手,或是从事文学的介绍、或是秘密输入文学,乃至作文学上的无形贡献,皆有莫大的意义。这种现象到民国时期仍然持续不衰,始自周树人(鲁迅)、周作人兄弟,以至创造社的郭沫若、郁达夫、张资平等人,全是日本留学生出身。"[①]可惜他仅提出此一问题,未展开论述。周棉的论文《留学生与近代以来的中国文学》(《徐州师范学院学报》1990年第1、2期)首次全面系统地论述了留学生与近代文学的关系问题,该文虽为纲领式论述,且跨越近现代文学领域,但涉及晚清留学生的内容与以往相比有较大拓展,并对他们的作用与影响有较为中肯的评价。相对而言,20世纪30年代曾留学日本的贾植芳,其《中国留日学生与中国现代文学》(《中国比较文学》1991年第1期)对留学生与中国现代文学关系的描述更为生动可感,他不仅仔细分析了留欧美与留日学生的差异,而且区分了不同时期留学生对文学的态度与贡献,他将晚清留日学生视为第一代,认为是他们"从日本回国发起了新文学运动"。另外,陈辽的《略论留学生对中国文学发展的贡献》(《徐州师范大学学报》2005年第2期)、钟俊昆的《留学生与20世纪中国前期文学思潮》(《徐州师范大学学报》2000年第2期)与《留学生与二十世纪前后的中国散文》(《江西社会科学》2002年第10期)等,也分别从不同的角度探讨了20世纪前后留学生与中国文学转型之间的关系。

[①] [日]泽田瑞穗:《晚清小说概观》,谢碧霞译,林明德编:《晚清小说研究》,台北联经出版事业公司1988年版,第31页。

21世纪以来，留学生文学得到了更为深入的研究，涌现出几部有分量的专著，其突出表现则是研究思路与方法的自觉创新。郑春在其《留学背景与中国现代文学·导言》中就明确提出其总体思路是："提出一个概念，梳理一段历史，探讨一种意义"①，这个概念即是"留学背景"，以此为视角该著探讨了"留学背景"与现代文学的开创、建设与开放等诸多方面的关系，并阐述了具有留学背景的现代作家与现代文学整体建构之间的关系。

李怡的《日本体验与中国现代文学的发生》则认为："今天，虽然存在着文学史观念的若干差异，但在反映留学生与中国现代文学的紧密关系这一方面，却有着广泛的共识"，"但是，究竟如何描述和估量留外中国知识分子（作家）所承受外来观念的方式，或者说所谓的外来因素是如何作用于他们并通过他们对整个中国文学的现代转换产生的意义呢"？在他看来，这个"卓有成就并渐趋成熟的一种阐释模式"就是"中外文化交流"，即"考察这些中国知识分子（作家）接受了哪些外来文化的熏陶和影响，然后在他们各自的创作中寻找与那些外来的相类似的特征，以此作为中国现代作家与整个现代文学在'中外文化交流'之中发展变化的具体表现"。李怡承认"这一研究模式的合理性便在于它的确反映了中国现代文学发生发展所背靠的文化交流的历史事实"，但他同时又指出这一研究模式在实际的文学比较当中，"很容易忽略'交流'现象本身的诸多细节，或者说是将'影响研究'简化为异域因素的'输入'与'移植'过程"，也就是说它"在很大程度上漠视了文学创作这一精神现象复杂性"。于是李怡提炼出"体验"这一融合了作家情感态度、美学趣味、文学选择的精神性要素作为"留学教育"与文学创造之间的中介，因为"在主体体验的世界里，所有外来的文化观念最终都不可能是其固有形态的原样复制，而是必然经过了主体筛选、过滤甚至改装的'理解中'的质素。中国作家最后也是在充分调动了包括这一文化交流历程中的种种体验的基础上实现了精神的新创造"。这样，李怡自然就认为"在中国近现代留学生所完成的中外文化交流中"，更应该成为讨论对象的是留学生作家的"异域体验"。②

---

① 郑春：《留学背景与中国现代文学·导言》，山东教育出版社2002年版，第1页。
② 李怡：《日本体验与中国现代文学的发生》，北京大学出版社2009年版，第1—4页。

除此之外，留学生文学形象也成为学界研讨的一个热点。2000年上海文艺出版社推出了六卷本的《中国留学生文学大系》，标志着这一研究受到了学界的广泛重视。此方面的研究专著有台湾林仪庄的硕士论文《晚清留学生小说之主题研究（1894—1911）》（2002年）、李东芳《从东方到西方：20世纪中国大陆留学生小说研究》（中国文联出版公司2006年版）等。

大致说来，上述关于留学生文学群体的研究主要集中在现代文学领域，晚清留学生虽有所涉及，但仅限于少数知名人士，与个案研究无异。因史料开掘的不足，大部分晚清留学生作家至今仍游离于研究者视野之外。目前的研究显然不足以反映晚清留学生文学群体的全貌，他们对晚清文学转型的作用与影响也未得到有效揭示，这显然限制了我们对中国新文学发生问题的认识。不过这种研究格局的偏颇近年来已经引起一些学者的注意，近代小说研究专家潘建国先生就曾撰文呼吁要将留学海外的中国文人纳入近代小说研究的地理范畴（《近代小说的研究现状与学术空间》，《文学遗产》2006年第1期）。而且从发表的论著来看，相关研究也较以往有所提升，相信随着晚清文学研究与史料开掘的不断深入，晚清留学生文学群体必将成为今后晚清文学研究的一个新的学术增长点。

二 本课题的研究意义、思路与方法

（一）研究意义

王富仁在《影响21世纪中国文化的几个现实因素》中称："20世纪文化就是留学生文化，中国最早派出的国外留学生在中国20世纪文化的发展中起了关键性的作用，后来的发展是在最初的留学生文化的基础上展开的，并且他们在整个20世纪中国文化中都扮演了一个重要角色。"[①] 这虽然说的是文化，对文学而言自然也不会例外。应该说留学生不是最早走出国门，当然也不是最早接触西方文学的中土人士，何以会对中国文学的转型起到如此重要的作用呢？辜鸿铭曾讲过一个《看画》的故事，称某"土财主时往某行，见美少年终日危坐看书"，因招赘为婿，入门后召之曰："从此若可将我家一切账目管理，我亦无须再用管账先生。"美少年

---

① 王富仁：《影响21世纪中国文化的几个现实因素》，《战略与管理》1997年第2期。

赧然良久始答曰："我非看书，我看书中之画耳。"辜氏借此讥讽其时："中国王大臣出洋考察宪政，亦可谓之出洋看洋画耳。"① 这个比喻是相当贴切的，因为当时奉命出国的使臣及其随员，除翻译官外，大都不懂外语，出国考察自然如看书之仅看画耳。钱钟书在《汉译第一首英语诗〈人生颂〉及有关二三事》中引用了这个故事的结尾，并说："语言的困难必然阻碍了对文学的领会，而且也竟抑止了对文学的好奇。"② 这确为见道之言。早期走出国门的中土人士，如郭嵩焘、薛福成、曾纪泽等，其中不乏诗文名家，但似乎均未对西洋文学产生什么兴趣。光绪初年时任驻英大使的郭嵩焘就说英国："富强之基与其政教精实严密，斐然可观；而文章礼乐不逮中华远甚。"③ 流亡海外数年的王韬与郭嵩焘的看法几无二致，他说："英国以天文、地理、电学、火学、气学、光学、化学、重学为实学，弗尚诗赋词章。"④

这就使得留学生在晚清的文学转型中必然要发挥极其重要的作用，因为无论他们修的是何种专业，语言是必过的一关，这就不可避免地要涉及对方的文学作品与观念。而且出于学习的需要，他们也更注重了解对方的文化风情，对方的文学观念也自然比较容易对他们产生潜移默化的影响。甚至有些留学生学习外语，就是为了敲开西方文学的大门，如周作人说鲁迅"学了德文，却并不买歌德的著作，只有四本海涅的集子。他的德文实在只是'敲门砖'，拿了这个去敲开了求自由的各民族的文学的门"⑤。而他自己的英文也不过始终是学习英语文学的"居中传话的媒婆而已"⑥。同时，为了更好地掌握外语，大量阅读文学作品自然是十分有效的方法，如宋教仁在日本留学期间就决心"每日下午读日本小说数页，以熟习日语"⑦。由此可见，留学生对西方语言的学习必然会导致其对西方文学作

---

① 辜鸿铭、陶菊隐：《张文襄幕府纪闻 近代轶闻》，《民国笔记小说大观》第1辑，山西古籍出版社1996年版，第52页。
② 钱钟书：《七缀集》，生活·读书·新知三联书店2003年版，第151页。
③ 郭嵩焘：《伦敦与巴黎日记》，岳麓书社1984年版，第119页。
④ 王韬：《漫游随录·扶桑游记》，湖南人民出版社1982年版，第122页。
⑤ 周启明：《鲁迅的青年时代》，参见鲁迅博物馆、鲁迅研究室、《鲁迅研究月刊》选编《鲁迅回忆录》，北京出版社1997年版，第813页。
⑥ 周作人：《东京的书店》，参见钟叔河编订《周作人散文全集》第7卷，广西师范大学出版社2009年版，第343页。
⑦ 湖南省哲学社会科学研究所、古代近代史研究室校注：《宋教仁日记》，湖南人民出版社1980年版，第309页。

品的接受。因此,与其他文学群体相比,留学生有着更为强烈的求新求变意识,研究20世纪前后中国文学的现代转型,他们无疑是最好的参照。近代文学研究专家郭延礼先生就说早期的这批留学生是"中国第一代知识分子,思想观念、人生理想、行为方式、知识结构和古代的'士'均大不相同。创造主体的这种变化对于这时期中国文学由古典向现代的转型极为重要"①。

(二) 研究思路

中国留学生严格意义上说是在晚清才开始出现的,从道光二十七年(1847)容闳、黄胜、黄宽等三人首次留学美国,至宣统三年(1911)清廷灭亡,总共只有60余年的时间。在这短短60余年的时间里,除去早期被中途撤回的留美幼童,第二批由福建船政学堂派出的留欧学生也只有81人,且其专业仅限于西方的军事科技,归国后多从事与之专业相关的行业,参与文学活动者仅寥寥数人而已。甲午中日战争以后,留学始形成风气,人数遂逐年激增,但此时距清亡仅十数年,从事文学活动的留学生虽不乏其人,但多年轻后进,因此在创作上不可能及时地占据主流地位。活跃在文坛上的仍是未曾踏出国门,或没有留学经历的传统文人,如晚清的四大谴责小说家李宝嘉、吴趼人、刘鹗、曾朴皆是。

当然,晚清留学生虽不是其时最具创作实绩的文学群体,但其求新求变的强烈意识却代表了未来文学发展的方向,他们文学活动的新尝试成为推动晚清文学转型的主要动力。同时,与现当代的留学生相比,由于史料开掘的不足,晚清留学生文学群体的留学经历多模糊不清,甚至难以确定其留学生的身份,这就使得许多从事过文学活动的留学生仍游离于研究者视野之外,从而限制了对此一文学群体的深入研究。因此,本课题不拟提供一种新的阐释模式,而是以实证为基础全面揭示此一文学群体的基本情况,并对他们的文学贡献予以符合历史事实的评价。其基本研究思路主要表现为:

1. 确立研究对象。具有域外留学经历是本课题研究对象的共同特点,也是研究展开的基础,但是由于缺乏史料的有效收集与整理,晚清留学生文学群体的留学经历大多难以确定,因此本课题研究的第一项重要内容就

---

① 郭延礼:《中国前现代文学的转型》,山东大学出版社2005年版,第13页。

是通过大量史料的钩稽、整理与研究，理清晚清哪些作家有过留学经历，建立资料库，确定研究对象的范围。

2. 紧紧抓住留学经历这一关键点。留学生的域外知识接受与生活体验不仅重塑了他们的文学观念，也改变了他们对传统文化的固有认识，从而使其文学活动表现出与传统士人迥异的特点，这主要表现为对传统文学的批判精神与革新意识，对新文学事物的接受与认同，这种积极的开拓精神是晚清文学转型的重要表现。可以说留学背景是晚清留学生作家群体文学创新意识的源泉，因此理清留学背景与晚清留学生文学革新意识之间的关系是本课题研究的重点所在。

3. 注重留学生文学活动的新尝试。留学生是晚清新兴的一个创作群体，其文学活动的新尝试体现了当时文学发展的新要求，以此为观察视角可以有效地揭示晚清文学转型的路径与特点。

基于以上研究思路，本课题主要涉及以下几方面的内容：

1. 留学经历的考索与分析。一方面分析晚清留学生作家群体出现的历史背景，这一背景对留学生专业选择及域外文学接受的影响；另一方面分析留学生在域外的文学接受与生活体验，这一特殊经历对其文学观念重塑及创作理念转变的影响。

2. 留学生与晚清文学观念的重构。与本土作家相比，留学生有西方文化知识的系统训练，又直接受到西方文学作品与观念的濡染，因此文学观念与理论革新的意识远远超过其他任何一个群体。此部分内容主要考察留学生域外文学观念的接受情况，以及他们如何借助域外文学理论资源重构晚清的文学观念。

3. 晚清留学生文学活动及创作的新变。留学生在域外创办文学专刊及以新式印刷与装订技术出版文学读本，改变了传统文学的载体。同时，他们在翻译、语体、文体、题材及艺术手法等方面的变革与新尝试，扭转了传统文学的书写形态与表现形式，有力地推动了晚清文学的转型。本项内容即是从上述两个方面考察留学生文学活动与创作的新变及其对晚清文学转型的促进与影响。

4. 留学生与晚清文学转型的历史评价。从晚清留学生文学活动及创作的实绩，以及对未来文学发展的影响这两个不同的侧面对留学生与晚清文学转型的关系作出符合历史事实的客观分析与评价。

(三) 研究方法

基于本课题的研究实际拟采用的方法主要有：

1. 宏观与微观相结合。以整体观照揭示晚清留学生作家群体的主要特点，以重要留学生作家的个案剖析深化宏观认识，力求通过晚清留学生作家群体的研究全面客观地揭示晚清文学转型的路径与特点。

2. 理论分析与实证考察相结合。既注重充足的文献依据，又追求富于深度的理论诠释；以丰富翔实的文献奠定理论诠释的坚实基础，以富于深度的理论诠释解析具体问题，揭示研究对象的共同特点及文学活动的深层动机。

3. 统计学的方法。通过提供客观、具体的数据统计，以及对研究对象进行合理的分类、归纳获得信实的结论。

此外，还注重吸取传播学、接受美学与比较文学的有益成分，力求达到历史与逻辑的统一。

三　研究对象的界定

"留学生"一词是日本人的创造。远在唐朝，日本政府为吸收当时中国的先进文化，就曾多次派遣唐使来到中国，由于遣唐使是外交使节，停留时间有限，不能对中国文化予以系统学习。因此，日本政府从第二次派"遣唐使"时起，便一同派来了"留学生"与"还学生"。"还学生"在"遣唐使"归国时一同回国，"留学生"则继续留在中国学习。千余年来，"留学生"一词在中国一直沿用至今。清末关于"留学生"的称呼有多种，如"游学生"、"游洋生"、"游历生"、"洋学生"等，今天则统称"留学生"。

《汉语大词典》对"留学生"一词的解释是："留于他国学习的学生。"[①] 此种解释首先表明"留学生"隶属于"学生"这一大的范畴，与一般学生不同的特殊属性在于"留学生"是停留于他国进行学习。既然是"学生"，"留学生"自然应有在他国学校进行系统学习的经历。但研究近代留学生的学者大多取其广义，如周棉在《留学生与近代以来的中

---

① 罗竹风主编：《汉语大词典》第7卷，汉语大词典出版社2001年版，第1333页。

国文学》中对"留学生"的界定即是"既指那些专门去国外求学者,也指那些'出洋者'——包括长期在海外居住、游历、考察、工作,同时在海外学习与留学生一样亲眼目睹西方近代文明,在思想上学识上深受影响的人"①,这一界定是相当宽泛的,一些并非真正意义上的留学生,如王韬、康有为、梁启超等,皆被囊括进去。周棉对留学生的描述与界定代表了其时大多数学者的取义,如李喜所《近代留学生与中外文化》、陈潮《近代留学生》等著作便将王韬视为留学生加以论述②。

作为留学教育的发轫期——晚清,时人对留学的认识不像今天这样精确与严格,因此周棉等学者对留学生的解释与界定,一定程度上符合当时留学情况的基本实际。但范围过宽,不免泯灭了留学生与出国考察或游历之士的差别,王韬虽因避祸在欧洲游历了三年,对西方的物质文化也曾予以有意识的考察了解,但并未进入学校进行系统学习,其对西学的认识不免流于走马观花式的肤浅,很难与真正意义上的留学生相提并论。因此,为论述之严谨科学,本书对留学生的界定与周棉等学者有所不同,作为留学生必须是留于他国进入学堂进行系统学习的学生,未曾进入学堂的一律不纳入本书考察的范围,即使是梁启超这样流亡日本期间自觉学习外语与西方文化的人士也不例外。但留学学校无法考知的,而时人皆目之为留学生的则仍在本书论述范围之内。确切地说,本书考察的留学生是一批有过域外学堂学习经历的文学群体。在论述这样一个独特的文学群体时,本书侧重于其留学期间的文学接受及其以后的文学活动,对于留学以前的文学活动则不作重点考察。

---

① 周棉:《留学生与近代以来的中国文学》,《徐州师范学院学报》1990年第1期。
② 参见李喜所《近代留学生与中外文化》第一章第五节之"王韬留学欧洲及其文化思想"、陈潮《近代留学生》(中华书局、上海古籍出版社2010年版)第一章"负笈欧罗巴"关于王韬的论述。

第一章　晚清留学生
——一个新兴文学群体的出现

第一节　晚清留学生文学群体出现的历史背景

留学生是晚清中国学习西方的直接产物。在此之前，中国向以文明之邦自诩，卑视四夷，以为野蛮不被王化，所以只有四夷仰慕中华文化而向中国派遣留学生，而未闻中国向四夷派遣留学生的情况。鸦片战争以后，中国的大门被西方的坚船利炮敲开，一些有识之士才开始正视西方的文化。龚自珍、林则徐与魏源即是早期放眼世界的佼佼者，他们开启了晚清大规模学习西方的先河。魏源提出的"师夷长技以制夷"的观点，成为后来洋务派轰轰烈烈改革运动的指导思想。既然要"师夷"，当然不能仅靠转贩与译书，所谓"百闻不如一见，自以派人出洋游学为要"[①]。这一思想观念的重大转变，是晚清留学生出现不可或缺的历史条件。

谈晚清留学生，容闳是一个绕不过去的人物，他不仅是中国第一个真正意义上的留学生，而且是中国第一批官派留学生的最早倡导者，其在中国留学史上的重要地位正如舒新城所说："无容闳，虽不能一定说中国无留学生，即有也不会如斯之早，而且派遣的方式也许是另一个样子，故欲述留学之渊源，不可不先知容闳。"[②] 容闳1828年11月17日出生于广东香山县南屏镇，1841年入马礼逊教会学校，1846年冬主持校务的美国人勃朗（Rev. S. R. Brown）准备归国，欲携诸生一同前往美国深造。"与戊戌维新以后人们视出国留学为'时髦'之事不同"，此时人们尚把"出国

[①] 中国史学会主编：《中国近代史资料丛刊·戊戌变法》第2册，上海人民出版社1957年版，第49页。

[②] 舒新城：《近代中国留学史》，上海书店出版社2011年版，第2页。

留学当作万不得已的冒险之举"①，所以最终只有容闳、黄宽与黄胜等三人响应。1847年1月4日容闳等三人随勃朗夫妇乘船赴美，容闳先是进入马萨诸塞州的蒙森预备学校，后因学习刻苦考入耶鲁大学，1854年夏完成所有必修课程，获得耶鲁大学颁发的学士学位，成为第一个受过西方正式教育并取得学位的中国人。

容闳在美国留学期间，尤其是大学的最后一年，对比中国与美国国民所受教育的巨大差异，使他一度意志消沉，也因此深深感到自身责任之重大，决心使中国的下一辈人享受与自己同样的教育。"通过西方教育"，使中国"变成一个开明、富强的国家"②，成为容闳归国后毕生致力的目标。凭借过人的才华与出色的表现，容闳归国后很快取得了实力派人物曾国藩与丁日昌的赏识与信任，并在他们的帮助下于1872年8月11日促成了第一批留美学生的成行。虽然因种种原因，留美幼童中途被撤回，没有达到预期目标，但其意义却甚为重大，正如有论者所说"这只是前进中的问题，洋务时期的留学教育开风气之先，具有拓荒期的奠基功用"③。

在留美幼童的启发下，1873年12月福建船政大臣沈葆桢向清廷上《奏请分遣学生赴英法两国学习造船驶船折》，后经多方努力，1877年3月31日，第一批由官方正式派遣的留欧学生严宗光（严复）等28人成行，并于1880年三年期满按预定计划先后学成归国。紧接着福建船政学堂又连续派出了两批留欧学生，加上第一批，福建船政学堂前后共派出了81名留欧生。虽然这些留欧生学习的均是军事科技，但他们显然也受到了西方文学的深刻熏陶，归国后有一些人参与了晚清的文学改良运动，如严复、陈季同、马建忠、魏瀚、伍光建、陈寿彭、王寿昌等，对晚清文学的转型起到了不可忽视的重要作用。

甲午之战，日本以蕞尔小国令向以天国自许的清朝降尊求和，割地赔款，辱国之甚为开国以来所未有，从而激起"国人普遍痛觉的危亡意识"④。梁启超说："吾国四千余年大梦之唤醒，实自甲午战败，割台湾，

---

① 张海林：《王韬评传 附容闳评传》，南京大学出版社2002年版，第382页。
② 容闳：《西学东渐记》，王蓁译，中国人民大学出版社2011年版，第26页。
③ 刘集林等撰：《中国留学通史·晚清卷》，广东教育出版社2010年版，第2页。
④ 王尔敏：《晚清政治思想史论·自序》，广西师范大学出版社2005年版，第3页。

偿二百兆以后始也。"① 痛定思痛后，晚清朝野士大夫的思想观念发生了巨大变化，他们"将日本的胜利归咎于日本的近代化发展，尤其是教育的近代化，认识到教育在实现国家富强、挽救民族危亡中的重要性，于是，全国上下澎湃着效法日本、学习日本、研究日本的呼声。而东渡扶桑撷其菁华，向日本派遣留学生更是被视为其重要途径之一"②。当然，留学日本还有其天然的便利条件，张之洞在其《劝学篇》中就说："至游学之国，西洋不如东洋：一路近省费，可多遣；一去华近，易考察；一东文近于中文，易通晓；一西书甚繁，凡西学不切要者，东人已删节而酌改之。中东情势风俗相近，易仿行，事半功倍，无过于此。"③ 与以往不同的是，朝廷也已认识到派遣留学生是变法图强的一个重要途径，开始积极倡导并督促地方督抚向域外派遣留学生。1898年8月2日光绪皇帝颁布上谕称："现在讲求新学，风气大开，惟百闻不如一见，自以派人出洋游学为要。至游学之国，西洋不如东洋，诚以路近费省，文字相近，易于通晓。且一切西书均经日本择要翻译，刊有定本，何患不事半功倍。或由日本再赴西洋游学，以期考证精确益臻完备。前经总理衙门奏称拟妥定章程，将同文馆东文学生酌派数人，并咨南北洋两广两湖闽浙各督抚，就现设学堂遴选学生，咨报总理衙门，陆续派往。著即拟定章程，妥速具奏，一面咨催各该省迅即选定学生，开具衔名，陆续咨送，并咨询各部院，如有讲求时务愿往游学人员，出具切实考语，一并咨送毋延缓。"④ 除了要求各省督抚妥筹经费以备留学开销外，朝廷还鼓励"有财力之文武各大员及各省富商，各选聪颖子弟，自备资斧报名，由各省咨送总理衙门，一体汇送外洋学堂肄业"⑤。在此种情势下，中国派往域外的留学生人数开始明显增加，截至1900年仅派往日本的留学生人数就达161人之多⑥。

义和团事变之后，清廷迫于内外形势开始颁行宪政改革，一时朝野向

---

① 梁启超：《戊戌政变记》，梁启超：《饮冰室合集》专集之一，中华书局2011年版，第1页。
② 谢长法：《中国留学教育史》，山西教育出版社2006年版，第22页。
③ 张之洞：《张之洞全集》第12册，河北人民出版社1998年版，第9738页。
④ 中国史学会主编：《中国近代史资料丛刊·戊戌变法》第2册，上海人民出版社1957年版，第49页。
⑤ 《总理各国事务奕劻等折》，国家档案局明清档案馆编：《戊戌变法档案史料》，中华书局1958年版，第294页。
⑥ 李喜所：《清末留日学生人数小考》，《文史哲》1982年第3期。

风,"士大夫惶恐奔走,欲副朝廷需才孔亟之意,莫不言新学、新学"①。以往尊尚的"圣贤之书"被认为是"残废不合时宜"②,"一切政治习尚,自顾皆成锢陋,方不得不舍此短以从彼长"③,国人文化自信心的彻底丧失使得留学成为一时风尚,甚至被看作当下救国的唯一有效途径,《游学译编》发表的《劝同乡父老遣子弟航洋游学书》就称:"中国误于道咸以后购买军器之方针,而有甲午之役;误于戊戌以后摧翻新政之方针,而有庚子之役;今日曰振兴学校,送子弟出洋求学,诚今日方针之所不可再误者也……且中国有何种学问适用于目前,而能救我四万万同胞急切之大祸也?某今又决言曰:惟游学外洋者,为今日救吾国唯一之方针。"④ 一时之间,"青年学子,相率求学海外,而日本以接境故,赴者尤众"⑤,留学人数陡增。据统计,留日学生1901年为274人,1902年为573人,1903年增为1300人左右,1904年为2400余人,1905年激增为8000人,1906年更增至12000余人⑥。

如此众多的留学生,虽然其专业取向如鲁迅所说"在东京的留学生很有学法政理化以至警察工业的,但没有人治文学和美术"⑦,但与洋务运动时期留学生不同的是,甲午之后留学生学习的重点已由西方的"军兵器械之末"转移到"士人之学、新法之书"⑧上来,从事法政等文科专业的学生亦不在少数,甚至还有像鲁迅这样留学期间因受异域文学风尚的濡染产生了一种"茫漠的希望","以为文艺是可以转移性情,改造社会的"⑨,正是这种"茫漠的希望"使得大批留学生参与到晚清的文学革新运动中去。晚清亦曾留学日本的冯自由称:"庚子以后,东京留学生渐濡染自由平等学说,鼓吹革命排满者日众,《译书汇编》、《开智录》、《国民

---

① 冯自由:《政治学序言》,[德]那特硞:《政治学》,冯自由译,广智书局1902年刊。
② 棣(黄世仲):《小说种类之区别实足移易社会之灵魂》,陈平原、夏晓虹编:《二十世纪中国小说理论资料》(第1卷),北京大学出版社1997年版,第239页。
③ 世(黄世仲):《小说风尚之进步以翻译说部为风气之先》,同上书,第322页。
④ 《游学译编》第6期(1903年)。
⑤ 梁启超:《清代学术概论》,夏晓虹点校,中国人民大学出版社2004年版,第218页。
⑥ 参见李喜所《清末留日学生人数小考》,《文史哲》1982年第3期。
⑦ 鲁迅:《〈呐喊〉自序》,《鲁迅全集》第1卷,人民文学出版社2005年版,第439页。鲁迅说的有点绝对,实际上治文学的也有,如后文论述到的陈景韩即是,不过这类留学生极少。
⑧ 姜义华编校:《康有为全集》第3集,中华书局1992年版,第583—584页。
⑨ 鲁迅:《〈域外小说集〉序》,《鲁迅全集》第10卷,人民文学出版社2005年版,第176页。

报》缤纷并起,《湖北学生界》、《新湖南》、《江苏》各月刊继之,由是留学界有志者与兴中会领袖合冶为一炉。革命出版物,风起云涌,盛极一时,在壬寅(清光绪二十八年)上海《苏报案》前后,已渐入于革命书报全盛时期矣。"① 梁启超亦称:"壬寅癸卯间,译述之业特盛;定期出版之杂志不下数十种,日本每一新书出,译者动数家;新思想之输入,如火如荼矣。"② 这些由留日学生创办或直接参与的刊物有不少登载文艺作品,甚至还出现了《新小说》这样专门的小说杂志。日本学者樽本照雄通过统计,发现清末民初的期刊存在着三角形分布的状态,他说:"清末民初的期刊不只在中国大陆创刊。在上海发行的期刊固然多,日本、美国、新加坡、法国等地也有……在上海、北京和日本三地创办的约占总数66%左右。可以说:从清末到民初在上海创刊的还是占多数。1900年代在日本创刊的比较多,而1910年代以后则在北京创刊居多……梁启超的《清议报》、《新民丛报》和中国第一本小说专门杂志《新小说》都在日本出版……世界各地都有汉语期刊,但上海、日本和北京这三个地方所起的作用特别大。所以我把它叫做'杂志三角形'。"③ 日本之所以能成为清末民初期刊三角分布中的最初一角,显然应主要归功于其时大量负笈东渡的留日学生。

第二节 晚清留学生文学群体考述

留学生作为晚清新兴的文学群体,其重要性已为学界所公认,但是到底有多少留学生参与了晚清的文学活动,迄今为止似乎并未得到全面的梳理与统计,即使有也属猜测④。如此一来,我们不仅无法在脑海中建立起晚清留学生文学群体的清晰印象,而且留学生对晚清文学变革所起到的重

---

① 冯自由:《革命初期之宣传品》,冯自由:《革命逸史》初集,中华书局1981年版,第11页。
② 梁启超:《清代学术概论》,夏晓虹点校,中国人民大学出版社2004年版,第218页。
③ [日]樽本照雄:《清末民初的翻译小说——经日本传到中国的翻译小说》,王宏志主编:《翻译与创作——中国近代翻译小说论》,北京大学出版社2000年版,第152页。
④ 郭延礼在《中国前现代文学的转型》一书中推测"20世纪第一个20年的作家群中,留学生大约有百人左右"。这显然是低估了,后文表中所统计的仅为20世纪第一个10年,其人数已达85人之多,何况这只能算是一个不完全的统计。参见郭延礼《中国前现代文学的转型》,山东大学出版社2005年版,第13页。

要作用也无从谈起。因此，我们首先通过大量文献资料的翻检，大致确定了这一文学群体的范围，为清晰起见，现制表如下：

姓名	籍贯	留学时间及年龄	费别、国度	留学学校	学习专业	主要文学活动与创作
容闳[1]（1828—1912）	广东香山	1850—1854，23岁	自费，美国	耶鲁	大学本科，获学士学位	《西学东渐记》
辜鸿铭[2]（1857—1928）	福建同安（生于马来西亚槟榔屿）	1873—1877，17岁	英国	爱丁堡大学	西方文学，获文学硕士学位	译作《痴汉骑马歌》等
马建忠（1845—1900）	江苏丹徒	1877.3—1880，33岁	随员，法国	巴黎政治学院	交涉、法律等	翻译理论文章
陈季同（1852—1907）	福建侯官	1877.3—1880，26岁	文案，法国	政治学校	交涉、律例	《黄衫客传奇》《英勇的爱》等法文作品
魏瀚（1850—1929）	福建闽侯	1875.2—1879，26岁	公费，法国	削浦官学	制造	促成《巴黎茶花女遗事》的翻译
严复（1853—1921）	福建侯官	1877.3—1880，25岁	公费，英国	格林尼次官学	驾驶	翻译《美术通诠》等，著《严复集》
何心川		1877.3	公费，英国	格林尼次官学	测量、格致	翻译小说《双冠玺》
伍光建（1866—1943）	广东新会	1886—1889，21岁	公费，英国	海军部格林书院	兵船管轮机学	翻译小说《侠隐记》《续侠隐记》等

---

[1] 留学情况参见《西学东渐记》，王蓁译，中国人民大学出版社2011年版。
[2] 留学情况参见黄兴涛《文化怪杰辜鸿铭》附录一《辜鸿铭生平大事年表》，中华书局1997年版，第367页。

续表

姓名	籍贯	留学时间及年龄	费别、国度	留学学校	学习专业	主要文学活动与创作
陈寿彭（1855—?）	福建侯官	1886—1889，32岁	公费，英国		海军公法、英语①	与薛绍徽合译《八十日环游记》等
王寿昌（1864—1926）	福建闽县	1886—1892，23岁	公费，法国	学部律例大书院	法文、万国公法	与林纾合译《巴黎茶花女遗事》，著《晓斋遗稿》
冯自由（1882—1958）	广东南海	1896—1902，15岁	日本	晓星学校（东京天主教办）、大同学校、东京专门学校	政治	从事报刊编辑，著小说《贞德传》
戢翼翚（1878—1908）	湖北房县	1896.3—?，19岁	公费，日本	高等师范学校、东京专门学校		从事期刊编辑、出版，翻译小说《俄国情史》
方庆周（1877—?）	广东东莞	1897，21岁	自费，日本	高等师范学校		翻译小说《电术奇谈》
罗普②	广东顺德	1898	公费，日本	早稻田专门学校		与梁启超合译小说、编辑《新小说》，著小说《东欧女豪杰》
卢藉东（1876—?）	广东南海	1898.2—1898.6，23岁	日本	蚕业讲习所		翻译小说《海底旅行》
范公谠（1871—?）	广东番禺	1898.4—1898.11，28岁	公费，日本	速成师范		翻译小说《海底仇》
苏曼殊（1884—1918）	广东香山	1898—1903，15岁	日本	大同学校、早稻田大学高等预科、成城学校		翻译小说《哀希腊》《惨世界》等，著《苏曼殊全集》

---

① 参见谢长法《中国留学教育史》，山西教育出版社2006年版，第20页。
② 参见以君《岭南羽衣女士考》，《顺德文史》第3辑，1983年。

第一章　晚清留学生　17

续表

姓名	籍贯	留学时间及年龄	费别、国度	留学学校	学习专业	主要文学活动与创作
熊垓（1879—?）	江西高安	1899.4，21岁	官费，日本	东京法学院		翻译小说《雪中梅》
周宏业（1878—?）	湖南湘乡	1899.9，22岁	自费补官费，日本	早稻田大学校		翻译小说《经国美谈》，著《洪水祸》等
郑道①	广东香山	1899年肄业	日本	大同学校		倡设《开智录》，著小说《摩西传》
陈景韩②（1878—1965）	江苏松江	1899，22岁	日本	早稻田大学	文学	职业报人，翻译、创作小说一百余种
吴稚晖（1865—1953）	江苏阳湖	1901年3月至是年冬③，37岁	自费，日本	东京高等师范学校		创办《新世纪》等，有诗文创作
张肇桐（1879—1928）	江苏无锡	1901.4，23岁	自费，日本	早稻田大学	政治科	著小说《自由结婚》
戴赞（1886—?）	安徽天良	1901.8，16岁	公费，日本	同文书院		翻译小说《星球旅行记》
陈独秀④（1879—1942）	安徽怀宁	1901.10—1903、1907—1909，23岁	日本	东京（专门）学校、东京高等师范学校等		从事报刊编辑，与苏曼殊合译《惨世界》，著小说《黑天国》等

---

① 参见冯自由《革命逸史》初集，中华书局1981年版，第84—85页。
② 参见李志梅《报人作家陈景韩及其小说研究》的相关论述，博士学位论文，2005年。
③ 另外，吴稚晖1904年至1905年在伦敦期间亦"常至勃腊海次克赖斯脱学校听课"。参见杨恺龄撰编《民国吴稚晖先生敬恒年谱》，台湾商务印书馆1981年版，第32页。
④ 沈寂：《陈独秀留学问题再考》，《安徽史学》1992年第4期。

续表

姓名	籍贯	留学时间及年龄	费别、国度	留学学校	学习专业	主要文学活动与创作
马君武① (1881—1940)		1901年冬，21岁	官费，日本	京都大学	工艺化学	翻译与创作，著《马君武集》
许定一 (1889—1907)	湖南善化	1902.1，14岁	自费，日本	近卫步兵第二联队		发表《小说丛话》数则②
王国维 (1877—1927)	浙江海宁	1902③，26岁	日本	物理学校④		编辑《教育杂志》，著《红楼梦评论》《人间词话》等
周树人 (1881—1936)	浙江绍兴	1902.3—1906.3，22岁	南洋官费，日本	弘文学院、仙台医专	普通科	翻译小说《红星佚史》《域外小说集》，著《摩罗诗力说》等文论
杨度 (1875—1931)	湖南湘潭	1902.3，28岁	自费，日本	弘文速成师范		参与创办《游学译编》，著《杨度集》
杨毓麟⑤ (1872—1911)	湖南长沙	1902.4，31岁	官费，日本	早稻田大学校		《杨毓麟集》
邹容 (1885—1905)	四川巴县	1902，18岁	自费，日本	东京同文书院		著《革命军》、小说《海国春秋》等

---

① 参见唐仁郭《广西乡贤马君武》，《广西社会科学》1995年第5期。

② 梁启超创办的《新小说》上发表有署名"定一"的《小说丛话》数则，学界一般认为此"定一"为"于定一"，实误。检《新民丛报》第3年第17号（光绪三十一年二月十五日）发有署名"定一"的文章《论公法为权力关系之规定》，文末识语署"许子附志"，考虑到《新小说》与《新民丛报》的特殊关系，故此二"定一"当为一人，即许定一。据1903年7月《湖南同乡留学日本题名》（《游学译编》第10期）载，许定一时年14岁，壬寅正月到日本。曾以一人之力，编写了中国女界人物传，题名《中国女界伟人传》及《祖国女界文豪谱》。据光绪三十三年三月十五日《出使日本大臣杨致湖南提学使吴函》（《官报》第4期）载，许定一于是年病故。清末游学生监督处：《官报》第1册，国家图书馆出版社2009年影印本，第238页。

③ 参见袁英光、刘寅生编著《王国维年谱长编》，天津人民出版社2005年版，第27页。

④ 参见罗振玉《海宁王忠悫公传》，陈平原、王风编：《追忆王国维》（增订本），读书·生活·新知三联书店2009年版，第6页。

⑤ 留学情况参见《湖南同乡留学日本题名》，《游学译编》第10期。

续表

姓名	籍贯	留学时间及年龄	费别、国度	留学学校	学习专业	主要文学活动与创作
李石曾（1881—1973）	河北高阳	1902—1911，22岁	法国	蒙达顺莪农校、巴斯德学院、巴黎大学	农科、生物化学	翻译戏剧《夜未央》《鸣不平》等
胡彬夏（1888—1931）	江苏无锡	1902.5—1907，16岁	自费，日本	帝国妇人协会、实践女学校		女报人，有论说文章
王建善（1872—?）	江苏上海	1902.7，31岁	公费，日本	同文书院		翻译小说《致富锦囊》
孙翼中（1870—?）	浙江钱塘	1902.9，33岁	自费，日本	预备入校		从事报刊编辑，著小说《波兰的故事》等
汤尔和（槱）（1878—1940）	浙江钱塘	1902.11，26岁	自费，日本	成城学校	陆军	翻译小说《鸳盟离合记》
蒋智由（1866—1929）	浙江诸暨	1902.12①，37岁	自费，日本			翻译《维朗氏诗学论》，有诗集
陈天华（1875—1905）	湖南新化	1903.3，29岁	官费，日本	弘文学院		著小说《狮子吼》，著《陈天华集》
陈公猛（1880—1950）	浙江山阴	1902.4，24岁	自费，日本	早稻田大学校		著小说《蔡庐腾之爱国》
陈去病②（1874—1933）	江苏吴江	1903.3，30岁	日本			主编《江苏》《二十世纪大舞台》等，有翻译、诗文集

---

① 据《浙江同乡留学东京题名》，《浙江潮》第3期。
② 参见俞前、殷安如《陈去病年谱简编》，殷安如、刘颖白编：《陈去病诗文集》下编，社会科学文献出版社2009年版。

续表

姓名	籍贯	留学时间及年龄	费别、国度	留学学校	学习专业	主要文学活动与创作
林獬（白水）① (1874—1926)	福建闽侯	1903—1905，31岁	自费，日本	早稻田大学	法科，新闻	创办《中国白话报》等，发表小说多种
陈撷芬 (1883—1923)	湖南衡山	1903.8，21岁	日本	英佛和女学校		女报人，有论说文章
林宗素 (1878—1944)	福建闽侯	1903.10，26岁	日本			女报人，有论说文章
田桐② (1879—1930)	湖北蕲春	1903年冬，25岁	日本			《田桐集》
王桐龄 (1878—1953)	直隶	1903.11—1910，26岁	日本	第一高等学校，东京帝国大学	文科	短篇小说《中央亚非利加之蛮地探险》
欧阳予倩③ (1889—1962)	湖南浏阳	1903—1909，15岁	日本	成城中学、明治大学、早稻田大学	商科、文科	参与春柳社新剧活动，有《欧阳予倩全集》
梁启勋 (1876—1965)	广东新会	1903，28岁	美国	哥伦比亚大学	经济学	与程斗合译《血史》
程斗④	广东香山		自费，美国	芝加高私立学校		与梁启勋合译小说《血史》

---

① 留学情况参见林慰君《记先父林白水烈士》，《新闻研究资料》总第41辑，中国社会科学出版社1988年版。

② 留学情况参见王杰、张金超主编《田桐集·前言》，华中师范大学出版社2011年版。

③ 参见《欧阳予倩年表简编》，欧阳予倩：《欧阳予倩全集》第6卷，上海文艺出版社1990年版，第436—437页。

④ 参见梁启超《新大陆游记》，梁启超：《饮冰室合集》专集之二十二，中华书局2011年版，第128页。

续表

姓名	籍贯	留学时间及年龄	费别、国度	留学学校	学习专业	主要文学活动与创作
景定成 (1882—1959)	山西安邑	1903—1907，1908.6，22岁	官费，日本	东京帝国大学	化学科	从事报刊编辑，有短篇小说多篇
徐卓呆① (1881—1958)	江苏吴县	1905年毕业，24岁左右	日本		体育	翻译与创作，有短篇小说多篇
陈廷端	两广	1904	美国			翻译小说《黠者祸》
马仰禹	江苏苏州	1904年左右	日本			翻译、创作小说多部
秋瑾② (1877—1907)	浙江山阴	1904.6，28岁	日本	实践女子学校		女报人，有诗文集
薛宜瑞 (1883—?)	江苏	1904.9—1910.6，22岁	自费，日本	明治大学大学部	商科	翻译小说《青春泉》
高旭③ (1877—1925)	江苏金山	1904年秋—1905年冬，28岁	日本	东京法政大学		创办《醒狮》杂志，有诗文集
唐群英 (1871—1937)	湖南衡山	1905年春至1911年九月，35岁	日本	东京青山实践女校等		女报人，有诗文创作
吴弱男 (1886—1973)	安徽庐山	1905，20岁	日本	米国女学校		翻译小说《大魔窟》

---

① 参见梁淑安主编《中国文学家大辞典·近代卷》，中华书局1997年版，第364页。
② 留学情况参见林逸《清鉴湖女侠秋瑾年谱》，台湾商务印书馆1985年版，第54页。
③ 参见郭长海、金菊贞编《高旭集·前言》，社会科学文献出版社2003年版。

续表

姓名	籍贯	留学时间及年龄	费别、国度	留学学校	学习专业	主要文学活动与创作
燕斌 (1870—?)	河南	1905, 36岁	日本	早稻田同仁医院		女报人,有论说文章
宁调元① (1883—1913)	湖南醴陵	1905, 23岁	日本	早稻田大学		参与创办《洞庭波》,有诗文集
黄郛 (1880—1936)	浙江绍兴	1905.9— 1910.10, 26岁	官费, 日本	测量修技所	三角科	翻译小说《旅顺实战记》
缪文公 (1871—1944)	江苏如东	1905年前后	日本	宏文师范学校		著短篇小说一篇
范韵鸾	湖北	1906年前后	日本	早稻田大学	经济	报人,著短篇小说多篇
范腾霄 (1883—1952)	湖北利川	1906— 1911, 24岁	官费, 日本	东京商船学校、横须贺海军炮术学校	驾驶科	翻译小说《航海奇谈》
陈渊 (1885—1907)	浙江绍兴	1906, 22岁	日本		巡警	著小说《海外扶余》等
汪廷襄	江苏	1906年正月至1910年六月	自费, 日本	明治大学大学部	商科	翻译小说《橘英男》
陶履恭 (陶孟和) (1887—1960)	直隶	1906.3— 1910.3, 20岁	官费, 日本	东京高等师范学校	地理历史科	翻译小说《盗密约案》

---

① 参见杨天石、曾景忠编《宁调元集·前言》,湖南人民出版社2008年版。

续表

姓名	籍贯	留学时间及年龄	费别、国度	留学学校	学习专业	主要文学活动与创作
褚嘉猷(1873—1919)	浙江海宁	1906.8，34岁	自费，日本	早稻田大学	专门部政治科	翻译《澳洲历险记》等小说三部
王时润（启湘）	湖南	1906.8—1909.2	自费，日本	法政大学速成班		著《闻鸡轩杂剧》
李叔同①(1880—1942)	浙江平湖（生于天津）	1906.9—1911.3，27岁	日本	东京美术学校	油画	参与创办春柳社及其演出，有《李叔同集》
曾孝谷(1873—1937)	四川成都	1906.9—1911.3，34岁	官费，日本	东京美术学校	西洋画科，研究生	参与创办春柳社及其演出，翻译《茶花女》剧本
周作人(1884—1967)	浙江绍兴	1906.9—1911.9，23岁	官费，日本			与鲁迅合作翻译，有文论多篇
张汉英(1872—1916)	湖南醴陵	1906年冬，35岁	官费，日本	青山实践女校	师范科	女报人，有诗文创作
吴木兰		1906—1911年间	日本			女报人，有论说文章
吴人达	山西	1907年前	日本	明治大学		翻译小说《虞美人》
唐人杰	江苏	1907年前	日本		手工	翻译小说《模范町村》《破天荒》
裘二乐	江苏金匮	1907年在读	日本	同仁医校	医科	翻译小说《美人岛》

---

① 参见郭长海、郭君兮编《李叔同集·前言》，天津人民出版社2006年版。

续表

姓名	籍贯	留学时间及年龄	费别、国度	留学学校	学习专业	主要文学活动与创作
杨心一① (1889—1916)	江苏吴县	1907—1911， 19岁	官费， 美国	宾夕法尼亚大学	商务财政	翻译小说家，曾给《小说时报》等供稿
陶懋颐 (1874—？)	湖南宁乡	1907.8— 1910.6， 34岁	自费， 日本	早稻田大学	政治科	翻译小说《桃太郎》
戴鸿藁 (1887—？)	浙江永嘉	1908.3， 21岁	日本	第一高等学校	文科	翻译小说《红发案》
吴梼 (1880—1925年)	浙江钱塘		日本			翻译小说《忧患余生》《银钮碑》等多种②
徐念慈 (1875—1908)	江苏昭文		日本③		文理法政	参与编辑《小说林》，有小说理论文章及撰译小说多种
陈信芳	湖南衡山		日本			翻译小说《地狱村》等
严璩④ (1878—1942)	福建闽侯		英国	伦敦大学		与林纾合译《伊索寓言》

---

① 参见拙作《晚清留学生小说家杨心一生平事迹新考》，《许昌学院学报》2012年第1期。
② 参见阿英《小说四谈·翻译史话》，上海古籍出版社1985年版，第229页。
③ 时萌：《徐念慈年谱》(《中国近代文学论稿》，上海古籍出版社1986年版，第249页) 引《常熟地方小掌故》"清末的留学生"条称："清末，出国留学的风气渐开。本县知识界受到影响，也纷纷出国……以往日本留学者为多，早期有人士官学校习陆军的翁之麟（振伯）兄弟和沈同午（职公）三人，其他习文理法政的为数更多，有殷潜溪、徐念慈、胡君韬……"时萌审慎地说："迄今为止，尚未查考出谱主留学日本之确切资料，前条姑志之，待考。"晚清自费留学日本者甚众，虽入校习学，未必有明确的档案记载，且上引《常熟地方小掌故》文所提及之留学生，除胡君韬失考外，其他若翁之麟、沈同午、殷潜溪皆可从晚清所编纂之留学生题名录中检到，则并非无据，徐念慈不大可能例外。今人姚永新集辑之《苏州留学生名录（初稿）》(《苏州文史资料》第15辑，1986年，第228页) 即录其为清末留日学生，惜未标明出处。
④ 参见徐友春《民国人物大辞典》，河北人民出版社2007年版，第2797页。

续表

姓名	籍贯	留学时间及年龄	费别、国度	留学学校	学习专业	主要文学活动与创作
陈家麟① (1880—?)	直隶静海		英国	叩林海军大学		与林纾、陈大镫合译小说多部
梁继栋	福建		日本			翻译小说《花间莺》
东学界之一军国民			日本			著《爱国女儿传奇》

注：为避免注释重复，本表所列诸人留学、生平考证情况参见正文具体论述，这里不一一注明。另由于所据资料局限无法具体推算，故本表所列月份均阴历。

由于资料的匮乏，上表所列87人并不能代表晚清留学生文学群体的全部，可以肯定其时在日本由留学生创办的刊物，其中发表之文学作品大多出自留学生之手，但是这些作品多署笔名，难以考知其人，因此也就不能录入本表。同时对于偶涉文学活动者，为避免琐屑，本表仅视其影响情况酌情录入，一旦录入表明其将为本书论述之对象。同时，对于时人目之为留学生，但证据不够充分的，除非在域外有长期生活经历亦不录入②。而留学经历可考但文学活动集中于留学之前或民国时期的则亦不予收录。如晚清重要翻译小说家奚若，论者均称其为留学生③，但何时留学于国外并不清楚，这多依据的是贝德士辑录的《中国基督教名录》："奚伯绶

---

① 参见徐友春《民国人物大辞典》，河北人民出版社2007年版，第1449页。
② 如金天翮、冯自由《革命逸史》（第3集，中华书局1981年版，第87页）称其为留学生，但杨友仁《金松岑先生行年与著作简谱》对此颇有质疑："冯所云'留学生'也者，未知何据？抑因先生所撰之《孽海花》第一、第二两回在日本东京发行之《江苏》杂志（第一期）刊布而误传者耶？"（见金天翮著《女界钟》附录四，陈雁编校，上海古籍出版社2003年版，第123页）因此亦不录入本表。另如狄葆贤，郑逸梅《书报话旧》（中华书局2005年版，第234页）说他早年留学日本，但我们迄今没有查考到可靠的资料可以佐证。再如新剧运动的重要人物王钟声，1910年出版之《天津名伶小传》首篇《钟声先生传》称他在上海读书后留学德国8年，但亦缺乏佐证（参见王凤霞《文明戏考论》第七章第一节"王钟声新考"，广东高等教育出版社2011年版），因此本表均亦宁阙不录。
③ 参见邹振环《上海"小说林社"及其翻译群体》，单周尧主编：《明清学术研究》，中国社会科学出版社2009年版，第533页。另参见付建舟、朱秀梅《清末民初小说版本经眼录》，上海远东出版社2010年版，第87页。

(1880—1915), 江苏人, 卫理会, 奥柏林大学文学硕士, 从事教会工作与写作, 为商务印书馆编了不少教材, 1935 年创立青年会青年书局, 曾编辑《金甫》(Chin Pu)。"① 奚若留美确属事实, 据《张元济年谱长编》宣统元年十月初四日 (1909 年 11 月 16 日) 系载: "奚伯绶赴美, 酌送盘费五百元, 日后如有为难, 仍可量力相助。"② 奚伯绶 1909 年毕业于东吴大学, 获文学学士学位③。此次赴美显然是为了留学, 刘廷芳在《基督教在中国到底传什么》一文曾说 "二十余年前, 我赴美留学时", "同行的伴侣" 有奚伯绶先生, 并称 "他返国后不久, 积劳成疾, 短命死了"④。由此可知, 奚伯绶的翻译基本在其留学之前, 因此本表亦不从众收入。为全面考察留学生对晚清文学转型的推动作用, 本表所列不仅限于有作品传世的作家, 同时还包括参与创办编辑登载文学作品期刊及晚清文学变革活动的留学生, 他们构成了本书论述的主体。

从本表可以看出, 晚清留学生文学群体以广东、福建、浙江、江苏、湖南籍占据绝大多数, 广东、福建、浙江、江苏地处沿海, 自易得风气之先, 湖南作为晚清早期倡导维新变革的重镇, 因此人数亦与其他省份相颉颃。王尔敏说: "中国开放口岸, 带使万国前来通商, 直接促成洋商来华牟利, 间接酝酿到口岸社会变迁, 人口日渐复杂, 世风日渐浇薄, 文风亦随之趋于浅俗。再加上报纸推波助澜, 遂使通俗文学得到生机。"⑤ 由我们的统计可知, 晚清留学生文学群体不仅主要来自这些业已开放口岸城市的省份, 而且也是晚清提倡文学变革, 将文学引向浅俗的主体, 恰从侧面验证了王先生的这一判断。同时, 这一统计也说明晚清文学转型与其时的维新变法运动存在着直接而密切的关系。就留学国度而言, 很明显是日本独占鳌头。这除了日本与中国毗邻, 路近费省, 留学人数众多外, 同时也

---

① 章开沅、马敏主编:《社会转型与教会大学》, 湖北教育出版社 1998 年版, 第 456 页。1935 年当为 1915 年之误。

② 张人凤、柳和城编著:《张元济年谱长编》(上), 上海交通大学出版社 2011 年版, 第 274 页。

③ 王国平:《东吴大学简史》附录四《东吴大学及其前身学校毕业、肄业生名录 (1887—1935)》, 苏州大学出版社 2009 年版, 第 215 页。

④ 张西平、卓新平编:《真理与生命: 20 世纪中国基督教文化学术论集》, 中国广播电视出版社 1998 年版, 第 122 页。

⑤ 王尔敏:《口岸流风与小说文运之兴起》, 王尔敏:《中国近代文运之升降》, 中华书局 2011 年版, 第 264 页。

与日本的文化环境直接相关，这一点后文将专门讨论，此不具述。

从留学年龄来看，留学最晚为蒋智由、吴稚晖37岁，最早为许定一14岁，多数则处于20—30岁之间，这个年龄正是传统士子求取功名而苦读诗书的最佳时期。在这八十几人中，留学之前已取得功名最高的为举人，如蒋智由、吴稚晖，还有很少一部分为秀才，如陈独秀、王国维、杨度、陈去病等。这说明正统士人骨子里仍不齿于由此途进身，鲁迅在《呐喊自序》中就说"那时读书应试是正路，所谓学洋务，社会上便以为是一种走投无路的人"[①]，由此可见去国留学的大多是正途无望之人。这种态度也导致政府虽一面提倡留学，而内里实对留学生相当猜忌，宁调元就曾说："海外之留学生，一二薰心利禄者，方欲挟其卒业文凭入词林，考博士，以冀侥幸于一日。而政府则转疑为革命党，或新进喜事，迎门而吠之。"[②] 这种尴尬对留学生的文学取向影响是很大的，许多留学生归国后不得不重新科考以获得社会认同，如严复归国后就曾三次参加会试。

从年龄上看，这些留学生在留学之前应该都接受过正规的传统教育，有些人还经历过多次科举考试。除此之外，这批留学生还有一个共同特点，那就是较早接触新学，有些人留学之前接受的已经是新式教育，如陈季同、马君武、严复、杨心一等人皆是。从文学活动上看，正如鲁迅当年从事文学自然而然想到的就是"介绍外国文学"[③] 一样，上表所列留学生的主要文学活动是介绍外国文学，确切地说是翻译，这与他们精通外语，了解外国文学是存在直接关系的。如果我们承认中国文学的现代转型是在介绍与翻译外国文学中起步的，那么晚清留学生的作用自是不言而喻。

第三节 晚清留学生文学群体创作基本情况分析

在中国文学发展史上，出现能够熟练运用两种文学语言进行创作的文学群体，晚清以前只有蒙元时代，大量西域人在中国广袤的土地上落

---

① 鲁迅：《鲁迅全集》第1卷，人民文学出版社2005年版，第437页。
② 杨天石、曾景忠编：《宁调元集》，湖南人民出版社2008年版，第375页。
③ 鲁迅：《域外小说集序》，《鲁迅全集》第10卷，人民文学出版社2005年版，第176页。

地生根①，他们学习汉语并用汉语写作，形成了中国文学史上第一个独特的双语文学时代。晚清虽然也出现了运用双语写作的文学群体，但与蒙元时代有所不同，那就是大批留学生走出国门，去学习西方的语言，并尝试着用西方人的思维方式进行文学创作。这一差别使得蒙元与晚清两个时代在文学表征上存在着显著不同，西域人学习汉语并用汉语写作是向中华文化认同，其文学创作与同时代的汉人并无二致，而晚清留学生则是有意学习西方的语言及其思维方式，其汉语文学创作融会了更多异质的东西，显示出与传统断裂的趋新倾向。

由于晚清留学生文学群体留学时年龄大多在20—30岁之间，所以基本上都接受过较为严格的传统教育，于传统诗文写作皆有一定功底。如王国维幼年时"诗文时艺，皆能成诵"，从邑人庠生陈寿田学，每月必课骈散文及古体诗若干首，晚归其父乃誉先生又"夜课骈散文及古今诗若干首"②。杨度早在伯祖父的教导下，就显示出过人的才情，后随王闿运学，被王视为衣钵传人，文名更甚③。邹容10岁十一经即能成诵，"且善属文，里人咸有神童之誉"④。其他因接受传统教育而早年即善属文者尚有不少，如陈独秀、吴稚晖、陈天华等。事实上，清政府在选派留学生时不仅要求他们"学有根柢"，而且即使在留学期间，为保证留学生不因接受西式教育而忘记国本，还向留学国派驻监督，其职责之一就是督促留学生按时习学中文。这种传统教育为晚清留学生日后从事文学活动打下了坚实基础，使他们在归国甚或留学期间即能自由地进行文学创作，并进而迅速成长为一个具有一定创作实力的新兴文学群体。不过，这种教育背景也使晚清留学生在趋新的同时对传统文学又存在着难以割舍的眷恋，从而使其文学活动表现出新旧杂陈的过渡性质。

除此之外，由于中国本土的文学环境没有发生大的变化，留学生要想在归国后立身于士流，仍需继续习学传统文艺。如容闳回忆其归国后重新学习汉文时的情况说：

---

① 关于此可参见陈垣《元西域人华化考》，《中国现代学术经典·陈垣卷》，河北教育出版社1996年版。
② 袁英光、刘寅生编：《王国维年谱长编》，天津人民出版社2005年版，第4—5页。
③ 参见杨云慧《从保皇派到秘密党员——回忆我的父亲杨度》，上海文化出版社1987年版，第5—11页。
④ 章炳麟：《邹容略传》，张梅编注：《邹容集》附录二，人民文学出版社2011年版，第118页。

我住在这里的时候，开始学习汉文，一面重新拾起因久居美国而已经忘却的广东方言。不到半年的时间，我又能讲广东话了，尽管还有些结结巴巴；文字方面也逐渐有了进步。我一八四六年出国以前就没有很好的汉语基础，仅仅读过四年书，而要在这四年内完全掌握汉文，一般来说时间是太短了。中国的文字和口语之间的区别很大，远超过英文文字和口语之间的差别。中国的文字既要辞藻华丽，又要遵循传统的规格程式，而且这在全国都是一致的，但是口语的发音却各省各地互不相同。同某些地区的人们谈起话来，如福建、安徽、江苏等省，好像和外国人交谈一样。这是中国文字和口语的特征。①

像容闳这样留学之前接受传统文学教育较浅，且留学期间基本不再继续学习汉文，以致归国后不补习连汉语都不会讲的留学生，在晚清并不多见。但是这一案例却说明，异域学习对留学生的汉语掌握与写作是有一定妨碍的，这就使得留学生在传统诗文写作方面与本土士子存在着一定的差距，若非力学则很难得到文坛耆宿的认可，更不用说与之比肩了。

这方面典型的例子是严复，严璩称其"自欧东归后，见吾国人事事竺旧，鄙夷新知，于学则徒向词章，不求真理。每向知交痛陈其害，自思职微言轻，且不由科举出身（当日仕进，最重科举）故所言每不见听"②。为此严复不得不发愤八比时文，归国后的第二年（1880年）即投拜桐城派古文大师吴汝纶门下，习学古文，他在写给吴的一封信中说："复于文章一道，心知好之，虽甘食耆色之殷，殆无以过。不幸晚学无师，致过壮无成。虽蒙先生奖诱拂拭，而如精力既衰何，假令早邂十年，岂止如此。"③ 由于天资绝高，勤苦问学，不数年严复的古文已渊然有成，吴汝纶赞其："文章学问，奄有东西数万里之长，子云笔札之功，充国四夷之学，美具难并，钟于一手，求之往古，殆邈焉罕俦。"④ 即便如此，严复与同时专心诗文制艺的本土士子相比，仍存在不小的差距，与之有同乡之

---

① 容闳：《西学东渐记》，王蓁译，中国人民大学出版社2011年版，第32页。
② 严璩：《侯官严先生年谱》，王栻主编：《严复集》第5册，中华书局1986年版，第1547页。
③ 王栻主编：《严复集》第3册，中华书局1986年版，第522—523页。
④ 吴汝纶：《答严幼陵》，《吴汝纶全集》第3册，黄山书社2002年版，第118页。

谊的郑孝胥就在日记中说"观幼陵文，天资绝高，而粗服未饰"①，明言严复的后天磨砺不足。郑孝胥的话确有先见之明，嗣后严复曾四应科举，结果均名落孙山，严复晚年赋诗有云"谁知不量分，铅刀无一割"②，也坦承了自己此方面的不足。

留学以后重新学习汉文写作并卓然成家的，除严复外，还有苏曼殊。苏曼殊出身比较特殊，早年没有受过多少教育，汉文基础较差，在日本留学时连平仄与押韵都不懂，却酷好学诗，常向陈独秀与章太炎请教，最后竟成一代文坛奇人。不过，苏曼殊诗文的艺术造诣并非力学所得，正如柳亚子所说，他的诗"全靠天才"，是"自然的流露"③。

总之，晚清留学生虽然接受了西方的新式教育，在文学观念方面有趋新的倾向，但是为取得本土文坛的认可，归国后仍不得不继续学习传统文艺。从整体上看，晚清留学生文学群体所取得的主要创作成就并不在新文学方面——如小说和戏曲，而是传统诗文。以管林、钟贤培先生的《中国近代文学发展史》为例，该书附录作家小传73人，认为"他们是近代诸文体中有一定代表性和成就的作家"④，其中是留学生的有陈天华、秋瑾、徐念慈、苏曼殊、严复、高旭、王国维、陈去病、李叔同诸人，从比例上看，毫无疑问留学生不是晚清文学创作的主体，在这9人中除陈天华、徐念慈外，其他7人的主要创作成就体现在传统诗文方面⑤。最为趋新的文学群体尚且如此，晚清文学的整体趋向就可想见了，那种过分拔高晚清文学变革程度的观点是不符合实际的。

晚清留学生由于大量时间耗费于西文学习，因此除非有过人的天分，在传统诗文的写作方面很难与本土士子相提并论，他们的长处在于精通外语，因而对西方文学有着与汉语文学同样的理解与欣赏水准。樊增祥曾赋诗讥讽西方文学称："经史外添无限学，欧罗所作是何诗？"⑥留学生是不

---

① 劳祖德整理：《郑孝胥日记》第1册，中华书局1993年版，第60页。
② 王栻主编：《严复集》第2册，中华书局1986年版，第368页。
③ 柳无忌编：《柳亚子文集·苏曼殊研究》，上海人民出版社1987年版，第280、281、344页。
④ 管林、钟贤培：《中国近代文学发展史》，科学出版社2009年版，第275页。
⑤ 苏曼殊的小说其时虽很著名，但却是用文言写成的，因此文学史上往往将其归为旧派小说。
⑥ 樊增祥：《九叠前韵书感》，《樊山续集》卷二十四，沈云龙主编：《近代中国史料丛刊续编》第61辑《樊山集》，台湾文海出版社1978年影印本，第2156页。

会存在这样偏见的,因为他们能品出西方文学的"味",如容闳回忆其学习英语文学时的情况说:

> 我们进入蒙森学校时的校长是查理·罕蒙教士……他毕业于耶鲁大学,是一个很有修养、具有优雅情趣的人。他热忱崇拜莎士比亚,则是他最喜爱的诗人……无论在古典文学或现代文学方面,他都有感染学生的才能,激起他们对美的追求。每天讲课时,他着重指出一个句子的优美之处和它的结构。他在这方面所付出的精力远胜过讲述那些文法方面的规则、语气和时态。他是一位优秀的作家。他的演说和讲道,既尖锐又极生动……经过他的引导我才懂得阅读爱迪逊、戈德斯密士、狄更斯、史考特、麦考莱和莎士比亚等文豪的作品及《爱丁堡评论》,这些都是我在蒙森学校时读得最多的著作。①

由于能够读出西方文学的美,所以晚清留学生不像本土士大夫那样对西方文学不屑一顾,而是以欣赏的态度予以广泛涉猎。不过,虽然接受了西方文学,晚清留学生却未因此而鄙薄中国的传统文学。相反,一些留学生甚至利用其外语专长倾力向西方人介绍中国文学,以借此增进他们对中国的了解,并进而改变他们对中国的固有偏见。在西方留学多年,外语精湛连西方人也为之叹服的辜鸿铭,归国后习学中文,"闻塾师讲《论语》、《孟子》有所入","笃信孔孟之学,谓理非西方哲人所及"②,所以他一生最引人注目的活动是"以英文译述儒家经典,著书立说,向西方宣扬儒家文化,为晚清政府辩护,并抨击西方列强对中国的侵略及其西方文明"③,以此时人评其为"生平长于西学,而服膺古训",可谓十分准确地概括出了辜鸿铭一生的行事立场与文化取向。

无独有偶,擅长外语写作的陈季同,在向西方人介绍中国文化方面与辜鸿铭具有惊人的相似之处。据李华川先生考证,陈季同现存法文著作8种④,除《巴黎印象记》外,其他全是向当时的欧洲人宣传介绍中国的文化,"希图以此纠正他们认为中国'野蛮'、'残忍'、'不人道'的偏

---

① 容闳:《西学东渐记》,王蓁译,中国人民大学出版社2011年版,第19页。
② 刘成禺、张伯驹:《洪宪纪事诗三种》,上海古籍出版社1983年版,第270页。
③ 黄兴涛:《文化怪杰辜鸿铭》,中华书局1997年版,第4页。
④ 李华川:《晚清外交官陈季同法文著作考》,《中华读书报》2002年3月6日。

见"。陈季同坚信中华文明不输于任何一个西方文明，所以在他的著作中"我们看到的是一个始终高扬起头，竭尽全力宣传祖国文化，毅然充当起中国人辩护律师的作者形象"①。罗曼·罗兰1889年2月18日的日记曾这样描写陈季同的一次演讲：

> 在索邦大学的阶梯教室里，在法语联盟的课堂上，一位中国将军——陈季同在讲演。他身着紫袍，高雅地端坐椅上，年轻饱满的面庞充溢着幸福……他的演讲妙趣横生，非常之法国化，却更具中国味，这是一个高等人和高级种族在讲演。透过那些微笑和恭维话，我感受到的却是一颗轻蔑之心：他自觉高于我们，将法国公众视作孩童……着迷的听众，被他的花言巧语所蛊惑，报之以疯狂的掌声。②

罗曼·罗兰所描绘的陈季同形象与其作品所显示的情况是一致的，陈季同面对西方人的那种挥洒自如与高傲不拘的姿态，源于他对中国文化与文学的高度自信。

由此可见，无论是利用汉语还是外语进行写作，晚清留学生在文学取向上仍然归宗于中国本土文学，甚至认同中国传统文学的写作方式，在这一点上他们与中国本土士大夫没有本质差别。所不同的是，他们不排斥西方文学，并善于发现它们的长处，以借此弥补中国文学之不足，甚至希望在未来通过中西文学的互相推介，达到中西文学的交融互渗，使中国文学最终进入世界文学的范围，这种眼光和魄力是本土士大夫不可能达到的。据陈季同的学生曾朴说，陈季同在留学之前也认为中国是"独一无二的文学之邦"。但进入法国社会后，他却遇到了从未有过的尴尬，异邦的文学统系里不仅没有中国文学，甚至连日本文学都不如。不过，中国一向鄙弃的小说戏曲，如《玉娇梨》、《赵氏孤儿》等，却很早就进入了他们的视野，并得到了相当程度的赞赏。域外人士对中国文学毫不掩饰的鄙夷态度激起了陈季同的深刻反思，他认为之所以造成这种情况："实出于两种原因：一是我们太不注意宣传，文学的作品，译出去的很少，译的又未必

---

① 孟华：《序一》，陈季同：《中国人自画像》，段映虹译，广西师范大学出版社2006年版，第4页。

② 同上书，见内封。

是好的,好的或译得不好,因此生出重重隔膜;二是我们文学注重的范围,和他们不同,我们只守定诗古文词几种体格,做发抒思想情绪的正鹄,领域很狭,而他们重视的如小说戏曲,我们又鄙夷不屑,所以彼此易生误会。"陈季同认为要改变这种现状,需要勉力做的是:

> 第一不要局于一国的文学,嚣然自足,该推扩而参加世界的文学;既要参加世界的文学,入手方法,先要去隔膜,免误会。要去隔膜,非提倡大规模的翻译不可,不但他们的名作要多译过来,我们的重要作品,也须全译出去。要免误会,非把我们文学上相传的习惯改革不可,不但成见要破除,连方式都要变换,以求一致。然要实现这两种主意的总关键,却全在乎多读他们的书。①

总之,晚清留学生文学群体虽然仍主要坚持传统文学的写作方式,但已开始有意识地融汇中西,也就是说他们在旧的文学创作里融进了新的东西,已种下了新文学的种子,这个种子能否发芽,要看是否有适合其生长的土壤——社会文化环境的变化。

---

① 曾朴:《曾先生答书》,欧阳哲生编:《胡适文集》第4集,北京大学出版社1998年版,第616—618页。

第二章 异域体验与晚清留学生文学革新思想的形成

留学生与本土士子，尤其是接受过新式教育的读书人，差别究竟在何处？海外学者梁燕城曾说："对西方文化有所真正了解，需要在西方有一定的体验。我自己过去是从书本上，或者听教授介绍，到了西方以后才发现有很大差距。我也跟一些年轻学者谈过，他们说从前跟中国教授念康德，后来到国外知道真正的康德精神与国内所学的不同。故单从书本上不一定能接触到西方文化的实质。"① 梁燕城所提到的亲身"体验"是非常重要的，没有这种"体验"不仅难以接触到西方文化的实质，更不用说为其濡染而重塑精神世界了。许寿裳在谈鲁迅时曾说："胡适之的《归国杂感》，说调查上海最通行的英文书籍，'都是和现在欧美的新思想毫无关系的，怪不得我后来问起一位有名的英文教习，竟连 Bernard Shaw 的名字也不曾听见过，不要说 Tsheckhov 和 Andrejev 了，我想这都是现在一班教会学堂出身的英文教习的罪过'。殊不知周氏兄弟在民七的前十年，早已开始译 Tsheckhov 和 Andrejev 的短篇小说了。"② 这段话无意间道出了留学生与仅在国内接受新式教育的士子之间的根本差别，那就是后者仅是被动地接受书本知识，缺乏前者对异域生活与学习的亲身体验。因此，要想深入了解晚清留学生文学群体倡导文学革新的动机，必须清楚他们的异域体验与文学接受。

第一节 从物质文明的诱惑到精神文化的认同

在晚清出现真正意义的留学生之前，驻外使节与旅西人士虽不乏其

---

① 王元化等：《崩离与整合：当代智者对话》，东方出版中心1999年版，第107—108页。
② 许寿裳：《我所认识的鲁迅》，人民文学出版社1978年版，第23页。

人，但皆守定"中学为体，西学为用"的本训，于西方先进科技颇多关注与欣羡，而于其精神文化则甚为鄙薄与漠视。究其原因，虽为时代风气所局限，而根本仍在于对西方文化缺乏深入了解。洋务时期清政府派遣留美幼童，虽然有事前的周密计划与留学期间的严密监督，但却无法阻止他们对西方文化的认同。时任出洋肄业局委员的吴子登就指责这些留学生有"模仿美国学生的体育运动，游戏的时间多于学习的时间……在宗教方面和政治方面都有秘密结社的行为……不尊师，不服从新任委员……大多数学生都去教堂或参加主日学校，甚至变为基督教徒"[①] 等离经叛道的行为。吴的指责虽不免过甚其辞，但留美幼童存在"西化"倾向是可以肯定的。因为在充满西方文明气息的土壤上生活与学习，要想不受其影响简直是不可能的。

由于害怕留美幼童的"西化"与"变质"，清廷嗣后断然下令将其全部撤回，但随着时局发展的愈趋紧迫，又不得不更大规模地向域外派遣留学生，甚至鼓励官绅自费遣子弟留学。大批留学生的出现，加速了对西方文化认同的步伐，这其中就包括向来为中国士大夫所鄙视的西方文学。晚清留学生留下的大量著述，为我们认识这一问题提供了便利条件。

留法学生陈季同的《巴黎印象记》首先为我们展示了一个中国人在面对西方高度发达的物质文明时，那种好奇、欣羡与落差相互交织的复杂心理反应。全书由27篇随感构成，涉及内容极其广泛，作者对西方的剧院、博物院、热气球、火车、百货公司、出版公司、金融交易所、博物院、图书馆、阅览室、法院、学校、咖啡馆等物质文明作了全景式的扫描，字里行间流露出无法掩饰的惊奇与赞叹。作者从高科技中看到了将要创造出的美好未来，在百货公司中见识了令人"眼花缭乱"的丰富物质世界，在咖啡馆里领略了法国人富有情调与艺术品位的精神生活。这一切令作者不禁想到遥远东方故土的落后与贫穷，"在那里，生活还保存着原初的方式和自古以来的缓慢、勤劳的人们在田间小作坊里平静度日"，"生活的狂热燃遍欧洲，却尚未触及他们"，这一巨大落差令作者感慨万千。当然，陈季同对待西方的政治制度与文化风尚并不像物质文明那样持赞赏态度，他态度明确地批判西方的婚姻与法律制度，认为"欧洲正在经历一切道德和精神的危机"，坚信"与欧洲哲人的著作相比，我们的道

---

① 容闳：《西学东渐记》，王蓁译，中国人民大学出版社2011年版，第115、116页。

德著作毫不逊色"①。不过即便如此，陈季同对西方的精神文化显然已不像洋务派那样排斥，甚至在很多方面已被同化，他认同巴黎人富有情调的生活即是显著的一例。当然更重要的是，陈季同已对西方文学产生了浓厚兴趣，甚至可以说已沉浸其中，他曾这样描述一次在巴黎剧院的观剧感受：

> 我自己加入到观众的行列中去；我充满敬意地倾听着高乃依的雄浑诗句；卡米耶也使我洗耳恭听，并且跟她一样痛恨罗马的残暴。拉辛的诗句让我听到和谐悦耳的语言，所有微妙的感情以最优美的风格直达我心。我在心中静静地体味着高乃依的人物身上略显理论化的情感，思索着拉辛作品中既亲切又有人情味的英雄主义，最高贵的热忱和最温柔的情感在我心中交替荡漾。

陈季同显然已为如此美妙的戏剧表演所吸引，禁不住"像从前的观众一样鼓起掌来"，并尽力高喊："好啊，莫里哀！"② 这种动情的观剧反应，是同时的旅西之士所不可能拥有的。如郭嵩焘记其一次观看西剧的情况，说："乌叶娄戛真阿里邀至意大里阿拉伯观出（剧）。生平不喜戏局，三十年来未一临观。至伦敦以友朋邀请，五至戏馆。此邦君民相为嬉游，借此酬应，不能相拒，意甚苦之。"③ 再如王韬旅游巴黎时的观剧：

> 戏馆之尤著名者，曰"提仰达"，联座接席，约可容三万人，非逢庆赏巨典，不能坐客充盈也。其所演剧或称述古事，或作神仙鬼佛形，奇诡恍惚，不可思议。山水楼阁，虽属图绘，而顷刻间千变万状，几于逼真。一班中男女优伶多或二三百人，甚者四五百人，服式之瑰异，文采之新奇，无不璀璨耀目。女优率皆姿首美丽，登台之时袒胸及肩，玉色灯光两相激射。所衣皆轻绡明縠，薄于五铢；加以雪肤花貌之妍，霓裳羽衣之妙；更杂以花雨缤纷，香雾充沛，光怪陆离，难于逼视，几疑步虚仙子离瑶宫贝阙而来人间也。或于汪洋大海

---

① 陈季同：《巴黎印象记》，段映虹译，广西师范大学出版社2006年版，第94、153、166页。
② 陈季同：《中国人的戏剧》，李华川、凌敏译，广西师范大学出版社2006年版，第9页。
③ 郭嵩焘：《郭嵩焘日记》第3卷（光绪时期上），湖南人民出版社1982年版，第205页。

中涌现千万朵莲花,一花中立一美人,色相庄严,祥光下注,一时观者莫不抚掌称叹,其奇妙如此。英人之旅于法京者,导余往观,座最居前,视之甚审,目眩神移,叹未曾有。①

如果说郭嵩焘是对戏剧本身缺乏兴趣而觉得西剧不值得一提的话,那么王韬的描述确实令人神往,但从他仅专注于布景与道具这些表面的东西来看,他对西剧的了解并不比郭嵩焘胜出多少,与陈季同相比,他仍只能算是一个门外汉,或者说一个随众惊叹的喝彩者。从陈季同、郭嵩焘与王韬三人观看西剧的反应,可以清楚地看出留学生的域外生活与学习体验,对其接受与认同西方精神文化方面所起到的关键性作用。

陈季同对西方精神文化尤其是文学的认同,在同期的留欧学生中是有一定共性的。严复归国后毕生从事西学的翻译与传播,同时提倡新文学,1898年与夏曾佑合作发表《本馆附印说部缘起》鼓吹翻译域外小说,被称为晚清新小说的倡导者②,1906年至1907年又发表译著《美术通诠》,这是晚清唯一一部通论性的美学译著,对晚清的文论转型起到了重要作用③。魏瀚曾怂恿林纾翻译小仲马的《茶花女》,王寿昌则是林纾翻译小说的第一个合作者。凡此种种,皆足以说明其时欧美留学生对西方文学的认同是一个普遍现象。

与早期的欧美留学生相比,留日学生对西方精神文化的接受不仅没有心理上的障碍,反而显得有点饥不择食。梁启超就说壬寅癸卯间留日学生"译述之业特盛","日本每一新书出,译者动数家;新思想之输入,如火如荼矣"。又说此种思想输入"皆所谓'梁启超式'的输入,无组织,无选择,本末不具,派别不明,惟以多为贵"④。这一说法是符合事实的,

---

① 王韬等:《漫游随录·环游地球新录·西洋杂志·欧游杂录》,岳麓书社1985年版,第88页。
② [美]夏志清:《新小说的提倡者:严复与梁启超》,夏志清:《人的文学》,台湾纯文学出版社1984年版。
③ 该译著以传统的诗学概念"意境"翻译西方美学的核心概念,对"意境"意义的现代转换起到了直接影响,参见拙作《王国维"意境"新义源出西学"格义"考》(《学术月刊》2011年7月号)、《王国维"有我之境"、"无我之境"概念形成考》(《浙江学刊》2012年第3期)、《两种"意境"的并存与交融——"意境"现代意义生成的历史考察》(《人文杂志》2012年第6期)等论文的相关论述。
④ 梁启超:《清代学术概论》,夏晓虹点校,中国人民大学出版社2004年版,第218页。

留日学生在留学动机上就与早期的欧美留学生存在显著不同，他们"好像唐僧取经一样，怀着圣洁而严肃的心情"挂帆离开故乡，"总觉得中国应该学习日本，走明治维新那样的道路"①。由留日学生编撰的《留学生鉴》，对此有更为清晰的描述："吾人不远万里，乘长风，破巨浪，离家去国，易苦以甘，津津然来留学于日本者，果何为也哉？留学者数千人，问其志，莫不曰：'朝政之不振也，学问之不修也，社会之腐败也，土地之日狭也，强邻之日薄也，吾之所大惧也。吾宁牺牲目前之逸乐，兢兢业业，以求将来永永无暨之幸福，此则吾之大愿也。'"② 可见，留日学生东渡的目的就是要寻求救国的大道与学问，所以其专业取向与早期欧美留学生清一色的理工科不同，学习法政等文科的学生比例显著上升，这从前文所列表格亦可明显看出。职是之故，留日学生对新知的渴求表现得特别突出，而日本发达的出版业也为他们提供了这方面的便利，据黄尊三日记称："日本神田市，书铺林立，学生多藉为临时图书馆，随意翻阅，店主亦不之禁，穷学生无钱买书，有每晚至书店抄阅者。其新书则日有增加，杂志不下百余种，足见其文化之进步。"③ 所以在留日学生的日记与回忆录中多有购书的记载，以宋教仁为例，1904年9月到1907年4月间，他购书多达二百余部，内容涉及哲学、历史、地理、心理学、文学等诸多领域④。此外，留日学生对西学的接受还可通过他们在日本的出版活动得到进一步说明，据不完全统计，1899年至1911年间由留日学生创办的刊物达42种之多⑤，翻译的西学著作更是不计其数⑥。这些统计验证了梁启超的上述说法。

由于救亡图存的紧迫感，与早期欧美留学生相比，西方文学对留日学生有着更为强烈的吸引力。在上述宋教仁购买的书籍中，文学尤其是小说占了很大比重，除了借此学习日语外，他还有另外一个重要动机："久欲

---

① 吴玉章：《吴玉章回忆录》，中国青年出版社1978年版，第17页。
② 转引自实藤惠秀《中国人留学日本史》，谭汝谦、林启彦译，香港中文大学出版社1982年版，第94页。
③ 转引自范铁权《黄尊三留日史事述论》，《徐州师范大学学报》2012年第4期。
④ 参见湖南省哲学社会科学研究所、古代近代史研究室校注：《宋教仁日记》，湖南人民出版社1980年版。
⑤ 刘集林等撰：《中国留学通史·晚清卷》，广东教育出版社2010年版，第251、252页。
⑥ 参见实藤惠秀《中国人留学日本史》第五章"留日学生的翻译活动"的相关统计材料，谭汝谦、林启彦译，香港中文大学出版社1982年版。

作一小说，写尽中国社会之现在状态及将来之希望，然必先阅中西各种小说，以比较研究作小说之法，故余久拟多购买或借阅各种小说也。"① 在当时的日本，像宋教仁这样有创作愿望的留学生是很多的，因为由留学生创办的刊物大都设有小说栏目，稿源的需求自然很大，仅在宋教仁的日记中我们就可摘出如下数例：

> （1905年一月初三日）酉初，余复至越州馆，开组织杂志发起会。时到者十余人。余演说此事发起之原因及单简之办法，讫，雷道亨不以为然，倡办小说报之说，与余再三辨难。
>
> （1905年三月八日）申初，偕申锦章至本乡访杨凤生②……至末一次乃遇之。遂以特来邀其作报相告，渠允之，作哲学，有暇则间作小说亦可。
>
> （1906年十一月十七日）（宁）仙霞③托余以作《洞庭波》文章，并言将改为《中央杂志》云。余答以因病实难应命，或时评、小说等能稍为助力云云。④

这无疑加速了留日学生对西方文学的学习与认同，尤其是那些有志于文学的青年，如周氏兄弟。鲁迅留日的同学兼亲密好友许寿裳回忆说他"读书的趣味很浓厚……购书的方面也很广，每从书店归来，钱袋空空"⑤，"在弘文学院时，已经购有不少的日本文书籍，藏在书桌抽屉内，如拜伦的诗、尼采的传、希腊神话、罗马神话等等"⑥。这在周作人的《知堂回

---

① 湖南省哲学社会科学研究所、古代近代史研究室校注：《宋教仁日记》，湖南人民出版社1980年版，第237页。

② 杨凤生，原名杨子玉，字凤笙，也作凤生，湖南芷江人。戊戌变法时，为湖南时务学堂学生，常为《湘报》撰稿。1904年1月，留学日本东京弘文学院普通科。参见湖南省哲学社会科学研究所、古代近代史研究室校注《宋教仁日记》，湖南人民出版社1980年版，第44页。

③ 宁仙霞（1873—1913），原名宁调元，别号太一，湖南醴陵人。1905年留学日本东京早稻田大学，1906年春夏间，回湘与禹之谟等倡议公葬陈天华，事毕至上海，主编《洞庭波》杂志，该杂志仅出一期，宁亦不久赴东京。参见杨天石、曾景忠编《宁调元集·前言》，湖南人民出版社2008年版。

④ 湖南省哲学社会科学研究所、古代近代史研究室校注：《宋教仁日记》，湖南人民出版社1980年版，第22、44、296页。

⑤ 许寿裳：《我所认识的鲁迅》，人民文学出版社1978年版，第61页。

⑥ 许寿裳：《亡友鲁迅印象记》，人民文学出版社1981年版，第4页。

想录》里也有记载："我到达东京的时候，下宿里收到丸善书店送来的一包西书，是鲁迅在回国前所订购的，内计美国该莱（Gayley）编的《英文学里的古典神话》，法国戴恩（Daine）的《英国文学史》四册，乃是英译的。"① 这些书尤其是西方文学史著，使他们对西方文学有了更为全面的了解。对于一些想要但又无处购买的书籍，书店还可代为邮购，如勃阑兑斯的《波兰印象记》是在英国出版的，周作人便通过丸善书店订购了一部②。可以说，日本的书店是留日学生获取西方文化与文学知识的重要窗口，也因此给他们留下了终生难忘的美好回忆，鲁迅生前的日本朋友增田涉曾说："鲁迅先生在世的时候，我曾经问过他，如果能到日本去，他希望上什么地方去看看。鲁迅先生立即回答说，希望上东京的'丸善'去看看，鲁迅先生青年时代在日本的时候，经常上'丸善'去，从那里吸收了世界的文学和美术的知识，所以他一直到晚年还从'丸善'邮购书刊。"③ 周作人事后也说"我在丸善买书前后已有三十年"，虽然在日本留学时"卖买很微小，后来又要买和书与中国旧书，财力更是分散，但是这一点点的洋书却于我有极大的影响……那时我的志趣乃在所谓大陆文学，或是弱小民族文学……（《域外小说集》）这些材料便是都从丸善去得来的"④。

总之，由于长期的异域生活与学习体验，留学生对西方的精神文化与文学有了深入了解，而了解的过程实际就是逐渐认同西方的过程，这种认同奠定了晚清留学生文学群体文学革新思想的基础。

第二节　屈辱感、国民性与文学救国

如果说晚清留学生对西方精神文化的认同奠定了其文学革新思想的基础的话，那么他们在异域所受的各种刺激无疑是这一思想形成的直接原因。陈天华在《论中国学生同盟会之发起》一文中将学生尤其是留

---

① 周作人：《知堂回想录》上册，安徽教育出版社2008年版，第137页。
② 同上书，第146页。
③ ［日］增田涉：《与鲁迅先生相处的日子》，卞立强译，山东师范学院聊城分院中文系图书馆编：《鲁迅在日本》，《鲁迅生平资料丛抄》第5辑（1978年12月），第189—190页。
④ 周作人：《东京的书店》，钟叔河编订：《周作人散文全集》第7卷，广西师范大学出版社2009年版，第342—343页。

学生视为一国之主人，原因是"留居东京多生无穷之感情，多受外界之刺激，故苟非凉血类之动物，殆无不有'国家'二字浮于脑海者。而内地则毫无闻见，懵焉瞆焉，故尔不如留学生之感觉灵而发达早也"①。陈天华因有亲身之体验，所言自较一般泛论者沉痛而真切。他所说的外界刺激是促使留学生奋发，而思改革现状的关键原因。为避免泛论与枝蔓，下面拟从留学生所普遍感受到的屈辱感切入，由此分析留学生对中国国民性问题的思考，并进而通过文学改造之，以此种思路来谈这个问题庶几不离其要。

中国向以文化之邦自诩，对于文学尤其自信，直到清末樊增祥仍说："吾中国事事不如外人，独伦理词章历劫不磨，环球无两。"② 然而正是这令中国士子引以为自豪的中国文学，在晚清留学生跨出国门之后，首先遭遇了冷眼。在欧洲留居 15 年并游历过各处的陈季同，最无法忍受的就是每到一处就听见有人对他说："用你们的表意文字和包含四万多个词的单音节语言，你们永远也无法表达我们这里日新月异的现代世界。难道你们不能将它改为拉丁字母，以便让你们的全体国民更容易学会认字吗？"③他曾跟曾朴说，在法国待久了，"听到他们对中国的论调，活活把你气死"，在他们的文学统系里，"就没有拿我们算在数内，比日本都不如哩"。他们虽也翻译中国文学，如小说戏曲等，但态度不是赏玩，便是轻蔑与厌恶，现代文豪佛郎士甚至带着谩骂的口吻批评我们的小说，说："不论散文或是韵文，总归是满面礼文满腹凶恶一种可恶民族的思想；批评神话又道：大半叫人读了不喜欢，笨重而不像真，描写悲惨，使我们觉到是一种扮鬼脸，总而言之，支那的文学是不堪的"，"这种话，都是在报纸上公表的"。这种毫不掩饰地轻视，使陈季同备感侮辱，不仅激起了他的愤怒，也促使他反思造成这种情况的原因："一是我们太不注意宣传，文学的作品，译出去的很少，译的又未必是好的，好的或译得不好，因此生出重重隔膜；二是我们文学注重的范围，和他们不同，我们只守定诗古文词几种体格，做发抒思想情绪的正鹄，领域很狭，而他们重视的如

---

① 刘晴波、彭国兴编：《陈天华集》，饶怀民补订，湖南人民出版社 2008 年版，第 12 页。
② 樊增祥：《秦中官报序》，樊增祥：《樊山政书》卷七，中华书局 2007 年版，第 169 页。
③ 陈季同：《巴黎印象记》，段映虹译，广西师范大学出版社 2006 年版，第 58 页。

小说戏曲，我们又鄙夷不屑，所以彼此易生误会。"① 对此，他建议采取"送出去"（宣传中国文学）与"拿进来"（翻译西方文学）同时并行的做法，最终达到中西文学的合璧。不过，与大多数留学生采取"拿来主义"的态度不同，陈季同终身所做的事业是"送出去"，而他"送出去"的法文文学创作也确实做到了中西文学的合璧，文学观念与创作具有明显的超前意识。

　　陈季同的遭遇折射出西方人在骨子里对中国思想文化乃至民族的鄙夷与歧视，虽然辩护是必要的，但根本的做法则是要改变自己。其实，从留学生跨出国门见识西方文明的那一刻起，就已经意识到"其文明程度高于吾"②，尤其是在国民素质上，西方人的折辱只不过进一步加深了这种感受而已。也正因此，留学生在归国后对教育都特别热衷，如果综合评价这一群体对近代中国所作出的贡献的话，教育应该是最大的。容闳从美国留学回来，一生至死不渝的目标就是推行其教育计划。严复从欧洲归国也是一生与教育相始终，他在《原强》中明确指出："生民之大要三，而强弱存亡莫不视此：一曰血气体力之强，二曰聪明智虑之强，三曰德行仁义之强。是以西洋观化言治之家，莫不以民力、民智、民德三者断民种之高下"，而反是以观，中国之"民力已茶，民智已卑，民德已薄"，"虽有圣神用事，非数十百年薄海知亡，君臣同德，痛锄治而鼓舞之，将不足以自立"，因此他认为面对甲午之战后的危局其要政统于三端："一曰鼓民力，二曰开民智，三曰新民德。"③"开民智"除了学堂教育外，就是通过通俗文学进行启蒙，这是严复当然也是所有留学生提倡新文学的直接原因。

　　相比而言，留日学生在日本所受到的民族歧视要比欧美留学生强烈得多。甲午之战，清朝以泱泱大国败钮于日本，从而使日本人的野心与自负心得到极度膨胀，对中国一直以来所存有的敬仰之情也因此顿然消失，强烈的民族优越感使他们对中国人的态度发生了急剧变化，以致"藐视中国人，骂中国人软弱无能，还痛恨中国人。而且这些不只是用言辞来表

---

①　曾朴：《曾先生答书》，欧阳哲生编：《胡适文集》第4卷，北京大学出版社1998年版，第616—618页。
②　邹容：《革命军》，张梅编注：《邹容集》，人民文学出版社2011年版，第12页。
③　王栻主编：《严复集》第1册，中华书局1986年版，第18—27页。

达，从白发老人直到幼童都对这四亿人满怀着血腥的敌意"①。在此种环境中求学，留日学生心灵所遭受的屈辱与创痛是可以想见的，鲁迅在仙台学医所经历的一幕为此作了生动的注解。他在《藤野先生》一文中回忆说，他在一次学期考试中获得及格成绩，在同学一百余人中排在中间，学生会干事怀疑教员泄漏了题，便突击到他的寓所翻检讲义，虽然没有查出什么，但在他们走后邮差送到一封很厚的信，第一句就是"你改悔罢"！鲁迅因此感慨："中国是弱国，所以中国人当然是低能儿，分数在六十分以上，便不是自己的能力了：也无怪他们疑惑。"② 这句看似自慰的话比任何怒骂都更能表达作者内心的屈辱与创痛，竹内好在《藤野先生》一文的"解说"中指出："作者对藤野先生所以表现如此敬爱之情，大概是忘不了周围的黑暗吧！"可谓知言。竹内好虽未明言"周围的黑暗"指的是什么，但实藤惠秀肯定它就是指"一般日本人对中国人的态度"——轻蔑与歧视，正是它才使得藤野先生的"一两钱幽光"显得"份外引人注目"③。为验证这"一片黑暗"的真实存在，实藤惠秀举出了大量例证，即使今天读来仍不免令人感慨万千。

在异域遭受到的这种无处不在的屈辱感，是留学生民族意识产生的直接动因，也因此引起了他们对中国国民性问题的深入反思。以鲁迅为例，增田涉说"'弱国'而产生的屈辱感"，进一步促进了他要"摆脱'弱国'的侮蔑，增添了改革的热情……在外国亲身体验的屈辱感，是难以磨灭的刺激"④。这是符合事实的判断，许寿裳就称他和鲁迅在日本"因为身在异国，刺激多端"，常常"谈着三个相联的问题：（一）怎样才是理想的人性？（二）中国民族中最缺乏的是什么？（三）它的病根何在？"并称鲁迅"后来所以决心学医以及毅然弃医而学文学，都是由此出发的"⑤。鲁迅的《呐喊·自序》也称他在仙台因看幻灯片感觉到"学医并非一件紧要事，凡是愚弱的国民，即使体格如何健全，如何茁壮，也只能

---

① ［美］费正清、刘广京编：《剑桥中国晚清史》，中国社会科学院历史研究所编译室译，中国社会科学出版社1996年版，第411页。
② 鲁迅：《鲁迅全集》第2卷，人民文学出版社2005年版，第316、317页。
③ ［日］实藤惠秀：《中国人留学日本史》，谭汝谦、林启彦译，香港中文大学出版社1982年版，第118页。
④ ［日］增田涉：《与鲁迅相处的日子》，卞立强译，山东师范学院聊城分院中文系图书馆编：《鲁迅在日本》，《鲁迅生平资料丛抄》第5辑（1978年12月），第188页。
⑤ 许寿裳：《我所认识的鲁迅》，人民文学出版社1978年版，第59、60页。

做毫无意义的示众的材料和看客，病死多少是不必以为不幸的。所以我们的第一要著，是在改变他们的精神，而善于改变精神的是，我那时以为当然要推文艺，于是想提倡文艺运动了"①。如此也就不难理解，周氏兄弟在日本何以会热心于翻译与出版"被压迫的民族之文学"了，实在是同病相怜的缘故②。

鲁迅说："在东京的留学生很有学法政理化以至警察工业的，但没有人治文学和美术；可是在冷淡的空气中，也幸而寻到了几个同志了。"③如果仅仅从办纯文艺杂志一方面言，这话无疑是正确的，但若说其时日本缺乏从事文艺的留学生，恐怕只能说鲁迅是孤陋寡闻了，上引宋教仁日记已提供了几条这方面的材料。

实际上，在日本文明进步的映衬以及民族歧视的促动下，留日学生对中国的国民性问题都有思考，只是程度不同而已。其时由留日学生发表的文章，揭露与批判中国民风积弊的内容随处可见。另外，由留日学生创办的大量刊物，其办刊主旨亦足以说明这一点，如《国民报》是"破中国之积弊，振国民之精神"④，《二十世纪大舞台》是"以改革恶俗，开通民智，提倡民族主义，唤起国家思想为唯一目的"⑤，《民报》第2期发表的汪东文章《论支那立宪必先以革命》则鼓吹"举凡从前之陋俗弊政，悉掀翻而摧拉之"⑥，都提到了重新塑造国民性问题。这些杂志大都登载小说等文艺作品，其主旨与杂志自然是一致的。如果对这些作品稍加考察不难发现，它们主要包括两方面的内容：一是宣传西方的文明与新思想，一是暴露与批判中国国民性之弱点。

综上可见，晚清留学生异国求学所遭受的种种刺激与歧视，以及由此所激发的对中国国民性的深入思考，是促动他们发起文学救国运动的重要原因。

---

① 鲁迅：《鲁迅全集》第2卷，人民文学出版社2005年版，第439页。
② 钟叔河编订：《周作人散文全集》第7卷，广西师范大学出版社2009年版，第343页。
③ 鲁迅：《呐喊·自序》，《鲁迅全集》第2卷，人民文学出版社2005年版，第439页。
④ 《倡办国民报简明章程》，《国民报》第1期，1901年。
⑤ 《二十世纪大舞台丛报招股启并简章》，《二十世纪大舞台》第1期，1904年。
⑥ 张枬、王忍之编：《辛亥革命前十年间时论选集》第2卷上册，生活·读书·新知三联书店1963年版，第132页。

第三节　异域启蒙文学的催化

晚清留学生提倡文学改良，除受留学期间种种刺激的促动外，异域启蒙文学的催化也是一个不可忽视的重要原因。

严复在被称为晚清提倡"新小说"的第一篇雄文《本馆附印说部缘起》①中说："且闻欧、美、东瀛，其开化之时，往往得小说之助。"②夏志清认为严复"显然是指一八六八年明治维新以后的日本，但'开化'一词用来讲欧美，则不知所云"，因为"只有在明治维新的日本，小说才可以说是扮演了一个明显的角色，唤起了民众，帮助了政府现代化和进步"③。这只是就实际情况言之，欧、美真的没有类似的启迪吗？下面再看杨度于光绪二十八年（1902）九月撰写的《游学译编叙》，其中关于小说的文字：

> 凡一国之语言文字，岐而为二者，其国家之教育，人民之进化，必不能普遍于全国上下。而学人以为经世著书之具，务求为高雅闳博之词，则文学反以阻国民之进步。故不独词章家之以雕琢为诗文，取悦一己而不求人知者之不足厕于一国之文学界也；即有心于当世者，亦以此计其功用之大小，而分其品次之高下焉。俄国学者特儿斯特之论艺术也，分广义与狭义，而小说与诗歌、美术等，同在狭义之中。其总论曰："艺术者，使作者之感情传染于人之最捷之具也，作者之主题当如何，则必以直接或间接向于人类同腔（胞）的结合，而求其好果，以为感情之用也。"彼斯脱洛之为世界大教育家也，以读路

---

① 严复是否参与了此文的创作，目前学界尚有质疑，研究严复的专家王栻认为不是严复，可能出于夏曾佑的手笔（参见《严复在〈国闻报〉上发表了哪些论文》，王栻主编《严复集》第2册，中华书局1986年版，第440页）。皮后锋、杨琥坚持此一观点，并在此基础上作了进一步论证，但没有提供直接的证据，结论仍说"严复可能审阅修改或提供过某些材料"（参见皮后锋、杨琥《〈国闻报〉所刊〈本馆附印说部缘起〉之作者考辨》，《明清小说研究》2011年第3期）。因此，在没有确切证据否定严复是该文作者之一的情况下，本书仍持保留意见。

② 参见陈平原、夏晓虹编《二十世纪中国小说理论资料》第1卷，北京大学出版社1997年版，第27页。

③ ［美］夏志清：《新小说的提倡者：严复与梁启超》，夏志清：《人的文学》，台湾纯文学出版社1984年版，第70页。

索之《也米儿》小说一书而成者也；亲蔑翁之以女子称雄于哲学界也，以有小说十余种之传播也。为其有利于国民，即为有用之文字，岂以体裁之大小而为之区别乎？日本笹川种郎之言曰："欧洲及我国历史，无不有小说戏曲之记载，而支那独否。自宋以前，并无完美之书，至元时始有特异之精彩。其前此之寂寥者何哉？盖以此方思想，纯在儒教势力范围之中，自儒者观之，以为文章者，经国之伟事；小说戏曲，败坏风俗，何足算也。然如孔云亭之《桃花扇》，亦何尝不本三百篇之旨，而断以春秋之大义哉？"由此论之，则我国民之不进化，文字障其亦一大原因也。夫小说文字之所以优者，为其近于语言而能唤起国民之精神故耳。意大利之诗人当的（但丁）编国语以教民族；日本维新之名儒福泽谕吉著书教人，必先令其妻读之，有不解者，辄复更易，以求人人能读，此皆小说之意也。岂非以作一字而非为国民之全体谋公益者，则必不为之乎？然今日竟有意大利统一、日本振兴之实效，则有谓二君不能列于文学界而称为名儒者，其国民能听之否耶？我中国于前者已矣，自今以往，吾诚不知后事之如何，吾亦不知下回之当作何分解也。国民乎！其有以《西游记》活泼不羁之自由主义，《水浒传》慷慨义侠之平等主义，而为《三国演义》竞争剧烈之独立主义者乎？吾知他日小说家之为新中国者，必以为第一回之人物矣，是我民族之幸也。①

杨度此文与梁启超的《论小说与群治之关系》同时发表，若从写作时间上看，杨文或有可能早于梁文。就内容而言，此文对认识晚清"小说界革命"发生之重要丝毫不亚于梁文，惜长期埋没，以致其价值得不到应有的彰显②。与梁文相比，杨文可以使人更清晰地看到西方启蒙文学资源在晚清"小说界革命"发生过程中的重要作用。杨度首先提到了特儿斯特（托尔斯泰）的《艺术论》，强调他论艺术将小说与诗歌、美术等同看待的观点，这是因为在中国传统的文学观念里，小说是不被列入文学之列的，而域外文学中的这种观点为他提倡小说提供了理论依据。接下来，杨

---

① 《游学译编》第1期，1902年11月14日。
② 详参拙作《一篇被忽略的早期小说革新宣言——论杨度〈游学译编叙〉中的小说思想及其价值》，《中国古代小说研究》第4辑，2010年。

度又引用了该书的主要观点,说"艺术者,使作者之感情传染于人之最捷之具也","最捷"当为杨度所加。"作者之主题当如何,则必以直接或间接向于人类同腔(胞)的结合,而求其好果,以为感情之用也",这里的"作者之主题"指的是作者的命意或者说目的,"人类同腔(胞)的结合"则应指的是人类共有的感情或者说兄弟般团结的感情,"好果"则是指人类生活的最崇高的目的——幸福[1]。杨度之所以运用托尔斯泰《艺术论》中的这一观点,是因为这正好与其提倡小说的命意直接相通。既然以"国民教育"、"人民进化"为唯一宗旨,那么文学的价值自然是以是否实现此一目标为品次衡定之标准。从此一立场出发,文字自然是首先需要注意的问题,因为"小说文字之所以优者,为其近于语言而能唤起国民之精神故耳"。在传达作者之感情方面,杨度显然认为小说具有先天的优势,而托尔斯泰"艺术是感情传达之工具"的观点正好支持了他的这一看法。而且杨度提倡小说以求"国民教育"、"人民进化",其最终目的则在以此培养新的"国民性",以与世界其他强盛民族角逐,从而达到国富民强的理想境地,托尔斯泰有关艺术使命的观点在某种程度上与杨度有相同之处,从而成为杨度提倡小说的一个重要依据。为了说明小说的这种感染与教育作用,杨度举了两个例子:一是瑞士教育家彼斯脱洛受路索(即卢梭)小说《也米儿》(即《爱弥儿》)影响而成就事业之事,彼斯脱洛即裴斯泰洛齐(J. H. Pestalozzi,1746—1827)。二是亲蔑翁之以有十余种小说之传播而称雄于哲学界事。亲蔑翁之,未详何人,从"为其有利于国民,即为有用之文字"来看,当亦与民众启蒙有关。杨度以此说明小说在"移情"方面的优势,即"近于语言而能唤起国民之精神",此点亦颇类似于梁启超看中并提倡小说的原因——"小说有不可思议之力支配人道故"。在晚清小说的理论文字中,就引用域外文艺理论方面而言,杨度可以说是第一人[2],从此点来讲,他也应该受到治晚清小说者的足够重视。

更重要的是,杨度直接提到了意大利诗人当的(但丁)编国语以教

---

[1] [俄]列夫·托尔斯泰:《艺术是什么》,《列夫·托尔斯泰文集》第14卷(文论),丰陈宝译,人民文学出版社1992年版,第307—324页。
[2] 陆扬、张祯在《托尔斯泰〈艺术论〉在中国》(《江苏行政学院学报》2012年第3期)一文中称"1907年2月至3月,王国维在其主编的《教育世界》上发表《脱尔斯泰传》,最早提及《艺术论》一书",是未见杨度此文。

民族及日本维新名儒福泽渝吉著书教人的事,并认为"今日意大利统一"及"日本振兴之实效"与他们的努力有关,这说明他提倡小说直接受到了意大利的文艺复兴及日本明治维新时期启蒙文学的诱发和影响。这里有必要对"当的(但丁)编国语以教民族"加以说明,因为在此前的小说理论文字里,此点无人涉及。但丁是意大利文艺复兴的先驱,为对平民百姓进行知识普及教育,他提倡用"俗语"写作。而在当时,拉丁语是文学创作的通用语言,也就是当时的"文言",其地位相当于中国的文言。但丁不仅写了《飨宴》《论俗语》这样提倡俗语写作的论文,而且还用近代方言俗语创作出了内容严肃、结构恢弘的伟大诗篇《神曲》,这在当时均具开创意义。但丁此举不仅对意大利民族语言及民族国家的形成起到了重要的推动作用,而且西方文学自此以后,"国语文学"渐成文学主流,戏剧与小说也才享受到崇高的地位。杨度正是从西方文学的传统中找到了这个例证,所以他才颇有信心地看重并提倡白话语体小说,并大胆地预言对于未来"新中国"的构建,小说家必然起着极为重要的作用。由此可见,严复说欧、美"开化之时,往往得小说之助",并非空穴来风,通过杨度我们有理由相信他也应该受到了西方类似启蒙文学资源的启示与影响,毕竟严复在欧洲留学多年,对此不可能毫无所知。黄锦珠说"《黑奴吁天录》一书影响美国的黑奴制度以及南北战争之产生,是大家所承认的;卢梭《爱弥儿》对教育思想的冲击;以及托尔斯泰对俄国青年思想的影响等等,小说在欧、美扮演过思想或文化启蒙,乃至具体改变过政治、社会的某些状况,都是不宜抹杀的事实",所以他并不完全赞同夏志清的观点,这是颇富眼光的,但她仍怀疑严复对西方文学是否真正的了解——因为没有文献可征[①]。事实上,在迄今为止仍为学界所忽视的严复译著《美术通诠》里,通过按语可以看出严复对西方文学相当熟悉,绝非泛泛之辈,后文将予详论,此不赘言。

  杨度写作此文离他到东仅有数月,竟能如此丰富而娴熟地运用西方启蒙文学资源,实在要归功于当时日本的文学环境。明治时期的日本正是学习西方全面铺开,西学输入日新月异的时代,对于介绍外国文学,增田涉说当时是"拚命地介绍英、美、德、法等先进国家的第一流的文学和世

[①] 黄锦珠:《晚清时期小说观念之转变》,台湾文史哲出版社1995年版,第32页。

界文学史上最著名的作品"①。由于自由民权运动，日本从西方输入了"政治小说"，并在"这种有意无意政治化的翻译文学刺激下，政治小说的创作一时大为兴盛，并赢得了广大读者群"②。日本小说改良的机运亦从此开始，据《日本维新三十年史》第九编《文学史》的作者所作的评述称：

> 比及十五六年，民权自由之说，盛行于世。新闻纸上，有载西洋小说者，如《绘入自由》、《自由之灯》，皆传法兰西、罗马革命之事者也。自是翻译泰西小说者，源源不绝，则当日人心之渴望新文学，即此可见一斑；而他日小说之推陈出新，亦于兹伏线矣。今试举其例，则织田纯一郎之《花柳春话》，最先问世，他如关直彦之《春莺啭》、藤田鸣鹤之《系思谈》，及《春窗绮话》、《梅蕾余薰》、《经世伟观》等。其原书多为英国近代历史小说家之作。译本既出，人皆悦之，遂不知不觉，竟成小说革新之媒。柴东海之《佳人奇遇》，第一破格而出，继而末广铁肠著《雪中梅》、《花间莺》，又有别为一体，不纯乎小说者，则藤田鸣鹤之《文明东渐史》、视野龙溪之《经国美谈》等是也。③

杨度留学日本正是"政治小说待望论被推出之时"④，也就是说其余威尚在。日本这种轰轰烈烈的文学启蒙与改良运动，与中国"文以载道"的观念相通，加之救亡图存的迫切需要，所以很容易感染并引起留日学生的注意。日本启蒙文学运动所产生的实际效果，留日学生也能亲眼目睹——日本人民的文明进步以及昂扬的精神状态至少可以激起他们这方面的联想，所以落脚于日本的西方文学资源便能很快为他们所利用。托尔斯泰的《艺术论》成书于1897年，1898年始正式出版，而杨度竟能及时运用该书观点，于此可见留日学生对日本文学输入关注的及时。

---

① ［日］增田涉：《与鲁迅相处的日子》，卞立强译，山东师范学院聊城分院中文系图书馆编：《鲁迅在日本》，《鲁迅生平资料丛抄》第5辑（1978年12月），第182页。
② 夏晓虹：《觉世与传世——梁启超的文学道路》，中华书局2006年版，第197页。
③ 同上书，第198页。原载《日本维新三十年史》，罗普译，广智书局1902年刊。
④ ［日］斋藤希史：《近代文学观念形成期的日本》，［日］狭间直树编：《梁启超·明治日本·西方：日本京都大学人文科学研究所共同研究报告》，社会科学文献出版社2001年版，第302页。

无独有偶，鲁迅1908年发表于《河南》杂志的《摩罗诗力说》也是以但丁为范例，该文说："意大利分崩矣，然实一统也，彼生但丁（Dante Alighieri），彼有意语。大俄罗斯之札尔，有兵刃炮火，政治之上，能辖大区，行大业。然奈何无声？中或有大物，而其为大也暗。（中略）迨兵刃炮火，无不腐蚀，而但丁之声依然。有但丁者统一，而无声兆之俄人，终支离而已"，也强调了但丁提倡国语对意大利统一所起到的重要作用。不过，鲁迅虽批评"俄之无声"，但认为其并非"喑人"，乃"孺子"与"伏流"，故"十九世纪前叶，果有鄂戈理（N. Gogol）者起，以不可见之泪痕悲色，振其邦人，或以拟英之狭斯丕尔（W. Shakespeare）"。顾瞻寰宇，鲁迅发现"新声争起，无不以殊特雄丽之言，自振其精神而绍介其伟美于世界"，"若渊默而无动者"，独"天竺以下数古国而已"，因此他呼吁"别求新声于异邦"。由此可见，鲁迅也从域外启蒙文学中悟到了文学在振起人心与精神方面的重要作用，因此才有针对与选择性地提倡"立意在反抗，指归在动作"[①] 的摩罗诗派，以打破中国这一"喑人"般的渊默。

虽然在早期的文献中，像杨度与鲁迅这样能为我们提供如此直接而丰富材料的文章并不多，但零星的史料仍有不少，透过这些跃动着激情的文字，我们不难感受到异域启蒙文学在其中所产生的强烈催化作用。

第四节　留欧美与留日学生文学革新思想之差异及其成因

梁启超说晚清西洋思想运动的最大不幸是"西洋留学生殆全体未尝参加于此运动"，这话虽然说得有点绝对，但却道出了一个事实，那就是西洋留学生并不是晚清思想输入的中坚。对于文学而言，亦复如是，这从前文所列晚清留学生文学群体的表格中，欧美留学生所占比例之小即可看出。除此之外，二者在参与晚清文学变革的态度与取向上也存在不小的差异。欧美留学生显得保守而温和，而留日学生则表现得相当激进。这种差别几乎一直持续到现代文学，并为治现代文学的学者所关注，他们的研究对本节的论述具有一定的参考价值。

[①] 鲁迅：《鲁迅全集》第1卷，人民文学出版社2005年版，第66—68页。

第二章　异域体验与晚清留学生文学革新思想的形成　51

　　夏志清在论及现代中国的文学潮流时说："当时较具吸引力的作家，几乎清一色的是留学生。他们的文章和见解，难免受到留学所在地时髦的思想或偏见所感染。说真的，我们即使把自由派与激进派的纷争看作留美、留英学生与留日学生的纷争也不为过。"① 说现代较具吸引力的作家是清一色的留学生不免有点夸大，但夏氏对留英美与留日学生的区别比较却颇为学界所赞赏。由于体例所限，关于这种差别产生的原因，夏氏只是点到为止，没有充分展开。贾植芳在夏氏的基础上对此一问题作了进一步探讨，他说"留学英国的作家，基本上都崇尚英国浪漫主义文学，他们身处保守的英国文化环境中，对于新崛起的现代艺术几乎没有什么感受"，美国虽有新崛起的文学思潮，如意象派诗歌等，但"还未得到美国正统文学的认可"，从诸多现代文学留英、美作家的个案分析中，他认为"留英美的学生确实受到他们所在国的文化环境影响，在对外来文学的选择上，态度是保守的，或者是暧昧的"。而留日学生却不同，当时的日本文坛流行着各种欧洲文艺思潮及世纪末的各种现代思潮，所以"留日学生在吸收外来影响方面是相当庞杂的、混乱的，也可以说是多元的，但比起留学英美的学生来看，他们比较不保守，多吸取了与二十世纪精神相通的现代哲学和文学思潮"②。

　　上述研究对本节的论述很有启示意义，从某种程度上说还是相通的，因为本节论述的内容正是他们所谈问题的直接源头。在晚清，欧美留学生在对待文学改革的态度上是相对保守与暧昧的，这一点与他们留学所在地存在密切关系。如被视为极端保守的辜鸿铭，论者已指出他对中西文化的看法与其欧洲留学存在一定关系，"当时的欧洲，正是以浪漫主义思潮为代表的西方文化保守主义盛行之时。该思潮以道德和古典价值为核心，就根本取向而言，同儒家传统文化有相通之处……这些西方浪漫主义学者的理论与著作造就了辜鸿铭一生的思想倾向，对他日后的文化选择有着潜移默化的影响"，再加上"西方物质文明高度发达下的种种弊端"，这一切促使辜鸿铭"加深了对中国文化的渴慕"③。这一判断对同一时期的欧美留学生几乎是通用的，如陈季同在游历欧洲各地，见识了西方高度发达的

---

　①　夏志清：《中国现代小说史》，刘绍铭等译，台湾传记文学社1979年版，第52页。
　②　贾植芳：《中国留日学生与中国现代文学》，《中国比较文学》1991年第1期。
　③　刘集林等撰：《中国留学通史·晚清卷》，广东教育出版社2010年版，第208页。

物质文明后,虽然也有惊异与赞叹,但最后竟说"我无法理解,或者不如说,我开始更清楚地看到已经预感到的事实:那就是欧洲正在经历一切道德和精神的危机。尽管欧洲有着发达的文明,尽管它的科学、文学和艺术取得了惊人的发展,但它还在摸索中寻找自己的道路;它在相互对立的信仰和不同的哲学体系之间摇摆,尚未找到自己的最终的方向"①,所以陈季同不认为西方的精神文化高于中土,他宁愿相信二者各有偏胜,中国如需改革,其取向自然是兼取二者之长。

正是因为欧美留学生恰好遭遇了西方文明的危机,所以他们对西方文化的接受是审慎而有选择的,当然也是保守的。而日本恰恰相反,甲午之战日本以"蕞尔岛国"击败泱泱大国清朝,"这件事产生了影响日本社会和思想意识等一切方面的沙文主义。民间的印刷品、传说和诗歌以及狂热的歌曲,都被用来灌输和加强突然爆发的廉价和哗众取宠的爱国主义"②。除了爱国主义情绪高涨外,甲午之战还进一步激起了日本学习西方的信心与热情,诚如梁启超所说是"一颦一笑,惟欧洲是效"③,可谓是顶礼膜拜深信不疑。所以,与欧美留学生见到的安宁、富裕与充满西方民主气息的社会环境不同,留日学生首先感到的就是日本人昂扬奋进与除旧布新的豪迈精神,梁启超晚年曾讲到他初到日本时的感受说:

> 戊戌亡命日本时,亲见一新邦之兴起,如呼吸凌晨之晓风,脑清身爽。亲见彼邦朝野卿士大夫以至百工,人人乐观活跃,勤奋励进之朝气,居然使千古无闻之小国,献身于新世纪文明之舞台。回视祖国满清政府之老大腐朽,疲癃残疾,肮脏蹒跚,相形之下,愈觉日人之可爱。④

跨入日本国土的中国留学生无不受此种风气濡染,思想不难为之奋发。加之日本又是当时中国维新革命人士逃亡避难的大本营,康有为、梁启超与

---

① 陈季同:《巴黎印象记》,段映虹译,广西师范大学出版社 2006 年版,第 153 页。
② [美]费正清、刘广京编:《剑桥中国晚清史》,中国社会科学院历史研究所编译室译,中国社会科学出版社 1996 年版,第 411 页。
③ 吴其昌:《梁任公先生别录拾遗》,夏晓虹编:《追忆梁启超》,中国广播电视出版社 1996 年版,第 145 页。
④ 同上书,第 142、143 页。

孙中山等著名人士皆聚于此，并积极在留学生中运动宣传，留日学生的思想因此日趋激进。同时，留日学生所受到的歧视要比欧美留学生强烈得多，这就更容易激起他们的民族意识，强化同乡与国家观念，生发革命意识与反抗精神。所以留日学生奔走革命者多，而专心学业者明显不如欧美留学生，王国维就说在日本留学时"诸生骛于血气，结党奔走，如燎方扬，不可遏止"[①]。这种激进的革命思潮，表现在文学上便是大胆的改良与创新。

---

① 罗振玉：《〈海宁王忠悫公遗书〉初集弁言》，陈平原、王风编：《追忆王国维》（增订本），读书·生活·新知三联书店 2009 年版，第 16 页。

第三章　留学生与晚清文学观念的裂变与重构

文学观念就像绘画的底色，它决定了一个民族文学创作的基础。中国传统文学的主体是诗文，小说戏曲没多大位置，士大夫虽也喜看小说戏曲，但却忌讳在正规的场合谈论它们，更不会将其编入希图传世的文集里，这与轻视小说戏曲的文学观念是成正比的。就审视文学的标准而言，"载道"被赋予了崇高地位，实用的文学观念因此甚嚣尘上，唯美的艺术性批评只能在正统文学观念式微的时代偶放异彩。从晚清开始，维系数千年的传统文学观念终于在西潮的强势冲击下发生裂变，毫无疑问，留学生在其中发挥了关键性作用。

由于长期学习与濡染西方文化，无论是保守的欧美留学生，还是激进的留日学生，他们对西方的文学观念基本都持认同态度，并力图将这一新的文学观念介绍给国内文艺界，希望借此对中国文学观念的缺失有所匡正，这与守定"文学莫盛于中国"的本土士子是存在根本差别的。总体而言，晚清留学生的努力目标主要表现为三个方面：一是提高小说与戏曲的地位，二是倡导审美性的文学（或纯文学），三是融入到世界文学中去。

第一节　留学生与晚清小说戏曲观念的转变

中国小说戏曲发展至明清，创作积累的成就已有驾诗文而上之的趋势，甚至还一度受到士大夫的极大推崇。如明代李贽就曾说："诗何必古选，文何必先秦。降而为六朝，变而为近体；又变而为传奇，变而为院本，为杂剧，为《西厢曲》，为《水浒传》，为今之举子业，皆古今至文，不可得而时势先后论也。"[①] 类似这样的观点在明末清初十分普遍，但这

[①] 李贽：《焚书 续焚书》，中华书局1975年版，第99页。

只是正统儒学式微时期的产物,随着清朝统治基础的稳固,程朱理学的再度崛起,主流文化对小说戏曲的评价又重新回到原点,纪昀主持编纂的《四库全书》不收通俗小说戏曲即为显证。这说明至少在晚清西方文化介入以前,中国小说戏曲的传统观念尚无发生根本改变之可能。

随着鸦片战争的发生,中国的国门被西方的坚船利炮敲开,中西文化的交流为中国小说戏曲观念的彻底改观提供了新的历史契机。早期中土人士接触域外小说戏曲观念主要有两种可能途径:一是通过来华传教士的间接影响,一是走出国门直接受其濡染。不过就实际情况来看,传教士对中国小说戏曲的现代转型曾起到了一定作用,但由于身份与使命限制往往对输入纯文学及其观念不感兴趣①,而且其文学活动出于适应中土读者的考虑,也往往被中国化了,因而难以对中国的传统小说戏曲观念产生根本性冲击。甲午战争以前,中土人士普遍认为文学唯中国独有,致使早期走出国门的虽不乏其人,但对域外文学往往不屑一顾,时人有诗云:"经史外添无限学,欧罗所作是何诗?"②持有这种态度自然不可能平心静气地去了解对方的文学,更不用谈文学观念的改变了。光绪初年曾任驻英大使的郭嵩焘,说英国"富强之基与其政教精实严密,斐然可观;而文章礼乐不逮中华远甚"③。流亡海外数年的王韬与郭嵩焘的看法几无二致,他说:"英国以天文、地理、电学、火学、气学、光学、化学、重学为实学,弗尚诗赋词章。"④ 对域外文学缺乏基本了解,自然不免得出这样错误的结论。类似于郭嵩焘与王韬这样的观点在当时是十分流行的。这也就决定了在改变中国传统小说戏曲观念方面,留学生必然要发挥关键性作用。

早期留美学生因无文献可征,其文学观念不得而知。至迟从留欧学生开始,对西方文学观念的认同就已达到相当高的程度。陈季同留学之前,也与时人一样,认为中国是"独一无二的文学之邦"。但进入法国社会后,他却遇到了从未有过的尴尬,异邦的文学统系里不仅没有中国文学,甚至连日本文学都不如。不过,中国一向鄙弃的小说戏曲,如《玉娇李》

---

① 关于此点可参看宋莉华《十九世纪传教士小说的文化解读》的相关论述,《文学评论》2005年第1期。
② 樊增祥:《九叠前韵书感》,《樊山续集》卷二十四,沈云龙主编:《近代中国史料丛刊续编》第61辑《樊山集》,台湾文海出版社1978年影印本,第2156页。
③ 郭嵩焘:《伦敦与巴黎日记》,岳麓书社1984年版,第119页。
④ 王韬:《漫游随录·扶桑游记》,湖南人民出版社1982年版,第122页。

《赵氏孤儿》等,却很早就进入了他们的视野,并得到了相当程度的赞赏。域外人士对中国文学毫不掩饰的鄙夷态度激起了陈季同的深刻反思,他认为之所以造成这种情况:"实出于两种原因:一是我们太不注意宣传,文学的作品,译出去的很少,译的又未必是好的,好的或译得不好,因此生出重重隔膜;二是我们文学注重的范围,和他们不同,我们只守定诗古文词几种体格,做发抒思想情绪的正鹄,领域很狭,而他们重视的如小说戏曲,我们又鄙夷不屑,所以彼此易生误会。"陈季同认为要改变这种现状,需要勉力做的是:

> 第一不要局于一国的文学,嚣然自足,该推扩而参加世界的文学;既要参加世界的文学,入手方法,先要去隔膜,免误会。要去隔膜,非提倡大规模的翻译不可,不但他们的名作要多译过来,我们的重要作品,也须全译出去。要免误会,非把我们文学上相传的习惯改革不可,不但成见要破除,连方式都要变换,以求一致。然要实现这两种主意的总关键,却全在乎多读他们的书。

毋庸置疑,域外的学习与生活经历彻底动摇了陈季同的固有文学观念,从而使他认识到中国文学的传统观念必须改变,其中之一就是要重视小说和戏曲。这种态度的转变也促使他对域外文学展开了全面的学习,曾朴曾这样回忆道:

> 他指示我文艺复兴的关系,古典和浪漫的区别,自然派,象征派,和近代各派自由进展的趋势;古典派中,他教我读拉勃来的《巨人传》,龙沙尔的诗,拉星和莫理哀的悲喜剧,白罗瓦的《诗法》,巴斯卡的《思想》,孟丹尼的小论;浪漫派中,他教我读服尔德的历史,卢梭的论文,嚣俄的小说,威尼的诗,大仲马的戏剧,米显雷的历史;自然派里,他教我读弗劳贝、佐拉、莫泊三的小说,李尔的诗,小仲马的戏剧,泰恩的批评;一直到近代的白伦内旬《文学史》,和杜丹、蒲尔善、弗朗士、陆悌的作品;又指点我法译本的意、西、英、德各国的作家名著。

陈季同对西方文学涉猎范围之广、了解之深,在当时来讲是极为罕见的。

陈氏的这种文学观念对曾朴产生了深刻的影响，曾朴事后称与他的交往使他"发了文学狂"，后来他重视并从事小说活动，很大程度上是受到了陈氏的影响①。

陈季同虽然认为中国相传的文学习惯应该改革，但他所做的主要工作却不是"拿进来"，而是"送出去"，即更注重将中国的文学介绍给外国人，以消除他们对中国文学的误解与偏见。与陈季同相反，严复则主要做的是"拿进来"的工作。他不仅翻译了大量西方思想界的名著，而且也将西方的文学观念带进了中国。他归国后曾创办《国闻报》，该报登载的《本馆附印说部缘起》即出自于他和夏曾佑之手，文中说"且闻欧、美、东瀛，其开化之时，往往得小说之助"②，严复对小说在西方国家立国之初所起作用的描述与强调，对国人参与小说活动产生了不小的鼓舞作用，对晚清小说观念的转变自然也会产生重要影响。所以该文一向受到研究者的重视，甚至被有些论者"视为现代中国第一篇强调小说社会功用的评论文章"③。由于严复并未在文中透露他对域外文学的接受情况，因此他对域外小说社会功能的描述与强调，一度被怀疑为有意制造的小说神话。事实上，1907年严复发表的译作《美术通诠·古代鉴别》，其中案语颇多述及小说戏曲的文字，此译作一向为研究者所忽视，于此可见其对域外文学的接受：

> 文字分为创意、实录二种，中国亦然。叙录实事者，固为实录，而发挥真理者，亦实录也。至创意一种，如词曲、小说之属，中国以为乱雅，摈不列于著作之林；而西国则绝重之，最古如希腊鄂谟之诗史《伊里叶》，而英之犹斯丕尔、法之摩理耶、德之葛尔第，皆以词曲为一国宗匠，以较吾国之临川、实甫诸公，其声价为缙绅所不屑道者，而相异岂直云泥而已？

严复感叹属于"创意"的小说戏曲"西国则绝重之"，而中土缙绅则不屑

---

① 曾朴：《曾先生答书》，欧阳哲生编：《胡适文集》第4集，北京大学出版社1998年版，第615—618页。
② 引自陈平原、夏晓虹编《二十世纪中国小说理论资料》第1卷，北京大学出版社1997年版，第27页。
③ 夏志清：《人的文学》，台湾纯文学出版社1984年版，第63页。

道,并说:"斯宾塞尔曰:瀹民智者,必益其思理;厚民德者,必高其感情。故美术者,教化之极高点也。而吾国之浅人,且以为无用而置之矣。"① 这些无疑对严复小说戏曲观念的重建起了极为关键的作用,也是他看重并提倡小说戏曲的主要动力。

相对而言,留日学生在提倡重视小说与戏曲的文学观念方面,表现得更为大胆与激进。除前文所谈杨度对小说的看重与提倡外,其时由留学生创办的刊物《浙江潮》,其发刊词中说"小说者,国民之影而亦其母也"②,不唯重视甚至有点神话小说了。这种极端的观点不仅仅是留学生为宣传需要而故意制造的一种神话,很大程度上可能是他们直接接触域外文学时所产生的一种信念。大约与杨度同时留学日本的许定一也说:"中国小说,起于宋朝,因太平无事,日进一佳话,其性质原为娱乐计,故致为君子所轻视,良有以也。"带着这种小说观踏入异国,域外文学对小说的重视及其文学经验,很容易对留学生造成精神上的激刺,甚至会因此而认为国民之不进步乃是因为小说不发达的缘故。所以欲使国民进步就不能不提倡小说,而欲提倡小说就"必须以普及一法","去人人轻视小说之心"③。

总之,晚清小说戏曲观念在短期内得以迅速转变是与大批留学生的提倡与推动分不开的,从而成为晚清小说戏曲变革的重要前奏。

第二节 艺术与审美:留学生与晚清"文学"本质的回归

在中国传统的文学观念里,文之所以重要乃在于"载道",其"道"乃"兼善天下,躬行实践之谓,非可以独善其身,托诸空言也",因此文总以"实用为主","足以经世"则"卫道",反之则"乱道"④。宋儒刘挚训子孙言"士当以器识为先,一号为文人,无足观矣",顾炎武一读此言即禁不住发出"文人名于世,焉足重哉"的感叹,所以他明确提出

---

① [英]倭斯弗:《美术通诠》,严复译,《寰球中国学生报》第5、6合期。
② 《浙江潮发刊词》,《浙江潮》第1期(1903年)。
③ 定一:《小说丛话》,《新小说》第15号。
④ 来裕恂:《汉文典》,王水照编:《历代文话》第9册,复旦大学出版社2007年版,第8673、8695、8667页。

"文须有益于天下","文之不可绝于天地间者,曰明道也,纪政事也,察民隐也,乐道人之善也"①。总之,"载道"与实用构成了传统文学观念的体、用两端,文学的审美本质虽在正统思想式微的时代偶放异彩,但总体仍处于被压抑的状态。留学生的出现使这一情况有了显著改观。

在西方文学观念的参照下,留学生对"文学"的本质认识越来越清楚。如严复,通过前文论述可知,他已明确认识到西方"文字分为创意、实录二种",而"中国亦然"。以今天的观点衡量,这两种文字就是文学与学术的差别,如严复在《西学门径》一文中说:"心有二用:一属于情,一属于理。情如诗词之类,最显者中国之《离骚》。理,凡载道谈理之文皆是。"② 因此,这两种文字在创作方面是有本质差别的,他曾借助《美术通诠》的翻译,对此作了明确界定与区分:"词人之文纯由创意,方其写物,所写者,非即物也,乃其心目中之万物,设观不同,为用亦异……夫立诚,诚不可废,然而诚矣,有官觉之诚,有意念之诚。官觉之诚征于实,为理解所可论;意念之诚集于虚,非理解所可论,此美术所独有之境界也。"③ 这就是说,这两种文字虽然都是写实,但一为耳目观听之实,"为理解所可论";一为意念之实,即虚构与想象,"非理解所可论"。后者,也就是真正意义的文学,其独有的属性是美。在功能上,二者也有不同分工,即"德育主于感情,智育主于思理,故德育多资美术,而智育多用科学"④。

严复认为中国最不讲求的便是艺术审美的文学,如其《法意》一书的按语中说:

> 吾国有最乏而宜讲求,然犹未暇讲求者,则美术是也。夫美术者何?凡可以娱官神耳目,而所接在感情,不必关于理者是已。其在文也,为词赋;其在听也,为乐,为歌诗;其在目也,为图画,为刻塑,为官室,为城郭园亭之结构,为用器杂饰之百工,为五彩彰施玄

---

① 顾炎武著、黄汝成集释:《日知录集释》中册,上海古籍出版社2010年版,第1090、1079页。
② 王栻主编:《严复集》第1册,中华书局1986年版,第92、93页。
③ [英]倭斯弗:《美术通诠》,严复译,《寰球中国学生报》第5、6合期。
④ 严复《论今日教育应以物理科学为当务之急》,王栻主编:《严复集》第1册,中华书局1986年版,第280页。

黄浅深之相配，为道涂之平广，为坊表之崇闳。凡此皆中国盛时之所重，而西国今日所尤争胜而不让人者也。而其事于吾国则何如？盖几几乎无一可称者矣。自其最易见者而言之，则在在悉呈其苟简。宫室之卑狭，道路之莱污，用器百工之窳拙，设色之浓烈，音乐之噭楚，图画则无影，刻塑则倍真，以美术之法律绳之，盖无一不形其失理，更无论其为移情动魄者矣！《记》有之：安上治民以礼，而移风易俗以乐。美术者，统乎乐之属者也。使吾国而欲其民有高尚之精神，軼荡之心意，而于饮食、衣服、居处、刷饰、词气、容仪，知静洁治好，为人道之所宜。否则，沦其生于犬豕，不独为异族之所鄙贱而唤讥也，则后此之教育，尚于美术一科，大加之意焉可耳。①

应该说，在晚清如此之早地认识到文学的审美本质属性，并加以积极提倡，如非具有留学背景是不可想象的。更值得注意的是，严复同时认为艺术是高雅的，非一般人所能欣赏，他曾引用英国文豪兼美术家剌士经约翰的话说：

凡物为数百千年人类所宗仰赞叹者，必有至高之美，实非以其见赏者众，而人类平均之识力感会，足以得其物之真也。乃以过实之誉，无据之毁，理不久存之故。惟识真之品题，其始也，发之最少数之人，而久之乃达于社会……是故凡传作之不可埋没，而能抹粲一曙之荣者，其势必以渐，而于一切高等之美术乃尤然也。是故侮莫大于谓古人不世出之巨制，为其时常识之所知，何则？其真知者，必程度过于作者，抑与之埒焉而后可跂也。

他又据此发挥道："可知古人有作，其所谓'不废江河万古流'者，断非幸致，何则？其无真价值而适合时人多数之程度，虽幸窃时名，不胫而走；至于时异趣阑，将如飘风之过，而不存留于社会久矣。顾如前之作者，往往代不数人，即其所成，亦恒有数，所谓国得之而荣，种得之而贵者。故英人有云：值〔假〕使其国于五印度之领土、狭斯裴尔之文字二

---

① 王栻主编：《严复集》第4册，中华书局1986年版，第988—989页。

者不可得兼,则无宁弃前而取后。此其矜宠欢幸为何如乎?"① 对于这样只能为少数人所欣赏的艺术,其语言自然不可为近俗文字。这种观点与晚清同时期耳食西方文学观念者可以说有本质的不同。所以严复的这种超前文学观念——或者说真正理解了西方的文学观念,在晚清初期是不可能为人们所注意甚或理解的,其微弱的声音只能被其时仅对西方文学观念一知半解就大肆贩卖的吆喝声所淹没。只有到晚清中后期,功利性文学观的问题凸显时,人们才注意到严复的这一与众不同的文学观念,而关注的自然也主要是留学生。如周氏兄弟,1908 年周作人在《河南》杂志发表的《论文章之意义暨其使命因及中国近时论文之失》一文即将小说定义为"小说为物,务在托意写诚,而足以移人情,文章也,亦艺术也"②,"托意写诚"便是袭自《美术通诠》中的译语。

除严复外,王国维在提倡审美性的文学(或纯文学)方面更加引人注目。他留日归国后协助罗振玉编刊《教育世界》杂志,自此撰述日丰,其中颇多论述小说戏曲的文字。王国维对西方美学有较深入的了解,所以他的小说观是建立在纯文学基础之上的。王氏首先对以"惩劝为旨"的传统小说观展开了批判,他说中国的"戏曲小说之纯文学,亦往往以惩劝为旨,其有纯粹美术上之目的者,世非惟不知贵,且加贬焉"③,据此他认为《三国演义》《水浒传》《桃花扇》等世人看重的作品皆无纯文学之资格④,唯有《红楼梦》"为我国美术上之唯一大著述"⑤。对于时下流行的功利性小说观,他的批评更为激烈:"观近数年之文学,亦不重文学自己之价值,而唯视为政治教育之手段,与哲学无异。如此者,其亵渎哲学与文学之神圣之罪,固不可逭,欲求其学说之有价值,安可得也!故欲学术之发达,必视学术为目的,而不视为手段而后可。"⑥ 不唯如此,他还反对将小说视为一种职业:"吾人谓戏曲小说家为专门之诗人,非谓其以文学为职业也。以文学为职业,餔餟的文学也。职业的文学家,以文学

---

① 王栻主编:《严复集》第 2 册,中华书局 1986 年版,第 322、323 页。
② 钟叔河编订:《周作人散文全集》第 1 卷,广西师范大学出版社 2009 年版,第 113 页。
③ 王国维:《论哲学家与美术家之天职》,周锡山编校:《王国维集》第 1 册,中国社会科学出版社 2008 年版,第 182 页。
④ 王国维:《文学小言》,同上书,第 26 页。
⑤ 王国维:《红楼梦评论》,同上书,第 21 页。
⑥ 王国维:《论近年之学术界》,周锡山编校:《王国维集》第 2 册,中国社会科学出版社 2008 年版,第 303 页。

为生活；专门之文学家，为文学而生活。今餔餟的文学之途，盖已开矣。吾宁闻征夫思妇之声，而不屑使此等文学嚣然污吾耳也。"① 不过，王国维虽然反对赋予文学以实用功能，但却说："生百政治家，不如生一大文学家。何则？政治家与国民以物质上之利益，而文学家与以精神上之利益。"② 可见他着眼的是长远的国民精神的塑造，而非一时的政治功利。这一点与此后的周氏兄弟取向完全一致。

除此之外，王国维的小说观还有两点值得注意。一是他通过批判以考证的眼光来解读《红楼梦》的做法，间接地表达了自己的一种新的小说观。小说作为"史之支流"的观点在中国由来已久，且根深蒂固，将小说作为"实事"来考索正是这种小说观念的自然体现。王国维敏锐地观察到了这一点，所以他说这种态度"实与美术之渊源之问题相关系……美术之源，出于先天，抑由于经验，此西洋美学上至大之问题也"。对这个"至大问题"的回答，他借用的是叔本华的美学观点，即"美之预想存于经验之前"③。这即是说小说是精神的创造，是虚构的故事，而非经验事实的模写，从而彻底突破了传统小说为"史之支流"的观点。二是打破了以情节为本位的小说观，从而开始了对"纯文学"小说的自觉译介。他曾在《教育世界》登载的翻译小说《爱与心》按语中说："近人不知文学为何物，小说为何物，徒以设局变幻，叙事新奇，取餍一时之快意。侦探小说之类，充牣于坊肆。举世嗜好方若彼，而译者乃著笔及此，其不为时人诋以迷信，目以枯寂乏味者，盖鲜矣。虽然，此书在欧洲，声价之隆重，垂垂近二千年，又岂俗子辈所得而雌黄者哉！具慧眼者，必不辞欢迎之矣。"④ 由此可见，王国维不失为中国纯文学小说观的最早建构者与推动者。

稍晚于王国维的周氏兄弟也是纯文学观的重要提倡者。鲁迅初入日本时学的是医，但很快就将主要精力集中到域外新文学的学习上。周作人在他的影响下于1906年留学日本，对域外新文学也表现出了浓厚的兴趣。

---

① 王国维：《文学小言》，周锡山编校：《王国维集》第1册，中国社会科学出版社2008年版，第26页。
② 王国维：《文学与教育》，周锡山编校：《王国维集》第4册，中国社会科学出版社2008年版，第9页。
③ 王国维：《红楼梦评论》，周锡山编校：《王国维集》第1册，中国社会科学出版社2008年版，第18—21页。
④ 转引自陈鸿祥《王国维传》，人民出版社2004年版，第199页。

对域外新文学的深入了解不仅使他们很快从梁启超的影响下走出来，而且成为反功利小说观的积极提倡者。周作人在《红星佚史序》（1907）中说："中国近方以说部教道德为桀，举世靡然，斯书之蟠，似无益于今日之群道。顾说部曼衍自诗，泰西诗多私制，主美，故能出自由之意，舒其文心。而中国则以典章视诗，演至说部，亦立劝惩为枭极，文章教训，漫无畛畦，画最隘之界，使勿驰其神智，否者或群逼校之。所意不同，成果斯异。然世之现为文辞者，实不外学与文二事。学以益智，文以移情。能移人情，文责以尽，他有所益，客而已。而说部者文之属也。读泰西之书，当并函泰西之意；以古目观新制，适自蔽耳。"[1] 周作人明确指出时下流行的功利小说观与中国传统的"载道"文学观存在一脉相承的关系。他认为"说部曼衍自诗"，除王国维外，中土人士从未有此种看法。诗作为小说源头的观念源自西方，虽然它的出现已是18世纪以后的事，但至少到19世纪就已被人们广泛接受，这种观念也被移植到了日本。太田善男的《文学概论》（1906）就把小说放在"读式诗"下进行讨论，周作人接受的正是太田善男的观点。他在此后的《论文章之意义暨其使命因及中国近时论文之失》中就把纯文学"分之为二：曰吟式诗，中含诗赋、词曲、传奇，韵文也；曰读式诗，为说部之类，散文也"。既将小说纳入纯文学，周氏认为它就应该与"益智"的学术（或者说杂文学）有所区别，即它"主美"，目的仅在于"移人情"而已。这种观点在其《论文章之意义暨其使命因及中国近时论文之失》中得到了全面体现，该文对当下"手治文章而心仪功利"的各种小说类型作了系统批评，然后指出文章的意义暨其使命在于它是"国民精神之所寄"，"虽非实用，而有远功者也"。与王国维一样，他也认为通行的冒险、侦探两种小说虽"颇为一世欢迎"，"要不得谓文章"，"盖其采色浓厚，风味凡浅，为文章之下乘"，从而明确提出了他的纯文学小说观，即"小说为物，务在托意写诚而足以移人情，文章也，亦艺术也"[2]。

除此之外，徐念慈也是晚清积极提倡与运用西方美学来分析文学与小说的重要人物。徐念慈（1875—1908），原名燕义，字念慈，以字行，后

---

[1] 钟叔河编订：《周作人散文全集》第1卷，广西师范大学出版社2009年版，第48、49页。

[2] 陈子善、张铁荣编：《周作人集外文》，海南国际新闻出版中心1995年版，第54—57页。

又改字彦士,号觉我或东海觉我。江苏昭文县人,世居邑之赵市。幼颖悟,"弱冠淹贯中外学术,擅算术,能文章,以时誉鸣于乡"。虽入泮中秀才,然于帖括之学却鄙夷不屑道,喜习新学,精通英、日文字。曾留学日本,归国后于光绪三十年(1904)与同乡曾朴、丁祖荫在沪创办小说林社,自任编辑主任,继又创《小说林》杂志,徐氏任译述编辑。小说林社及其杂志刊行之撰译小说,由徐氏删润者甚多。《小说林》虽由曾朴主持,对徐氏则"倚如股肱",而徐氏亦竭力擘划,于杂志颇多新创之举①。除从事小说出版编撰外,徐氏还积极从事新式教育活动。光绪三十四年(1908)六月十六日因积劳成疾病逝,时年34岁②。1907年徐念慈发表了《〈小说林〉缘起》这篇重要的小说理论文章,该文首先针对中国以前将小说视为鸩毒,而今天则提倡之、欢迎之,从而提出种种疑问:"抑小说之道,今昔不同,前之果足以害人,后之实无愧益世耶? 岂人心之嗜好,因时因地而迁耶? 抑于吾人之理性,果有鼓舞与感觉之价值者耶?"对于这些重大的小说理论问题,徐念慈开始尝试用西方美学予以解答,他认为小说是合理想美学、感情美学而居其最上乘者③。虽然徐念慈对西方美学的理解有些模糊,运用也不那么纯熟,但对小说的感染力作了美学上的思考与阐释,比起梁启超的《论群治与小说之关系》仅从佛学方面阐释此问题④显然高出一筹,因此他对晚清小说理论的推进历来受到研究者的重视与高度评价。

总之,对文学审美本质属性的体认与提倡,在晚清虽不能与甚嚣尘上的功利性文学观相提并论,但却是一股不可忽视的潜流。尤其是周氏兄弟,他们还一度将这一文学理想付诸实践,积极筹备纯文艺性的杂志《新生》,虽因种种原因该杂志最终未能面世,但选录"异域文术新宗"且迻译"弗失文情"⑤的《域外小说集》却得以出版,这些努力纵然当

---

① 时萌:《优秀编辑和翻译家》,时萌编著:《曾朴及虞山作家群》,上海文化出版社2001年版,第326页。
② 徐念慈生平事迹参见蒋维乔《徐念慈传》(《教育杂志》第3年第1期,1911年2月)、丁祖荫《徐念慈先生行述》(《小说林》第12期,1908年9月)、时萌《徐念慈年谱》(《中国近代文学论稿》,上海古籍出版社1986年版)。
③ 觉我:《〈小说林〉发刊词》,《小说林》第1期。
④ 详参拙作《梁启超对"小说支配人道"的佛学阐释》,《华南理工大学学报》2010年第1期。
⑤ 鲁迅:《鲁迅全集》第10卷,人民文学出版社2005年版,第168页。

时影响不大,开创意义却不可忽视。近代文学研究专家任访秋先生将周氏兄弟的这种努力视为晚清的第二次文学运动,显然是十分有眼光的①。

第三节　留学生与晚清世界文学观念的发轫

在闭关锁国,自以为中国文学举世无双的时代,世界文学观念是很难在中国生根发芽的。产生这种文学观念的前提是,首先必须了解并在一定程度上认同他民族的文学,同时还要对本民族文学有批判性的审视眼光。世界文学观念早在1827年就已由德国文学巨匠歌德提出,巧合的是他正是在与中国文学作比较的情况下生发出这一观念的,他在看过中国的小说《好逑传》(一说为《玉娇梨》)后说"中国人在思想、行为和情感方面几乎和我们一样,使我们很快就感到他们是我们的同类人,只是在他们那里一切都比我们这里更明朗,更纯洁,也更合乎道德。在他们那里,一切都是可以理解的,平易近人的,没有强烈的情欲和飞腾动荡的诗兴,因此和我写的《赫尔曼与窦绿台》以及英国理查生写的小说有很多类似的地方",然后又说"我们德国人如果不跳开周围环境的小圈子朝外面看一看,我们就会陷入上面说的那种学究气的昏头昏脑。所以我喜欢环视四周的外国民族情况,我也劝每个人都这么办。民族文学在现代算不了很大的一回事,世界文学的时代已经来临了"②。

有意思的是,中国世界文学的观念也是在与西方文学进行比较,并担心落伍的情况下提出来的,第一个提出这一观念的中国人就是陈季同,他对西方人鄙视中国文学有深刻的体会,立志要改变这种现状,他认为首先应做的就是"不要局于一国的文学,嚣然自足,该推扩而参加世界的文学",这包括"拿进来"与"送出去"两个方面。应该说,与陈季同一样持这种世界文学观念的留学生,在晚清并不少见,至少前文所论述的王国维、周氏兄弟等皆是如此,虽然他们并没有明确提出这一观念。

不过,陈季同虽有世界文学的眼光,但并不鄙弃中国文学,甚至还相当自信,并认为应该保持其自身特色。但有些留学生却极其激进,他们认

---

① 参见任访秋《鲁迅散论》的相关论述,陕西人民出版社1982年版。
② [德]爱克曼辑录:《歌德谈话录》,朱光潜译,人民文学出版社1982年版,第112、113页。

为应该废除汉文，使用西方文字，直接与世界文学接轨。署名"前行"的留法学生就明确主张废除汉字，完全挪用西方文字，为实现此种目标，他提出了三种解决方案：（一）采用一种欧文；（二）用罗马字母反切中国语音；（三）用万国新语①。时留学法国的吴稚晖赞同使用万国新语，并认为："今日西洋尤较文明之事理，即西洋人自取其本国之文字为代表，尚再三斟酌而后定，通行甚久而后信。若欲强以中国文字相译，无人不以为绝难。故欲以中国文字，治世界较文明之事理，可以用绝对之断语否定之。居较文明之世界，不随世界之人，共通较文明之事理，而其种可以常存在者，亦可用绝对之断语否定之也。"② 除此之外，他还在《书苏格兰君"废除汉文议"后》一文中说："若惟知保持中国人固有之种性，而不与世界配合别成为新种性，岂非与进化之理正相反。故自今以后，如欲扩大文学之范围，先当废除代表单纯旧种性之文字，而后自由杂习他种文字之文学。以世界各种之良种性，配合于我旧种性之良者，共成世界之新文学，以造世界之新种性。"③ 这种极端的观点今天看来似乎是不切实际的幻想，但在晚清民国确是有很大影响的一股社会思潮。"五四"时期有不少新文学家都曾对此种主张向往过，尤其是钱玄同，连同时亦对万国新语产生过兴趣的周作人都觉得过于激烈与极端④。

虽然留学生提倡世界文学的观念今天看来不免有点激进，但它毕竟给晚清文学带来了开放与现代化的视野，为打破传统文学观念与格局提供了新的生机与可能。

---

① 前行：《编造中国新语凡例》，沈云龙主编：《近代中国史料丛刊》3 编第 32 辑《新世纪》第 40 期，台湾文海出版社 1987 年影印本，第 159 页。
② 吴稚晖：《新语问题之杂答》，见《吴稚晖学术论著》，上海书店据 1925 年版影印，第 312 页。
③ 同上书，第 324 页。
④ 周作人：《钱玄同的复古与反复古》，钟叔河编订：《周作人散文全集》第 14 卷，广西师范大学出版社 2009 年版，第 146—150 页。

第四章　留学生与晚清翻译文学的兴起与繁荣

　　从实际情况来看，西方文学的输入与翻译不始于留学生，早期的旅华西士已有一些翻译文学在先，如懒惰生（罗伯特·汤姆）译的《意拾喻言》（《伊索寓言》），宾惠廉译的《天路历程》①，李提摩太译的《百年一觉》② 等。同治年间《申报》还连载过《谈瀛小录》（斯威夫特《格列佛游记》第一部分）③、《一睡七十年》（欧文《瑞普·凡·温克尔》）④ 与《昕夕闲谈》⑤，但是这些断断续续的零星翻译，除《百年一觉》《昕夕闲谈》略有市场反响外，"余者在当时基本上没有引起什么关注"⑥。这除了风气未开人们对翻译文学还缺乏足够的兴趣外，翻译人才的短缺也是一个重要原因。留学生的大量出现无疑从根本上解决了这一问题，晚清的翻译文学亦随之发生急剧变化。由于留学生具备中西两种文化背景，这不仅有利于他们在翻译理论上提出更为切实与完备的理论，而且其对域外文学的精深了解也使他们易于摆脱早期译本选择上的盲目，取得读者与市场的认可。因此，留学生不仅是晚清翻译文学风气形成的推动者，同时也是翻译

---

① 参见马祖毅《中国翻译史》上卷，湖北教育出版社1999年版，第685—689页。
② 梁启超《西学目录表》曾予以著录，夏晓虹辑：《〈饮冰室合集〉集外文》下册，北京大学出版社2005年版，第1145页。熊月之《西学东渐与晚清社会》（上海人民出版社1994年版，第410—411页）有这部译本小说的内容介绍，可以参看。
③ 连载于《申报》1872年4月15日至18日。
④ 刊于《申报》1872年4月22日。
⑤ 译者蠡勺居士，据美国学者韩南考证，原著为英国作家爱德华·布威·利顿的《夜与晨》，参见韩南《中国近代小说的兴起·论第一部汉译小说》，徐侠译，上海教育出版社2004年版。蠡勺居士为蒋其章，具体介绍参见邬国义《第一部翻译小说〈昕夕闲谈〉译事考论》（《中华文史论丛》2008年第4辑）、刘镇清《试探〈昕夕闲谈〉的译者身份》（《华侨大学学报》2009年第1期）。
⑥ 陈平原：《中国现代小说的起点——清末民初小说研究》，北京大学出版社2005年版，第26页。

文学的主体。可以说，没有这一群体的出现，晚清翻译文学在短期内迅速兴起并形成繁荣之势是不可想象的。

第一节　留学生与晚清翻译文学理论的形成

晚清自有外事以来，翻译就成为一个不可回避的重要问题。洋务运动时期清政府专门成立了同文馆这样专司译事的机构，但并未形成关于翻译的统一标准与理论，因此译作颇受后人訾议。而对这种翻译表示不满的主要来自当时已经归国的留学生，1894年马建忠就著文批评说"近今上海制造局、福州船政局与京师译署，虽设有同文书馆，罗致学生，以读诸国语言文字。第始事之意，止求通好，不专译书，即有译成数种，或仅为一事一艺之用，未有将其政令治教之本原条贯译为成书，使人人得以观其会通者。其律例公法之类，间有择译，或文辞艰涩，于原书之面目，尽失本来；或挂一漏万，割裂复重，未足资为考订之助"，针对这种随意从事译事的现象，他提出了自己的翻译主张：

> 夫译之为事难矣，译之将奈何？其平日冥心钩考，必先将所译者与所以译者两国之文字深嗜笃好，字栉句比，以考彼此文字孳生之源，同异之故，所有相当之实义，委曲推究，务审其音声之高下，析其字句之繁简，尽其文体之变态，及其义理精深奥折之所由然。夫如是则一书到手，经营反覆，确知其意旨之所在，而又摹写其神情，方（仿）佛其语气，然后心悟神解，振笔而书，译成之文，适如其所译而止，而曾无毫发出入于其间。夫而后能使阅者所得之益，与观原文无异，是则为善译也已。

如何达到这种"曾无毫发出入于其间"、"使阅者所得之益，与观原文无异"的"善译"境界呢？他又说：

> 今之译者，大抵于外国之语言，或稍涉其藩篱，而其文字之微辞奥旨，与夫各国之所谓古文词者，率茫然而未识其名称。或仅通外国文字语言，而汉文则粗陋鄙俚，未窥门径，使之从事译书，阅者展卷未终，触人欲呕。又或转请西人之稍通华语者，为之口述。而旁听

者，乃为仿佛摹写其词中所欲达之意，其未能达者，则又参以己意而武断其间。盖通洋文者不达汉文，通汉文者又不达洋文，亦何怪夫所译之书，皆驳杂迂讹，为天下识者所鄙夷而讪笑也。夫中国于应译之书，既未全译，所译一二类，又皆驳杂迂讹。而欲求一精通洋语洋文兼善华文而造其堂奥，足当译书之任者，横览中西，同心盖寡。则译书之不容少缓，而译书之才之不得不及时造就也，不待言矣。余生也晚，外患方兴，内讧沓至，东南沦陷，考试无由，于汉文之外，乃肆意于辣丁文字，上及希腊，并英、法语言。盖辣丁乃欧洲语言文字之祖，不知辣丁文字，犹汉文之昧于小学，而字未能尽通；故英、法通儒，日课辣丁古文词，转译为本国之文者此也。少长，又复旁涉万国史事、舆图、政教、历算、度数，与夫水、光、声、电，以及昆虫、草木、金石之学，如是者五六年，进读彼所谓性理、格致之书，又一二年，而后于彼国一切书籍，庶几贯穿融派，怡然理顺，焕然冰释，遂与汉文无异。①

这就是说，翻译之人必须同时具备对中西文字与文化的精深了解，然后在此基础上，"一书到手"又能"确知其意旨之所在，而又摹写其神情，方（仿）佛其语气，然后心悟神解"，达到这样的程度方可"振笔而读"，译之成文。

马建忠对"善译"的规定与要求，无疑使晚清对翻译的认识上升到了一个新的高度。嗣后曾与马建忠同时留学欧洲的严复，继之提出了关于翻译的系统理论，他将其精简归结为三字——"信、达、雅"。对于这三字的内涵，严复引用传统文论术语予以阐释："《易》曰：修辞立诚。子曰：辞达而已。又曰：言之无文，行之不远。三者乃文章正轨，亦即为译事楷模。故信、达而外，求其尔雅。此不仅期以行远已耳，实则精理微言，用汉以前字法、句法，则为达易；用近世利俗文字，则求达难。""诚"之意为"实"，可见"信"就是忠实于原文。对于"达"，严复曾反复予以解释说明：

---

① 马建忠：《适可斋纪言纪行》，沈云龙主编：《近代中国史料丛刊》第16辑，台湾文海出版社1966年影印本，第213—216页。

译文取明深义，故词句之间，时有所颠倒附益，不斤斤于字比句次，而意义则不倍本文。题曰达旨，不云笔译，取便发挥，实非正法。什法师有云：学我者病。来者方多，幸勿以是书为口实也。

西文句中名物字，多随举随释，如中文之旁支，后乃遥接前文，足意成句。故西文句法，少者二三字，多者数十百言。假令仿此为译，则恐必不可通，而删削取径，又恐意义有漏。此在译者将全文神理融会于心，则下笔抒词，自善互备。至原文词理本深，难于共喻，则当前后引衬，以显其意。凡此经营，皆以为达，为达即所以为信也。①

可见，"达"的前提是"信"，即"不倍原文"。"信"是翻译的原则，其目的在于忠实于作者；而"达"则是策略与方法，其目的则是取便读者理解，故不惜"颠倒附益"与"前后引衬"，这就是不与原文作"字比句次"式的翻译。

相对于"信、达"，"雅"是较为次要的要求，但"雅"到底所指为何则争议颇多。一般将其解释为"修饰"、"文采"、"古雅"，也就是润色译词之意，且认为与桐城派的为文观念存在直接关系。皮后锋先生认为严复所说的"雅"，本意是"正确、合乎规范，强调译文必须正确规范，符合正道与正统。所以，'雅'泛指译文的文字水平，而非单纯指译文的文学价值，一味追求'古雅'和'高雅'……'与其伤洁，毋宁失真'是吴汝纶针对一些'不可阑入之文字'所提出的特殊处理措施，并不是严复提出来的，更没有被严复广泛运用于翻译实践和奉为翻译标准"，但他仍说其"在某种意义上确实与桐城派古文联系在一起"②。从严复翻译实践的角度来理解"雅"，的确比仅仅着眼于文词的理解更具说服力，贺麟就指出严复翻译可分为三个阶段：初期所译各书"只求达旨，故于信字，似略有亏"；中期各译品，实在可谓三善俱备；晚期则用"报章文学体，译得更为随便"③。可见，严复并不是一味地遵守"雅"，有时也会根据所译内容及接受对象而加以变通。但必须强调的是，严复所说的"雅"

---

① ［英］赫胥黎：《天演论·译例言》，严复译，商务印书馆1981年版。
② 皮后锋：《严复评传》下册，南京大学出版社2011年版，第539页。
③ 贺麟：《严复的翻译（1925年）》，苏中立、涂光久主编：《百年严复——严复研究资料精选》，福建人民出版社2011年版，第183页。

跟传统的"文以载道"还是存在很密切的关系,梁启超曾劝其译书"改以通俗",他答书则称:"窃以谓文辞者,载理想之羽翼,而以达情感之音声也。是故理之精者不能载以粗犷之词,而情之正者不可达以鄙倍之气……不佞之所从事者,学理邃赜之书也,非以饷学僮而望其受益也,吾译正以待多读中国古书之人。使其目未睹中国之古书,而欲稗贩吾译者,此其过在读者,而译者不任受责也。夫著译之业,何一非以播文明思想于国民?第其为之也,功候有深浅,境地有等差,不可混而一之也。慕藏山不朽之名誉,所不必也。苟然为之,言庞意纤,使其文之行于时,若蜉蝣旦暮之已化。此报馆之文章,亦大雅之所讳也。"① 不过,尽管人们对严复的翻译理论还有所訾议,但在当时其影响所及,几乎到了"译必称信达雅"的地步,成为"译书者的唯一指南,评衡译文者的唯一标准",奉为翻译界的"金科玉律"②,可以说正是严复奠定了晚清乃至今天翻译理论的基础。

严复虽然将"信"放在翻译的首要地位,但因过分求"达"与"雅",反而妨碍了"信"。其时颇以输入西学自任的王国维就说:"周、秦之言语,至翻译佛典之时代而苦其不足;近世之言语,至翻译西籍时而又苦其不足,是非独两国民之言语间有广狭精粗之异焉而已,国民之性质各有所特长,其思想所造之处各异故。"所以严复"用汉以前字法、句法"传译西学,抵牾难通之处自是在所难免,王国维就批评他"造语之工者固多,而其不当者亦复不少",且"古则古矣,其如意义之不能了然,何以吾辈稍知外国语者观之,毋宁手穆勒原书之为快也"③。这样译起来吃力,看起来更吃力的翻译文章,恐怕如徐念慈说林纾以古文翻译的小说,只有"出于旧学界而输入新学说者"才会光顾,而"真受学校教育","有思想、有才力"的"普通人物",则不足百分之一④。

严复以典雅的古文翻译西学,本期行远,然而到1931年鲁迅就毫不客气地说其译著已"没有什么意义",并认为"他的翻译,实在是汉唐译经历史的缩图。中国之译佛经,汉末质直,他没有取法。六朝真是'达'

---

① 王栻主编:《严复集》第 3 册,中华书局 1986 年版,第 516、517 页。
② 罗新璋:《我国自成体系的翻译理论》,《中国翻译》1983 年第 7 期。
③ 王国维:《论新学语之输入》,谢维扬、房鑫亮主编:《王国维全集》第 1 卷,浙江教育出版社、广东教育出版社 2010 年版,第 126—130 页。
④ 觉我:《余之小说观》,《小说林》第 10 期(1908 年)。

而'雅'了,他的《天演论》的模范就在此。唐则以'信'为主,粗粗一看,简直是不能懂的,这就仿佛他后来的译书"①。鲁迅是主张"宁信而不顺"的直译方式的,这在晚清盛行意译的翻译风气里是难能可贵的。他和周作人一起翻译的《域外小说集》践行了这一翻译主张,其《序言》称"《域外小说集》为书,词致朴讷,不足方近世名人译本。特收录至审慎,迻译亦期弗失文情",《略例》又说"人地名悉如原音,不加省节者,缘音译本以代殊域之言,留其同响;任情删易,即为不诚。故宁拂戾时人,迻徙具足耳"②。虽然这一"拂戾时人"的翻译实践,使《域外小说集》仅仅卖出 20 部,但是其对文学翻译理论的探索还是具有相当积极意义的。

可以说,晚清最为重要的翻译主张与理论均是由留学生提出来的,正是他们的努力与实践奠定了晚清乃至此后翻译文学的理论基础。

第二节 留学生与晚清诗歌翻译

相比于小说的翻译数量来说,晚清的诗歌翻译显得微不足道。这除了小说在救亡图存的形式方面,较诗歌更易受到提倡者与译者的青睐外,对译时文体转换的难度也是一个重要原因。汉语以单音节为主,诗歌更是句有定数,字有平仄押韵,要求綦严,而西方诗歌则显得相对自由,对译时强西就中,形式上很难处理适当。很显然,这种翻译对译者的中西文字水平具有很高的要求,不是一般译者所敢轻易尝试的。因此,在晚清能够欣赏西方诗歌,且有纯粹文学翻译意愿的只有留学生这样一个群体。就实际情况来看,晚清留学生在翻译形式上仍采用的是中国传统的诗歌形式,除散见于译著中的零星译作外,独立翻译过诗歌的只有辜鸿铭、马君武、苏曼殊等数人。

一 散见于译著中的留学生译诗

早在 1898 年严复翻译的《天演论》中就插有两段诗歌,一见于下卷

---

① 鲁迅:《关于翻译的通信》,《鲁迅全集》第 4 卷,人民文学出版社 2005 年版,第 390 页。

② 鲁迅:《鲁迅全集》第 10 卷,人民文学出版社 2005 年版,第 168、170 页。

《天难》篇：

> 元宰有秘机，斯人特未悟，世事岂偶然，彼苍审措注，乍疑乐律乖，庸知各得所？虽有偏沴灾，终则其利溥，寄语傲慢徒，甚勿轻毁沮，一理今分明，造化原无过。

原作者为英国诗人朴伯（今译蒲柏）（Alexander Pope，1688—1744），诗名《人道篇》（*Essay on Man*），原文为：

> All nature is but art, unknown to thee;
> All chance, direction, which thou canst not see;
> All discord, harmony not understood;
> All partial evil, universal good;
> And spite of pride, in erring reason's spite;
> One truth is clear, whatever is, is right.

著名英语专家王佐良先生曾评价这段翻译说："蒲柏的诗不好译，因为他虽无多少新见解，在表达艺术上却是公认的最有才能的大家。严复是否了解蒲柏的重要性，我们不知道，但是他的译文是颇见功力的。"又说："首先，这是用韵文译韵文，格律是严谨的，比后世的用散文来译高明多了。其次，译文很有原文那种肯定、自信的口气，连蒲柏的教训人的神情也传达过来了。第三，蒲柏每行中有一反一正两个意思，译文也照样，对照分明，干净利落。但严复并不是无懈可击的。最后一行译文的下半——'造化原无过'——缺乏原文的确切性和概括性，在一个小结前文的紧要地方他译得过分自由了。"①

一见于下卷《进化》篇：

> 挂帆沧海，风波茫茫。或沦无底，或达仙乡。二者何择，将然未然。时乎时乎，吾奋吾力。不竦不戁，丈夫之必。

---

① 王佐良：《严复的用心》，王佐良：《文学间的契合——王佐良比较文学论集》，外语教学与研究出版社2005年版，第157页。

这是节译自丁尼生的长诗《尤利西斯》(*Ulyssess*)：

  To strive, to seek, to find, and not to yield,
  It may be that the gulfs will us down,
  It may be we shall touch the Happy Isles,
  ... But nothing ere the end,
  Some work of noble note may yet be done.

虽然仅仅是截取一节翻译，但即此已足见严复译笔之高超。严复没有按原文逐字翻译，而是悬揣其意，以中土四言诗体出之。如前三句，严复的翻译相当贴切，"挂帆沧海"用宗悫"直挂云帆济沧海"典故，不仅与英文奋力向上之进取精神完全吻合，而且又照顾到了下文"gulfs"之表面意义，可谓妙合无间。

王国维1904年发表于《教育世界》的长篇论文《红楼梦评论》，其第二章开头亦引录衮伽尔诗一节：

  Ye wise men, highly, deeply learned,
  Who think it out and know,
  How, when and where do all things pair?
  Why do they kiss and love?
  Ye men of lofty wisdom, say,
  What happened to me then?
  Search out and tell me where, how, when,
  And why it happened thus.

译文作：

  嗟汝哲人，靡所不知，靡所不学，既深且賾。桀桀生物，罔不匹俦，各嚣厥唇，而相厥攸。匪汝哲人，孰知其故？自何时始，来自何处？嗟汝哲人，渊渊其知。相彼百昌，昊而熙熙？愿言哲人，诏余其故，自何时始，来自何处？

衮伽尔（Gottfried August Bürger, 1747—1794），今译伯格或比格尔，德国

狂飙运动时期的重要代表,民间歌谣诗的奠基人。王国维是据英译本翻译的,比照原诗意思,虽个别句子略有参差外,大体得其精髓,文辞亦古雅精炼。①

相对而言,周氏兄弟1907年合译出版的《红星佚史》夹杂的译诗较多,周作人曾回忆说:"大概总该有十八九首吧,在翻译的时候很花了力气,由我口译,却是鲁迅笔述下来,只有第三编第七章中勒尸多列庚的战歌因为原意粗俗,所以是我用了近似白话的古文译成,不去改写成古雅的诗体了。"②周作人记忆稍有失误,《红星佚史》插入的译诗共16首,前15首除第四首为四言体外,其他均是模仿楚辞的骚体,第16首非诗体,乃"近似白话的古文",可见此首为周作人所译。从译文来看,鲁迅对骚体诗有很好的掌握,虽为译作,与创作无异,意境幽雅,韵味颇足,显示了鲁迅良好的文学素养,兹录第二首如下,以便分析:

猗!鏖搏之一时,会其届尔。箭影飞扬,尔仇将逝。
胡不使青铜之喙,深啄而中之?
盍麾彼征禽,翱翔其上兮?嗟彼睡人,死其襐兮。
嘻嘻!苍骸浩歌,声幽伫兮。玄弧寄语,弦以音兮。③

原文作:

Lo! The hour is high
And the time to smite,
When the foe shall fly
From the arrow's flight!
Let the bronze bitedeep!
Let the war-birds fly
Upon them that sleep
And are ripe to die!

---

① 俞晓红对王国维的翻译有较精细的分析比较。参见俞晓红《王国维〈红楼梦评论〉笺说》,中华书局2004年版,第56、57页。
② 周作人:《知堂回想录·翻译小说(上)》上册,安徽教育出版社2008年版,第145页。
③ 止庵主编:《周氏兄弟合译文集·红星佚史》,新星出版社2006年版,第17页。

>   Shrill and low
>   Do the grey shafts sing
>   The Song of the Bow,
>   The sound of the string!①

与严复的意译相比，鲁迅可谓字字落到实处，采用的是直译，这在晚清盛行意译的风气里，是难能可贵的。

二 辜鸿铭的诗歌翻译：《痴汉骑马歌》

辜鸿铭尽管精通西文，但并不以介绍西学闻名，他的主要成就在向西方介绍中国文化，由其翻译的《论语》《中庸》等儒家经典在西方产生了广泛影响。《痴汉骑马歌》是他留存下来的唯一一首汉译诗歌②，由于翻译的成功，此诗奠定了辜鸿铭在近代翻译文学史上的不朽地位。《痴汉骑马歌》是英国18世纪诗人科伯（William Cowper）的一首叙事长诗，全称《布贩约翰·基尔宾的趣事》（The Diverting History of John Gilpin, Linen Draper），共63节，每节4行。诗的内容写布贩约翰·基尔宾结婚二十载，辛苦劳作未得一日之闲，在妻子的要求下拟于次日全家出游，家人乘车，约翰则骑乘从朋友处借来的马匹，结果演出了一幕诙谐滑稽剧：

>   行到康庄道，渐觉马蹄忙，马既适所意，那顾人张皇。
>   呼马缓缓行，腰折未敢直，两手握长鬃，用尽平生力。
>   名马事人多，未经如此骑，何物覆背上，惊疑不可知。
>   任马狂奔去，冠巾随风飘，出门意气高，到此竟悴憔。
>   长袍随风舞，飘飘若悬旌，钮扣支不住，飞去更无情。
>   长袍既飘去，露出双玉壶，玉壶左右摆，一若悬葫芦。
>   犬吠杂童呼，窗牖家家开，同声齐喝采，仿佛听春雷。
>   富翁去如飞，四邻尽传谣，此人赛走马，欲得千金标。
>   行到北市关，守者望马来，急急起欢迎，将门大张开。

---

① 转引自吴钧《鲁迅文学翻译研究》，齐鲁书社2009年版，第209页。
② 施蛰存在《中国近代文学大系·翻译文学集》（上海书店出版社1991年版）序中称他还译有古律己的《古舟子咏》，并认为《痴汉骑马歌》当翻译于1900年。

低首伏马上，汗流竟浃背，背后双玉壶，一时尽破碎。
酒流满道路，美酒最可怜，马身灌美酒，气蒸如出烟。
富翁仍负重，走马兴未阑，壶碎颈犹在，飘零系腰间。
如此颠狂态，行遍城郭外，直到清溪边，风景美如绘。
随马入清溪，左右拂溪水，如球滚水中，如禽戏水里。①

如此细致而富有意趣地描绘一个因马惊而导致的骑乘囧态，在中外文学史上实属不多见的精彩场面，尤为可贵的是辜鸿铭能有效地运用中国传统长于叙事的五言乐府体，将原诗中的诙谐幽默尽情展露出来了。

正如辜鸿铭翻译《论语》时所说："我们努力按照一个受过教育的英国人表达同样思想的方式，来翻译孔子和他弟子的谈话。此外，为了尽可能地消除英国读者的陌生和古怪感，只要可行，我们都尽量去掉所有那些中国的专有名称。最后，为了使读者能彻底地理解文本内容，我们还加了一些注释，引用了非常著名的欧洲作家的话。通过征召这些欧洲读者熟悉的思想系列，对于他们或许会有所帮助。"② 辜鸿铭用同样的翻译思想，以中国人可以理解与接受的方式，来处理《痴汉骑马歌》的翻译，的确收到了征召读者联想其"熟悉的思想系列"的效果，它让我们想起了《陌上桑》这样经典的名篇。辜鸿铭因此诗收获了巨大的声誉，此后无论怎样自负的翻译家都不能不佩服他那高超的翻译水平与技巧，晚清著名翻译文学家伍光建曾评此诗的翻译"把诗人的风趣和诗中主角、布贩子的天真烂漫，特别是他的那股'痴'、'呆'味儿，都译出来了，读来十分亲切"③。苏曼殊对严复、林纾的翻译颇有微辞，然对辜氏则推崇备至，称《痴汉骑马歌》"可谓辞气相副"，并惋惜"辜氏志不在文字，而为宗室诗匠牢其根性也"④。

三 马君武的诗歌翻译

马君武在晚清诗歌翻译方面与苏曼殊齐名，同为一代翻译大家。马君

---

① 辜鸿铭：《辜鸿铭文集》上册，黄兴涛等译，海南出版社1996年版，第251—258页。
② 辜鸿铭：《辜鸿铭文集》下册，黄兴涛等译，海南出版社1996年版，第346页。
③ 伍蠡甫：《前言》，伍光建：《伍光建翻译遗稿》，人民文学出版社1980年版，第3页。
④ 苏曼殊：《与高天梅书》，柳亚子编：《苏曼殊全集》第1册，中国书店1985年影印本，第226页。

武的祖上本为仕宦之家，但到他出生时已家境败落，加之幼年失怙，为学之路辛苦而坎坷。早年追随康、梁，醉心改良保皇之说。1901年留学日本，襄助梁启超创办《新民丛报》，出力甚多。后思想转而趋向革命，与康、梁之交往中断。1905年同盟会成立，参与创办其机关报《民报》。次年从日本东京工科大学肄业，回到上海参与创办中国公学，并主持同盟会上海分会事务。1907年春因避清廷缉捕，转赴德国留学，直至辛亥革命爆发后始返回祖国。在日留学期间，马君武发表了大量翻译与介绍西方学说的文章。文学方面，以翻译诗歌著称，译诗有德国贵推（今译歌德）的《米丽容歌》（*Mrignou*）及《威特之怨》（即《少年维特之烦恼》）中的一个片段《阿明临海岸哭女诗》，英国虎特（今译胡德）（Thomas Hood，1799—1845）的《缝衣歌》，英国斐伦（今译拜伦）的《哀希腊歌》等。民国以后，马君武还译有席勒的戏剧《威廉退尔》及托尔斯泰的短篇小说《绿城歌客》。

《米丽容歌》节译的是"迷娘曲"中最著名的一首，迷娘是歌德长篇小说《威廉·迈斯特的学习时代》中的人物——一个意大利少女，被人拐骗卖到杂技团，后被威廉赎买回来，从此便跟随威廉，视其为父，由其所唱的一些歌曲即称为"迷娘曲"。诗歌唱出了迷娘对意大利故国风土人情的无限眷念之情。此诗曾由贝多芬、舒伯特、柴可夫斯基等世界著名的音乐家谱曲，广为流传。马君武是以中国传统的杂言民谣体翻译这首诗的：

　　君识此，是何乡？园亭暗黑橙橘黄，碧天无翳风微凉，没药沉静丛桂香。君其识此乡！归欤，归欤！愿与君，称此乡。

　　君识此，是何家？下撑楹柱上檐牙，石像识人如欲语，楼阁交错光影斜。君其识此家！归欤，归欤！愿与君，归此家。

　　君识此，是何山？归马失途雾迷漫，空穴中有毒龙蟠，岩石奔摧水飞还。君其识此山！归欤，归欤！愿与君，归此山。[①]

郭延礼评此诗翻译的特点说："一是把西方事物尽量地中国化，而又大体不失原意。比如他把Myrte（桃金娘）、Lorbeer（月桂）这种属于希腊神

[①] 莫世祥编：《马君武集》，华中师范大学出版社2011年版，第392页。

话中的典故（神树之意）分别译成中国人可以理解的芍药和桂花，把 Haus（别墅）译为家。而是用了中国古诗和民歌中连章半重体的形式……而这种表现形式又与原诗每章首句、结尾的反复吟咏基本相合，使这首中国式的古体译诗较好地表达出歌德原作的韵味。"①

《阿明临海岸哭女诗》系节译自歌德的小说《少年维特之烦恼》，诗前解说云：

> 沙娄 Charnoth 既嫁，威特既见疑，不能常至其家。一夕，瞰其夫阿伯 Albert 之亡也，往焉。沙娄既爱阿伯，复怜威特，悄然曰："威特不思沙娄之既嫁乎？"乃命仆持函往招二三女友来，所以释阿伯之疑，且速威特之去也。女友皆不能至，沙娄黯然。少顷，气忽壮，取比牙琴自操之，傍威特坐于安椅，曰："威特不能为我歌一曲乎？"威特厉声曰："无歌尔。"沙娄曰："是箧内有《欧心之诗》Song of Ossing，君所译也。予尚未读，若使其出于君之唇，则诚善矣。"威特笑取而视之，意忽动，坐而泪涔涔下，以最哀之声歌之。是阿明 Armin 哭其女初丧之词也。②

马君武以七言歌行体译之，辞气凄婉，颇能传达原诗的情味与意旨，如其中两节译诗：

> 又见斜月灼耀明，又见女儿踯躅行。儿声唧唧共谁语？老眼模糊认不真。
>
> 女儿忽随明月去，不忆人间遗老父。老父无言惟有愁，愁兮愁兮向谁诉？

原作为：

> Whenever the moon's setting, I see.

---

① 郭延礼：《文学经典的翻译与解读——西方先哲的文化之旅》，山东教育出版社 2007 年版，第 39、40 页。

② 莫世祥编：《马君武集》，华中师范大学出版社 2011 年版，第 404 页。

The shades of my dear children walk.
They seem half concealed from my view,
And sadly together they talk!

"In pity will none of you speak?"
Not heeding their father they go?
I'm sad, very sad, I'm indeed,
For great is the cause of my woe.

《缝衣歌》是英国 19 世纪上半叶诗人胡德的代表作,由于有底层生活的经历,胡德该诗对缝衣女贫苦生活的描写极为真实感人,开启了"社会抗议文学"的先河,发表后受到广泛重视。马君武的翻译是五言诗体,带着乐府的民歌味道,读起来自然流畅,如前四节:

美人蒙敝衣,当窗理针线。眼昏未敢睡,十指既已倦。不辞缝衣苦,饥穷可奈何!愿以最悲音,一唱缝衣歌。
缝衣复缝衣,鸡声起前厨。缝衣复缝衣,星光当窗帏。窃闻回教国,女罪不可赎。耶教复如何?为奴几时毕!
缝衣复缝衣,脑昏不自觉。缝衣复缝衣,眼倦不可药。一襟复一袖,一袖复一襟。低头入睡乡,缝衣未敢停。
人谁无姊妹,人谁无母亲?衣绵带丝罗,人命自不齐。缝衣复缝衣,饥寒兼垢秽。一针穿双线,缝衣更缝被。

再看"五四"时期刘半农的翻译:

指痛无人知,目肿难为哭。贫女手针线,身上无完服。一针复一针,将此救饥腹。穷愁难自聊,姑唱《缝衣曲》:
"缝衣复缝衣,朝自鸡鸣起;缝衣复缝衣,破屋星光里。我闻突厥蛮,凶悍无人理。岂我所缝衣,竟裹耶稣体。
"缝衣复缝衣,脑晕徒自恤;缝衣复缝衣,遑恤双睛痛。既纫袖上边,复合襟头缝。倦极或停针,犹作缝衣梦。
"人亦有姊妹,更有母与妻;乃取生人命,当作身上衣!百我针线力，无补寒与饥；直如自缝袭，庸裹贫女尸。①

两相比较，刘半农的翻译虽更忠实于原作，但不及马君武翻译的流畅自然，而且还明显受到了后者的影响。

《哀希腊》也是马君武的翻译名作，该诗梁启超曾译其二章于《新小说》中，马君武见之不善，遂自译之。《哀希腊》共16节，是拜伦长篇叙事诗《唐璜》中感情最为激越奔放的一章，它慨叹希腊昔日辉煌之不在，今日振起之渺茫，充满苍凉悲催之气。马君武选择颇易抒发这种感情的七言歌行体翻译，显示了高超的翻译技巧。

从上面的叙述可以看出，马君武的翻译在形式上是有其自身特色的，时人称之为"马式"，如李思纯《仙河集》说："近人译诗有三式：一曰马君武式，以格律严谨之近体译之，如马氏译嚣俄诗曰'此是青年红叶书，而今重展泪盈裾'是也；二曰苏玄瑛式，以格律轻疏之古体译之，如苏氏所为《文学因缘》、《汉英三昧集》是也；三曰胡适式，则以白话直译，尽弛格律是也。"② 由此可见马君武在晚清翻译史上的重要地位。

四 苏曼殊的诗歌翻译

苏曼殊是一个极具传奇色彩的人物，一生三度受戒，然不断尘缘，号为"情僧"。能诗善画，生活放荡不羁，但又同时参加兴中会的革命活动，故有"革命诗僧"之称。这种传奇的人生起端于苏曼殊离奇的身世。苏曼殊祖籍广东香山，父苏杰生原有妻子黄氏，因长期在日本横滨从事商业活动，遂娶日人何合仙为妾。后何合仙之妹何合若从乡下前来助其管理家务，杰生与其私通，遂生曼殊。曼殊出生后，何合若仍回乡下，而他则由姨母何合仙抚养。这段并不光彩的身世，家人对苏曼殊一直讳莫如深，成为其心中难言的隐痛，伴随其终生。6岁时苏曼殊被父亲带回原籍，在村塾读书，族人视之为异类，备受侮辱。15岁随表兄林紫垣赴日本横滨，在大同学校习学中文。19岁入早稻田大学高等预科中国留学生部，20岁改入东京成城学校学习陆军技术，期间积极参加革命排满活动。辛亥革命

---

① 施蛰存主编：《中国近代文学大系·翻译文学集三》，上海书店出版社1991年版，第149、150页。

② 转引自陈子展《中国近代文学之变迁 最近三十年中国文学史》，上海古籍出版社2000年版，第170页。

后,因见现实非其所望,遂生厌世之情,佯狂自放,征歌逐色,故意乱食废生,终因胃疾丧其天年,时仅35岁。

苏曼殊虽然英年早逝,但天资聪颖,不废其为一代文学名家。除创作外,曼殊亦以翻译名于世,甚至有论者认为其译作应驾马君武而上之。曼殊现存译作有诗歌十首,小说一部。在翻译方面,他眼界极高,抉择亦甚谨严。曼殊曾批评法译《离骚经》《琵琶行》诸篇"雅丽远逊原作",认为"文章构造,各自含英,有如吾粤木棉素馨,迁地弗良。况歌诗之美,在乎节族长短之间,虑非译意所能尽也"①。因此,苏曼殊认为理想的翻译境界应是"辞气相副",如对辜鸿铭《痴汉骑马歌》的翻译,以及《拜轮诗选自序》所提到的精彩译例,他均是以此语称许之。那么何谓"辞气相副"呢?曼殊在《拜轮诗选自序》中有言:"浇淳散朴,损益任情,宁足以胜鞮寄之任!今译是篇,按文切理,语无增饰;陈义悱恻,事辞相称。"② 可见,"辞气相副"首先要求"按文切理,语无增饰",即要完全符合原文文意,不可任意损益。其次是"事辞相称",也就是译词与原文所彰显出的风格特点要达到高度统一。就翻译理论而言,可以说苏曼殊比严复更进了一层,对译者的要求自然也更加严格。正因为陈义太高,所以晚清的翻译家少有入苏曼殊之目者。他批评严复、林纾的翻译未能抉择西方文学精华,林纾不谙英文,辗转二三人之手,"所以不及万一"③;马君武译摆伦《哀希腊》诗,虽能"宛转不离原意",但"稍失粗豪",反"稍逊《新小说》所载二章"④。

李思纯称苏曼殊式的翻译是"以格律轻疏之古体译之",是符合事实的。在曼殊现存的十首译诗中,有两首四言,一首七言,其他均为五言,没有一首杂言体,且文辞选择审慎,古雅典丽,与马君武的"粗豪"确乎迥异其趣。这种译文风格可能受到了章太炎的影响,黄侃甚至称其中有几首直接为章氏润色而成⑤。

曼殊翻译的诗人有拜轮(Lord Byron, 1788—1824)、彭斯(Robert

---

① 苏曼殊:《文学因缘自序》,柳亚子编:《苏曼殊全集》第1册,中国书店1985年影印本,第121页。
② 同上书,第127页。
③ 苏曼殊:《与高天梅书》,同上书,第226页。
④ 苏曼殊:《文学因缘自序》,同上书,第122页。
⑤ 黄侃:《隽秋华室说诗》,柳亚子编:《苏曼殊全集》第5册,中国书店1985年影印本,第240、241页。

Burns，1759—1796）、豪易特（William Howitt，1792—1879）、师梨（P. B. Shelley，1792—1822）、瞿德（J. W. Von Goethe，1740—1832）、陀露哆（Toru Dutt，1856—1877），对拜轮尤其情有独钟，共译其诗五首。他在《拜轮诗选自序》中说："拜轮以诗人去国之忧，寄之吟咏，谋人家国，功成不居，虽与日月争光，可也！"《潮音自序》更是称美其人格、情感与诗歌不可企及。或许是从拜伦中看到了自己的缘故吧，曼殊对拜伦的诗不仅格外倾倒，翻译也极为用心，他也因此获得了后人的好评。杨鸿烈在比照了曼殊《去国行》的译文与原文后，说："曼殊的译诗一经和原诗排比标点起来，就显得他兼'按文切理，语无增饰'直译的长处和'陈义俳恻，事辞相称'意译的神妙；有人说：'翻译文学得好的，其价值等于创作'，我对于曼殊也是这样说。"[①]

为进一步了解苏曼殊诗歌翻译的实际情况，现将其与马君武的《哀希腊》译诗前二节放在一起比较，并附原诗于后，以见二者之异同：

  希腊岛，希腊岛，诗人沙浮安在哉？爱国之诗传最早。战争平和万千术，其术皆自希腊出。德娄、飞布两英雄，溯源皆是希腊族。吁嗟乎！漫说年年夏日长，万般销歇剩斜阳。

  莫说佽佴二族事，繁华一夕尽消沉。万玉哀鸣侠子瑟，群珠乱落美人琴。迤南海岸尚纵横，应愧于今沾盛名。侠子美人生聚地，悄然万籁尽无声。吁嗟夫！琴声摇曳向西去，昔年福岛今何处？（马君武译诗）

  巍巍希腊都，生长奢浮好。情文何斐亹，荼辐思灵保。征伐和亲策，陵夷不自葆。长夏尚滔滔，颓阳照空岛。

  窣诃与谛诃，词人之所生。壮士弹坎侯，静女揄鸣筝。荣华不自惜，委弃如浮萍。宗国寂无声，乃向西方鸣。（苏曼殊译诗）

原诗作：

  The isles of Greece, the isles of Greece!

[①] 杨鸿烈：《苏曼殊传·苏曼殊的翻译文学》，柳亚子编：《苏曼殊全集》第 4 册，中国书店 1985 年影印本，第 194 页。

> Where burning Sappho lored and sung,
> Where grew the arts of war and peace,
> Where Delos rose, and phoebus sprung!
> Eternal summer gilds them yet,
> But all, except their sun, is set.
>
> The Scian and Teian muse,
> The hero's harp, the lover's lute,
> Have found the fame your shores refuse:
> Their place of birth alone is mute
> To sounds which echo further west
> Than your sires' "Is lands of the Blest".

对于马君武与苏曼殊的翻译，胡适曾评价说："武君失之讹，而曼殊失之晦。讹则失真，晦则不达，均非善译者也。"① 虽评之过苛，但大体说出了二者的优胜与缺失。

可以说，留学生不仅是晚清诗歌翻译的主体，也代表了其时诗歌翻译的最高水平。不过，他们虽在域外文学的中国化方面做出了可贵的尝试，但其缺陷正如郭延礼先生所说："译外国诗用文言，又用古体，很难成功。这是近代中西文化交流中内容与形式矛盾的一个方面，'旧瓶装新酒'，只是不得已而为之，绝非良策。近代诗家，在创作上既只能做到'以旧风格含新意境'，而在翻译诗歌上也未能向前跨出更大的一步。这自然是近代文学观念的改良实质和文学形式固有的稳定性所带来的局限。"② 留学生虽然是晚清最有趋新倾向的一个文学群体，但他们不可能超越时代的局限，而只能为新的文学改革思潮的到来作先期的准备。

第三节 晚清留学生与林译小说

从晚清翻译文学的接受情况来看，完全按照域外文学的形式进行翻译

---

① 胡适：《尝试集：附〈去国集〉》，安徽教育出版社 2006 年版，第 122 页。
② 郭延礼：《中国近代文学发展史》第 3 卷，高等教育出版社 2001 年版，第 415 页。

的作品，往往不易为本土读者所接受。留学生虽然长于外语与西方文学，但中文底子往往不那么深厚，即便有能力翻译，没有文名，译本也很难顺利推销出去。这就使得留学生与本土文人合作翻译小说成为晚清翻译文学的一个突出现象，并对推动晚清翻译文学的兴起与繁荣起到了积极的作用。其中最典型的就是林纾，在晚清的翻译小说领域虽然无人能出其右，但他不懂外文，在译本的选择与理解上完全依赖于口译者。职是之故，留学生在林纾早期的小说翻译中起了关键性作用。

作为一个传统的文人，林纾起初与士大夫一样对小说并不怎么看重。他对小说态度的转变，并最终成为一代翻译名家，留学生实有力焉。与林纾有乡谊姻亲关系的高梦旦说：

> 甲午之役，我师败于日本，国人纷纷言变法，言救国。时表兄魏季渚主马江船政局工程处，余馆其家，为课诸子。仲兄子益先生、王子仁先生欧游东归，任职船局，过从甚密。伯兄啸桐先生、林畏庐先生亦时就游宴，往往亘数日夜，或买舟作鼓山、方广岩游。每议论中外事，慨叹不能自已！畏庐先生以为转移风气莫如蒙养，因就论议所得，发为诗歌，俄顷辄就。季子先生为出资印行，名曰《闽中新乐府》。①

这里所说的魏季渚为魏瀚，子益为高而谦，王子仁即王寿昌。

魏瀚，1850年（道光三十年）出生于福建闽侯。1867年2月，考入福建船政学堂。1875年2月，因成绩优秀被选派为第一批留欧学生，先在法国马赛、蜡孙两厂"考究制造"，又游历比利时及德国克虏伯各工厂。后入法国削浦官学，学习制造算理和制造船身轮机，学业"屡列上等"。在法期间，曾就聘法国皇家律师公会助理员，"声誉日起，旋得法学博士"。1880年归国后，被派在福建船政局工程处任"总司制造"。在此期间，"历制'开济'、'横海'、'镜清'、'寰泰'、'广甲'、'龙威'等船，均能精益求精，创中华未有之奇"。虽有如此成绩，魏瀚的心血最终因清廷的腐败毁于一旦，虽仍任职船政，但难以尽展所长。1905年由

---

① 高梦旦：《〈闽中新乐府〉书后》，林薇选注：《林纾选集·文诗词卷》，四川人民出版社1988年版，第317页。

两广总督岑春煊调至广东,"总办黄埔造船所并所中学校及石井兵工厂"。1906年随岑在新成立的邮传部"丞参上行走"。1910年9月调至新成立的海军部任造船总监。1912年8月,回福州任福州船政局局长。1915年10月又被任命为代理驻英海军留学生监督,旋即由他人接替。1922年,魏瀚年已古稀,由其子接往河南安阳六河沟煤矿公寓所居住。1929年5月30日,黯然离世,享年80岁。①

高而谦(1863—1918),字子益,福建长乐龙门人,举人出身。啸桐先生高凤岐之弟,梦旦之仲兄。与伍光建、陈寿彭、王寿昌同为第三批派出的留欧学生,入法国律例大书院学习,专业为法文和万国公法,于1892年(光绪十八年)归国。1907年高而谦被任命为外务部右参,云南临安开矿道、云南交涉使等职。1909年起,任勘界大臣、外务部左丞、四川布政使等。辛亥革命后,寓居上海。民国期间,先后任驻意大利公使、外交部次长等。②

王寿昌(1864—1926),字子仁,号晓斋,福建闽县人。1878年考入福建马尾船政学堂,1885年作为第三批派出的留欧学生,进入法国学部律例大书院学习,专业为法文和万国公法,在法留学长达六年。归国后任马尾船政学堂法文教习,清廷修建京汉铁路担任总翻译,竭力维持国权。后任汉阳兵工厂厂长,为张之洞所器重,充经理各国事务衙门章京。民国元年(1912)春回福州,任福建交涉司司长,负责对外交涉事务。在任三年为有力者排挤,仍回船政学堂任法文教习。晚年多病,家人甚多,生活困苦。民国十五年(1926)年八月,以痰喘暴作而卒,时年63岁。王寿昌不仅精通外文,能诗文,而且工书善画,有《晓斋遗稿》存于世。③

与这些留学生"时就游宴",对林纾了解西方文化与文学显然起到了积极的作用。同时也正是在他们的促动下,林纾开启了西方文学的翻译之路,据近人黄濬言:

> 世但知畏庐先生以译《巴黎茶花女遗事》始得名,不知启导之

---

① 参见林庆元《近代爱国造船专家魏瀚》,《史学月刊》1985年第3期。
② 张宪文等主编:《中华民国史大辞典》,江苏古籍出版社2001年版,第1521页。
③ 林家钟:《王寿昌》,《福州历史人物》第10辑,1998年。林怡、卓希惠:《处困还期得句工——近代著名翻译家王寿昌及其〈晓斋遗稿〉》,《中国韵文学刊》2005年第2期。

者，魏季渚先生（瀚）也。季渚先生瑰迹耆年，近人所无，时主马江船政局工程处，与畏庐狎。一日，季渚告以法国小说甚佳，欲使译之，畏庐谢不能，再三强，乃曰："须请我游石鼓山乃可。"鼓山者，闽江滨海之大山，昔人所艰于一至者也。季渚慨诺，买舟导游，载王子仁先生并往，强使口授，而林笔译之。译成，林署冷红生，子仁署王晓斋，以初问世，不敢用真姓名。书出而众哗悦，畏庐亦欣欣得趣，其后始更译《黑奴吁天录》矣。事在光绪丙申、丁酉间，高梦旦先生有《闽中新乐府书后》，略及而未详，予盖闻之于季渚先生哲嗣子京云。①

黄濬称此事闻之季渚先生哲嗣子京，显然并非捕风捉影，时间说在"光绪丙申、丁酉间"，亦大致不差。林纾本人后来亦回忆此事称："回念身客马江，与王子仁译《茶花女遗事》，时则莲叶被水，画艇接窗，临楮叹喟，犹且弗怿。"② 林纾"客马江"，并无别项重要事情，乃是为了散心。1895年末林纾的母亲去世，由于长期侍疾，操劳过度，林妻刘琼姿于1897年夏撒手人寰。林纾与妻子本伉俪情深，中途劳燕分飞，不免心情抑郁苦闷。在此种情况下，魏、王诸人向他推荐《茶花女》，的确是因为该小说与林纾当时的处境极为相似，这不仅有助于排遣好友苦闷的心情，同时亦可借此向中国介绍西方文学，可谓一举两得，王寿昌就这样劝告林纾说："吾请与子译一书，子可破岑寂，吾亦得以介绍一名著于中国，不胜于蹙额对坐耶？"③ 正如魏、王两人预期的那样，此书深深地打动了林纾，据称林纾与王寿昌合译时"因适逢夫人刘氏之丧，每于译到缠绵凄恻处，情不自禁，两人恒相对哭。魏（瀚）日后常以此为谈助"④。林纾自己亦称："余既译《茶花女遗事》，掷笔哭者三数，以为天下女子性情，坚于士夫。而士夫中必若龙逄、比干之挚忠极义，百死不可挠折，方足与马克竞。"⑤ 由于与小说产生了感情上的共鸣，林纾的翻译也相当投入，

---

① 黄濬：《花随人圣庵摭忆》中册，中华书局2008年版，第370页。
② 林纾：《买陂塘并序》，[英]哈葛德：《迦茵小传》，林纾、魏易译，商务印书馆1981年版，第2—3页。
③ 杨荫深：《中国文学家列传·林纾》，中华书局1939年版，第486页。
④ 胡孟玺：《林琴南轶事》，《福建文史资料》第5辑，第103页，1981年。
⑤ 林纾：《露漱格兰小传序》，阿英编：《晚清文学丛钞·小说戏曲研究卷》，中华书局1960年版，第198页。

他曾不无自得地说："生好著书，所译《巴黎茶花女遗事》，尤凄惋有情致，尝自读而笑曰：'吾能状物至此，宁谓木强之人，果与情为仇也耶？'"①

魏、王诸人之所以鼓动林纾而不愿自己操刀，主要是因为文笔不如林纾，恐译之而力有所不逮，林纾就说他曾想翻译《拿破仑传》，询之"魏君、高君、王君，均谢非史才，不敢任译事……乃请魏君、王君，撮二传之大略，编为大事记二册，存其轶事，以新吾亚之耳目。时余方客杭州，与二君别，此议遂辍。其经余渲染成书者，只《茶花女遗事》二卷而已"②。通过合作翻译，恰能发挥二者的长处，作为留学生的魏、王诸人精通外文与西方文学，长于译本的选择与理解，而这一旦与林纾高超的古文结合在一起，便使晚清的翻译小说达到了一个新的境界，如邱炜萲说："以华文之典料，写欧人之性情，曲曲以赴，煞费匠心，好语穿珠，哀感顽艳，读者但见马克之花魂，亚猛之泪渍，小仲马之文心，冷红生之笔意，一时都活，为之欲叹观止。"③《茶花女遗事》的市场反应证明了这种合作翻译的成功，该译作的版本就目前所知有20多种。严复曾赋诗称"可怜一卷茶花女，断尽支那荡子肠"④，可见其影响之大，以至被时人称之为"外国《红楼梦》"⑤。

《茶花女遗事》不仅是林纾翻译小说的起点，同时对于整个晚清翻译小说来讲也是一个重要转折点。在此之前，虽有一些翻译小说问世，但均未引起什么市场反响，以致数十年间产生的翻译小说总量十分有限。然而《茶花女遗事》的出版，彻底改变了人们对待翻译小说甚至是小说这一文体的传统偏见，曾朴就说："翻译的小说，如《茶花女遗事》等，渐渐的出现了，那时社会上一般的心理，轻蔑小说的态度确是减了。"⑥ 据日本

---

① 林纾：《冷红生传》，林薇选注：《林纾选集·文诗词卷》，四川人民出版社1988年版，第2页。

② 林纾：《〈译林〉序》，陈平原、夏晓虹编：《二十世纪中国小说理论资料》第1卷，北京大学出版社1997年版，第42页。

③ 邱炜萲：《茶花女遗事》，同上书，第45页。

④ 严复：《甲辰出都呈同里诸公》，王栻主编：《严复集》第2册，中华书局1986年版，第365页。

⑤ 松岑：《论写情小说于新社会之关系》，《新小说》第17号。

⑥ 曾朴：《曾先生答书》，欧阳哲生编：《胡适文集》第4集，北京大学出版社1998年版，第618页。

学者樽本照雄先生统计，自1901年翻译小说数量开始大幅度提高，1903年出现第一次高峰达一百本左右，1907年达到最高峰至二百本左右，1901至1907年翻译小说一直多于本土创作小说，翻译小说总数在辛亥革命以前（1840—1911年）达到1016种①。这不能说与《茶花女遗事》的启示没有直接关系。

除魏瀚、王寿昌外，陈家麟也是林纾早期翻译小说的重要合作者。陈家麟字绂卿，直隶静海人。1880年（光绪六年）生，卒年不详。早年毕业于北洋海军学校，后赴英国留学，入叩林海军大学。1900年回国。民国元年后，受袁世凯委派，前往英、德、意诸国调查海军情况。1919年，任欧美教育调查委员，赴美国康乃尔大学学习，接着又在英国牛津大学研究文学，并考察第一次世界大战后英、德、法等国教育情况。1924年出任胶济督办公署外交科科长，后又任安国军司令部外交处处长。1927年，任外交部特派山东交涉员，1928年因北伐军进入山东而辞职。②林纾与陈家麟合作翻译小说最多，达50多种，晚清时期共四种，分别为：

《玑司刺虎记》，英国哈葛德原著，宣统元年（1909）四月十七日商务印书馆出版；

《贝克侦探案》初编、续编（各一册），英国马克丹诺保德庆原著，宣统元年商务印书馆出版；

《双雄较剑录》，英国哈葛德著，发表于宣统二年（1910）七月至十一月《小说月报》第1卷第1至5号；

《薄倖郎》，美国锁司倭司原著，发表于宣统三年（1911）一月至十二月《小说月报》第2卷第1至12期。③

除第二种为侦探小说外，其他均为言情小说，这些小说都属西方二三流的通俗小说。陈家麟之所以选择这类小说，当然并非其眼力差，而是晚清翻译小说的整体风气有以使然。正如周作人批评晚清的翻译说："除却一二

---

① [日]樽本照雄：《清末民初的翻译小说——经日本传到中国的翻译小说》，王宏志编：《翻译与创作——中国近代翻译小说论》，北京大学出版社2000年版，第157页。

② 参见徐友春《民国人物大辞典》，河北人民出版社2007年版，第1449页。

③ 参见张俊才《林纾著译系年》，薛绥之、张俊才编：《林纾研究资料》，福建人民出版社1982年版。

种摘译的小仲马《茶花女遗事》、托尔斯泰《心狱》外,别无世界名著。其次司各得、迭更司还多,接下去便是高能达利、哈葛得、白髭拜、无名氏诸作了。这宗著作,果然没有什么可模仿,也决没人去模仿他;因为译者本来也不是佩服他的长处;所以译他,所以译这本书者,便因为他有我的长处,因为他像我的缘故。所以司各得小说之可译可读者,就因为他像《史》《汉》的缘故;正与将赫胥黎《天演论》比周秦诸子,同一道理。"①

晚清与林纾合译小说的还有留学生严璩。严璩(1874—1942),字伯玉,福建侯官人,严复长子。早岁入天津北洋水师学堂,毕业后赴英国留学,入伦敦大学,后在英国及法国公使馆任随员。回国后进入政界,曾任广东省电政监督。宣统元年(1909)任福建财政监理。民国后,历任长芦盐运使、财政部参事、公债司司长等。后寓居上海②。严璩光绪二十九年(1903)曾与林纾合译出版了《伊索寓言》。

第四节 留学生与晚清其他合译小说

在晚清的翻译小说中,留学生参与合译且可考知的还有不少,如:

陈寿彭(1855—?),字逸如(又作绎如),福建闽侯人。陈季同之弟,马尾船政学堂毕业生。1885年作为第三批学生被船政学堂派往英国留学,先学拉丁文和英国刑法、律例等,后专攻英语。③ 1903年与夫人薛绍徽(秀玉)合译英国厄冷著的《双线记》(一名《淡红金刚钻》)24回,由中外日报馆出版。1906年又与夫人合译了法国科幻小说家凡尔纳的《八十日环游记》,并撰有序文一篇。④ 这是中国最早翻译的凡尔纳科幻小说。同年陈寿彭又与夏元鼎合译《佛罗纱》,原著者为英国亨忒哈乃,群学社刊行⑤。

何心川,为第一届留欧学生,与严复同时派出,先至英国入格林尼次

---

① 周作人:《日本近三十年小说之发达》,严家炎编:《二十世纪中国小说理论资料》第2卷,北京大学出版社1997年版,第57页。
② 参见刘德城、周羡颖主编《福建名人词典》,福建人民出版社1995年版,第207页。
③ 参见谢长法《中国留学教育史》,山西教育出版社2006年版,第20页。
④ 参见施蛰存主编《中国近代文学大系·翻译文学集二》(上海书店出版社1991年版)第11集第27卷所收该翻译小说。
⑤ [日]樽本照雄编:《新编增补清末民初小说目录》,齐鲁社2003年版,第167页。

第四章　留学生与晚清翻译文学的兴起与繁荣　91

官学，习测量、格致等学，后往普提西何兵船实习，巡历非洲西南各洋，在非洲巡历中突然抱病，提前归国①。他与林黼桢合译了英国特渴不厄拔仵著的《双冠玺》，标"历史小说"，光绪三十三年（1907）七月由商务印书馆出版。

卢藉东，据《清末民初洋学学生题名录初辑》载，他字任明，广东南海人，光绪二十四年（1898）二月到日本，光绪二十八年（1902）六月卒业于蚕业讲习所，留学时年23岁，则其生年当为1876年。他与东越红溪生合译了英国肖鲁士的《海底旅行》，发表于《新小说》第1—6、10、12、13、17、18号上，标"科学小说"。红溪生据吴宓说为汤叡号②。汤叡（1878—1916），字觉顿，祖籍浙江诸暨（古属东越），父汤世雄在广东为官，迁居番禺，故又称广东番禺人。与梁启超同学于万木草堂，1897年初与徐勤赴日本横滨大同学校执教。戊戌政变后，"急师友之难，间关海外"十余年。庚子秋，自立军"事败仅免"，"遂留学日本，治生计学，著作为时传诵"。民国元年任中国银行总裁，帝制议兴，先期辞隐，不计衣食之不给。后因讨袁，为陆荣廷使广东"风谕龙济光"，为龙部将"猝起狙击"而殉难，时民国五年（1916）三月十三日③。诸暨古属东越，故汤叡署称"东越红溪生"，梁启超称他"留学日本"，的属事实，据《两广学务处选送出洋学生详文》载，他于光绪三十年（1904）三月由两广学务处考选咨送日本留学④。

褚嘉猷（1873—1919），字椿培，号植卿，后又名直清。自幼天资聪明，勤奋好学，青年时代以教书为生，思想激进，为革命曾多次东渡日本。与秋瑾过从甚密，1907年秋瑾被捕，褚嘉猷逃亡日本。1904年被早稻田大学聘为汉学教授，后在该校学习。归国后成为著名的律师⑤。1919年积劳成疾，又因患肺结核病，不幸逝世。其留学情况，据《清末各省官自费留日学生姓名表》载，褚嘉猷为江苏自费生，光绪二十七年（1901）三月到日本，光绪三十二年（1906）八月入早稻田大学，宣统元

---

① 参见谢长法《中国留学教育史》，山西教育出版社2006年版，第17页。
② 吴宓：《空轩诗话·梁启超双涛园读书诗》，吴学昭整理：《吴宓诗话》，商务印书馆2005年版，第200页。
③ 梁启超：《番禺汤公略传》，《饮冰室合集》文集之三十四，中华书局2011年版，第24、25页。
④ 参见李彦福等编《广西教育史料》，广西人民出版社1990年版，第197页。
⑤ 参见褚志义《著名律师褚嘉猷》，《海宁人物资料》第8辑，1990年。

年（1909）五月毕业①。在同年九月二十日清政府举行的第四届游学毕业生考试中，褚嘉猷列优等，因所习为法政科，被拟请旨赏给法政科举人，介绍称其35岁，浙江禀生，游学日本毕业②。他与金石合译了日本樱井彦一郎著的《澳洲历险记》（商务印书馆1906年出版），与日本押川春浪著的《秘密电光艇》（标"科学小说"，商务印书馆1906年出版）。

戴鸿藻，生平不详。据《清末浙江留日学生名册》载，他是浙江永嘉人，光绪三十二年（1906）一月到日本，光绪三十四年（1908）三月入第一高等学校文科，时年22岁③，生年当为1887年前后。他与汤心存合译了英国柯南道尔著的《红发案》，宣统元年（1909）小说进步社出版。汤心存，据《清代毗陵名人小传》载，"字仲桓，武进人。工词翰，倜傥有智略。以诸生毕业南京陆师学堂。光、宣之间，为四川督练公所帮办，陆军学堂、宪兵学堂监督，宪兵司令官、总督赵尔巽深器之，叠次奏保，除川边兵备道，赏二品顶戴，未抵任。辛亥革命护送六国侨民还上海，时常州军政分府赵不党蹂躏地方，挟私憾杀陈大复，都督庄蕴宽逮不党，檄心存继之，闾阎以安。嗣隶陆军部为参议官，晋阶少将，出佐关东军幕，驰走檄塞，规画险要，浸浸向用，而病不起，卒年四十有三，未竟其志，闻者惜之。著有《餐秀馆诗词稿》，配吕慧依著有《红蕖仙馆诗词稿》，唱和之作为一时传诵"④。二人合译的侦探小说《红发案》曾使汤心存名重一时⑤。

范公谠，生平不详。据沈琼楼《清末广州科举与学堂过渡时期状况》说："光绪壬寅（一九〇二年）夏秋间，广东曾选送一批留日速成师范生，入的是弘文学院，以期六个月学成归国以备新办学堂的师资。这事似是总督陶模经手所办。这批留日学生约二、三十人，兹仅将我忆及的学生姓名，列述如下：……范公谠……等十三人均为番禺捕属，其中除胡衍鸿、冯博（即冯鸿慈）中过举人外，余均为诸生。……这批弘文师范生，

---

① 佚名编：《清末各省官自费留日学生姓名表》，沈云龙主编：《近代中国史料丛刊续编》第50辑，台湾文海出版社1978年影印本，第30页。

② 参见刘真主编《留学教育——中国留学教育史料》第2册，台湾国立编译馆1980年版，第832页。

③ 杭州大学日本文化研究所、神奈川大学人文学研究所编：《中日文化论丛——1996》，杭州大学出版社1997年版，第249页。

④ 张维襄编纂：《清代毗陵名人小传》下册，常州旅沪同乡会1944年刊。

⑤ 参见汤锦程编著《中华汤姓源流》，中国文联出版社2006年版，第832页。

只有……范公说在府中学当教习……后来……范公说都入了学务公所搞教育行政工作。"① 这段回忆关于范公说留学的情况符合事实，据《清末民初洋学学生题名录初辑》载，范公说字寄颐，广东番禺人，光绪二十四年（1898）五月到日本，是年十一月卒业，学校为速成师范，留学时年28岁，则生年当为1871年②。他与黎虞孙合译了《海底仇》，光绪三十四年（1908）《国学萃编》刊出，标"长篇小说"，黎虞孙其人不详。《国学萃编》原名《国粹一斑》，是一个旨在"网罗散佚，甄阐幽隐"的半月刊，1908年冬创刊于北京，主编为沈宗畸（1865—1926）③。

唐人杰，生平不详。据阮荣春、胡光华编的《中国近现代美术界留（游）学人员名录》，他约于1907年前留学日本，所学为手工④。光绪三十三年（1907）七月二十一日《学部官报》第31期登出了《江苏留学日本学生唐人杰等呈所译手工教科书请审定禀批》文，则知他为江苏人。他与徐凤书合译了两部小说：一是日本农学博士横井时敬著的《模范町村》，光绪三十四年（1908）由商务印书馆出版，标"政治小说"；一是德国冒京著的《破天荒》，宣统二年（1910）由东方书局出版，标"军事小说"，后曾再版。徐凤书（1871—1952），字翰青，江苏常熟人。清末秀才，曾协助族侄徐兆玮将桂村书院改为蒙养学堂，开常熟农村新学之先河，颇致力于乡里教育与公益事业。著有《锋镝余生记》《七十自述诗》《徐翰青日记信杂著》等⑤。

陈信芳，郭延礼以为可能是留学生⑥。陈信芳为陈范之女，曾与父一起逃亡日本，其姊陈撷芬即入横滨共立女学校留学，信芳留学的可能性较大，惜现无资料可证。她与黄翠凝合译了日本雨乃舍主人原译的《地狱村》，《小说林》第9期至12期（1908），标"奇情小说"。黄翠凝是晚清颇为重要的女性翻译文学家，她是广东番禺人，丈夫早死，有一子名张其

---

① 沈琼楼：《清末广州科举与学堂过渡时期状况》，《广东文史资料》第53辑，1987年。
② 房兆楹辑：《清末民初洋学学生题名录初辑》，台湾中央研究院近代史研究所1962年版，第51页。
③ 周葱秀、涂明：《中国近现代文化期刊史》，山西教育出版1999年版，第87、88页。
④ 阮荣春、胡光华：《中国近现代美术史》，天津人民美术出版社2005年版，第292页。
⑤ 参见戈炳根主编《常熟国家历史文化名城词典》，上海辞书出版社2003年版，第107页。该书"徐凤书"条称与唐海平合译《破天荒》，则唐人杰又名唐海平。
⑥ 参见郭延礼《中国近代翻译文学概论》，湖北教育出版社1998年版，第114页。

切,即后来颇有名气的小说家张毅汉①。

第五节　留学生与晚清政治小说的翻译

"政治小说"作为一种小说类型最早源于英国,其代表作家迪斯累里(Benjamin,1804—1881)与布韦尔·李顿(Bulwer-Lytton,1803—1873),皆为英国政界重要人物,前者曾两度出任英国首相,后者则担任过英国国会的议员。其作品在日本明治维新第二个十年翻译文学的勃兴时期,被翻译输入日本。1878年(明治十一年),曾经留学英国的丹羽纯一郎率先翻译了李顿的《(欧洲奇事)花柳春话》,这部政治与爱情相结合的小说一经译出,便赢得了日本读者的欢迎。《花柳春话》翻译的成功,促进了日本政治小说翻译的繁荣,英国政治小说家的作品被大量译介进日本。在翻译的刺激下,日本政治小说的创作也出现了兴盛的局面,明治时期出现了一批政治小说作家,康有为1897年编成的《日本书目志》有"小说门",其中明确标有"政谈"、"政录"或"政治小说"的就有数十种,于此可见日本政治小说创作繁荣之一斑。

晚清戊戌变法是以日本明治维新为目标的政治变革,政治小说自然也成为维新人士关注的重要内容之一。梁启超逃亡日本所创办的《清议报》,刊发之《译印政治小说序》明确称:"在昔欧洲各国变革之始,其魁儒硕学,仁人志士,往往以其身之所经历,及胸中所怀,政治之议论,一寄之于小说。于是彼中缀学之子,黉塾之暇,手之口之;下而兵丁,而市侩,而农氓,而工匠,而车夫马卒,而妇女,而童孺,靡不手之口之。往往每一书出,而全国之议论为之一变。彼美、英、德、法、奥、意、日本各国政界之日进,则政治小说,为功最高焉。"② 对于政治小说在日本明治维新时期所起到的作用,梁启超尤其心向往之,他在《自由书·传播文明三利器》中不无欣羡地说:

于日本维新之运有大功者,小说亦其一端也。明治十五、六年

---

① 参见郭延礼《近代翻译家黄翠凝》,《文学经典的翻译与解读——西方先哲的文化之旅》,山东教育出版社2007年版,第195—197页。
② 梁启超:《饮冰室合集》文集之三,中华书局2011年版,第34、35页。

间，民权自由之声，遍满国中。于是西洋小说中，言法国、罗马革命之事者，陆续译出，有题为《自由》者，有题为《自由之灯》者，次第登于新报中。自是译泰西小说者日新月盛，其最著者则织田纯一郎氏之《花柳春话》，关直彦氏之《春莺啭》，藤田鸣鹤氏之《系思谈》、《春窗绮语》、《梅蕾余薰》、《经世伟观》等，其原书多英国近代历史小说家之作也。翻译既盛，而政治小说之著述亦渐起。如柴东海之《佳人奇遇》，末广铁肠之《花间莺》、《雪中梅》，藤田鸣鹤之《文明东渐史》，矢野龙溪之《经国美谈》（矢野氏今为中国公使，日本文学界之泰斗，进步党之魁桀也）等。著书之人，皆一时之大政论家，寄托书中之人物，以写自己之政见，故不得专以小说目之。而其浸润于国民脑质，最有效力者，则《经国美谈》、《佳人奇遇》两书为最云。呜呼！吾安所得如施耐庵其人者，日夕促膝对坐，相与指天画地，雌黄今古，吐纳欧亚，出其胸中所怀磈礌磅礴、错综繁杂者，而一一熔铸之，以质于天下健者哉！①

梁氏在逃亡日本的途中得以获睹东海散士（柴四郎）的《佳人奇遇》，遂"随阅随译，其后登诸《清议报》"②。随后留日学生周宏业又翻译了日本另一重要政治小说家矢野文雄的《经国美谈》，亦登载于《清议报》（连载于第36至69册），自此政治小说开始输入中国。

周宏业（1878—?），据癸卯（1903）七月调查之《湖南同乡留学日本题名》载，他字伯勋，湖南湘乡人，己亥（1899）九月到东京，本年补官费，入早稻田大学校，时年22岁③。《清末民初洋学学生题名录初辑》又称其为周崇业，光绪二十五年（1899）九月到东京，自费，入早稻田大学校，留学时年22岁④。留学日本前，周宏业曾入谭嗣同、黄遵宪等人在长沙开办的时务学堂学习，因成绩突出，颇得教师熊希龄的欣赏。戊戌变法失败后，流亡日本，入梁启超所办东京高等大同学校学习。1900年后，入东京早稻田大学攻读政治学。留学期间"尝为《清议报》

---

① 梁启超：《饮冰室合集》专集之二，中华书局2011年版，第41、42页。
② 丁文江、赵丰田编：《梁启超年谱长编》，上海人民出版社1983年版，第158页。
③ 《游学译编》第10册，1903年。
④ 房兆楹辑：《清末民初洋学学生题名录初辑》，台湾中央研究院近代史研究所1962年版，第2页。

译述日人矢野龙溪之《经国美谈》说部。壬寅春,与章太炎发起支那亡国纪念会。是冬复与秦毓鎏、董鸿炜等组织青年会,高唱民族主义"①。《新小说》创刊,他在上面发表了历史小说《洪水祸》,仅成三回未完。1902年,编成《万国宪法志》《宪法精义和英国宪法论》等书,倡导西方资本主义的政体制度,由改良转向反清革命,与同盟会成员章太炎、冯自由等相往来。又曾与罗普合译《新道德论》。归国后,在1905年著名的清末五大臣出洋考察中,周宏业是随同人员之一。后又参加光绪三十二年(1906)九月清廷举行的第一届游学毕业生考试,因平均成绩为65分,被请旨赏给法政科举人出身②。民国后事迹不明。

《经国美谈》的原著者为日本人矢野文雄(1850—1931),他是日本近代自由民权运动的领导人物之一,1897—1898年曾担任日本驻华公使。矢野文雄曾自述其创作该小说的缘起称:

> 予于明治十五年春夏之交,卧疾兼旬,辗转床蓐,倦眼史册,独寐无聊,尝取和汉种种小说观之。诸书无著作之才,其所敷设,旨趣卑下,辄不满于人意。其后于枕上信手抽得一册,记齐武勃兴之遗迹,其事奇特,甚可骇愕。曾不粉饰,乃尔悦人,思笔译之,继乃索诸家之希腊史,而坊肆甚鲜,除学校所得之小册外,仅得两编,如补里幽打路芝,及写耐邦、希腊、古史家之遗书。存之当世,其为英译者殆绝不能得。且史家记齐武之事,惟铺设其大体,而欲求详叙其当时之颠末者,竟落落如晨星之可数。坐令一代伟事,终归湮没,模糊烟雨。吁!可惜者。于是始戏补其脱略,学小说家之体裁以构思。然予之原意,原在于记正史,不欲如寻常小说之妄加损益,变更实事,颠倒善恶,但于实事略加润色而已。腹草早成,编简未就。盖予久欲笔之于书,值人事匆促,未果厥志……世人动曰,裨官小说,亦有补于世道。余以为其过言也。若其真理正道者,世间自有其书,何用为此裨史小说为哉。唯身既未躬逢其世,而欲别开一天地,使开卷之人,如真游于苦乐之梦境,是则裨官小说之本色也,故于裨史小说之

---

① 冯自由:《兴中会时期之革命同志》,参见冯自由《革命逸史》第3集,中华书局1981年版,第62页。
② 刘真主编:《留学教育——中国留学教育史料》第2册,台湾国立编译馆1980年版,第792页。

世，不过如音乐画图诸美术，与一切寻常把玩之具而已。读是书者，视为一切把玩之具可也。然则是书之本体，岂非记正史事迹哉。明治十六年二月龙溪学人矢野文雄识于报知社楼上。①

可见，小说写的是希腊城邦时期的历史。周宏业的翻译分前后两编，前编叙述本已实行民政的齐武，由于专制党借助外来势力斯巴达实行政变，民主政体复又变成了专制政体，巴比陀、威波能、玛留等仁人志士经过艰苦努力，并在民主制下的阿善（雅典）帮助下，最终恢复了民主的政体。后编写的是齐武的志士们通过内修政治，外联友邦，以一小邦与时已称霸的斯巴达相抗衡，最终获胜，成为希腊公认盟主的故事。

小说的主题是倡导民权，振兴国家，于此可见矢野文雄创作该小说的"经国"目的，而这也正是明治时期日本维新奋斗的总体目标。正是基于这样的目的，矢野文雄"不欲如寻常小说"一样"妄加损益"正史，而是"于实事略加润色而已"。所以总体上，小说的文学色彩远逊于作品强烈的政治倾向。为了宣传，矢野文雄采用的是大众喜闻乐见的传统文学叙述方式，注重情节的曲折生动，并适时地穿插爱情故事，从而使其成为"近代文学中少见的继承读本传统的小说"②。诚如梁启超所说它是"以稗官之异才，写政界之大势。美人芳草，别有会心；铁血舌坛，几多健者。一读击节，每移我情；千金国门，谁无同好？"③ 所以，《经国美谈》虽然缺乏文学之"新"，但却有相当的可读性，以致"明治的知识青年们，不分白天黑夜，耽于阅读《经国美谈》"④。

显而易见，周宏业翻译《经国美谈》与梁启超翻译《佳人奇遇》的目的是一样的，看重的恰是其中蕴含的政治改良思想。不过与梁氏采用文言翻译不同的是，他采用的是白话章回体。为了解其翻译情况，现摘取其中一节于下：

　　三人即投东南村落而走，这时一轮明月，渐升东岭，夜色清凉如

---

① [日] 矢野文雄：《经国美谈·自序》，周宏业译，《清议报全编》卷14。
② [日] 烟有三、山田有策：《日本文艺史》第5卷，河出书房新社1990年版，第77页。
③ 《本馆第一百册祝辞并论报馆之责任及本馆之经历》，《清议报》第100册，1901年12月。
④ [美] 德纳尔特·金：《日本文学史·近代现代编》，中央公论社1985年版，第119页。

水,却忘了日中苦热,反觉心身轻快起来。三人便在路上打算,将来到了阿善,诉自己的国难,请发援兵,为回复计。若他们公会开时,必去演说,诉我们的心事。一面想,一面行,不觉走了好几里路,心中少安。正走间,只听得前路马声啾啾而来,明月之下,远望之,见一队骑兵,大约有十余名的光景。三人商量道:"若他果是捕骑,即袭他不意,夺了他的马骑骑,岂不好么?"即潜伏那旁边的小荫内伺候。原来那是斯波多骑兵,奸党要他巡逻间道的,在这月亮之下,缓缓行来。正走间,只听得弦声响处,有两骑落马,急忙不知何故间,又是一响,又一骑落下马下来。各人事出不意,正不知敌人多少,只得弃马而走。三人即自小荫中出来,也不追赶,也不顾那负伤的,一跃上马,乘着月色,齐向东南小径跑去。不一时,跑了二十里的光景,只见前面一带川河,阻住去路。那河名唤波宁,水面虽不甚宽,水势尖突如矢,两岸险峻非常,岩石削立。这处有一条桥,宽不过数尺,起骑马过去,狠极危险。那桥旁有屯兵把守。三人远远望见,心内好生失惊,这桥又不好过,又有兵把守,又不能从别条路走。正在踌躇,只见月光之下,有骑兵赶来,原来是先那队人,回去邀了好些人,依路赶来。三人前后受敌,进退维谷,只得拼着性命,向桥边跑来,恰好离屯不远,三人骑马似狂飙疾风,直对屯兵冲过,那蹄声人影,射入屯兵眼里耳里,知一定是逃走的人,即随后赶来。那时三人舍死而走,玛留当先,一骑马跑过小石桥,径达彼岸,巴比陀在中,随后跑来,距岸不过一二丈远,只见一枝白羽箭,向巴比陀飞来,只听得高嘶一声,马与主人一齐倒落水内去了。(第三回)

这段译文很流畅,事件叙述得井井有条,可见周宏业在语体文的使用方面还是相当有造诣的。要知对于一个经受过传统古文教育的士子来说,使用语体文写作要比文言艰难得多,梁启超在翻译《十五小豪杰》时,开始本拟"依《水浒》《红楼》等书",纯用俗语,结果"翻译之时,甚为困难",不得不"参用文言","文俗并用","明知体例不符"亦无如之何,由此他感叹"因此亦可见语言文字分离,为中国文学最不便之一端,而文界革命非易言也"[1]。

---

[1] 《十五小豪杰》(第四回)译后语,《新民丛报》第6号,1902年。

第四章　留学生与晚清翻译文学的兴起与繁荣　99

作为早期的翻译文学，周宏业采用语体，并能如此流畅的翻译确属难能可贵。蒋瑞藻就说："《经国美谈》，述希腊英雄复国事，能使读者精神振作，诚为佳本。译者全用平话，明白晓畅，尤为得体，吾因此怪译《鲁宾孙漂流记》、《爱国二童子传》者，不用白话而用文言……林译又嫌过深，失著此书者之本意。世有以吾言为然者乎，当知所从事矣。《经国美谈》译出最早，体例文字皆佳，而名反不彰，不可解也。《十五小豪杰》亦可与《经国美谈》并称。"① 正是因为翻译得体流畅，《经国美谈》不仅在当时颇为畅销②，而且还赢得了中国"政治小说之嚆矢"③的美誉。

除《佳人奇遇》《经国美谈》外，《雪中梅》也是晚清政治小说翻译中影响较大的一部，其译者为留日学生熊垓。据《清末民初洋学学生题名录初辑》载，熊垓字畅九，江西高安人，光绪二十五年（1899）四月到东京，使馆官费，入东京法学院，留学时年21岁④，则其当生于1879年前后。留日期间，熊垓曾是东京青年会的发起人之一⑤。回国后进入政界，民国时任职外交部。1923年9月，日本发生地震与火灾，中国外交部组织临时救济日灾会，熊垓兼任主任，则知此时他仍在世⑥。卒年不详，据民国时郭则沄记载他死时的一则志异故事《熊畅九》称：

  熊畅九与其室吴夫人甚相得。畅九疾革，吴哭曰："君去，妾奈何！"曰："盍同归乎？"迨畅九卒，夫人得狂疾，恒见畅九至，喃喃絮语。侍疾者皆毛悚，不得已，入医院。述陶使其妾照料之，百药罔效。妾畏鬼语，仆媪事之亦求去。述陶曰："无恐。"就灯下为文告畅九，以黄纸书之，略云："所与言者果畅九乎？尔一生明达，胡昧

---

① 蒋瑞藻编：《小说考证（附续编拾遗）》，古典文学出版社1957年版，第459页。
② 公奴《金陵卖书记》称："今新小说界中若《黑奴吁天录》，若《新民报》之《十五小豪杰》，吾可以百口保其必销；《经国美谈》次之。"公奴是贩书者，称《经国美谈》易销自非妄言。陈平原、夏晓虹编：《二十世纪中国小说理论资料》第1卷，北京大学出版社1997年版，第65页。
③ 魏绍昌等主编：《中国近代文学辞典》，河南教育出版社1993年版，第294页。
④ 房兆楹辑：《清末民初洋学学生题名录初辑》，台湾中央研究院近代史研究所1962年版，第5页。
⑤ 冯自由：《革命逸史》初集，中华书局1981年版，第102页。
⑥ 郝如一、池子华主编：《红十字运动研究》，安徽人民出版社2008年版，第283页。

昧若是！尔身后子若女赖弟妇抚之，设折磨以死，众雏何依？且修短有数，聚散有缘，强以同归，又安可得。汝纵昧昧，当鉴吾言，否则野鬼借名，吾必诉于东岳矣。"书竟，使其妾手持绕病者三匝，举火焚之，自是不复见，进药辄效，数日而愈。①

此则故事虽属荒诞，但透露出了一些史实，即熊垓死于疾病，其妻为吴氏，该书另条志异故事《正阳门天狐》称其为侍郎吴铧若之女。

《雪中梅》的原著者为日本作家末广铁肠（1849—1896），著名的社会活动家与记者。他出生于伊予国，曾担任过东京曙光新闻的总编辑与朝野新闻社论的编辑主任，后来还当选过众议员。其作品有《雪中梅》《花间莺》《哑之旅行》《二十三年未来记》《南阳的波澜》《哑之旅行》等，前三种在晚清均被译入中国。《雪中梅》原著刊行于明治十九年（1886），熊垓的译本1903年由江西尊业书局出版，共十五回，分上、下两册。小说采用的仍是习见的政治加爱情模式，以倒叙的形式开头，讲述了主人公政治青年国野基与其支持者富永春经历种种磨难最终幸福结合的故事。男主人公国野基本名深谷梅次郎，与女主人公"阿春"的名字合起来，正好象征历经严冬的梅花迎接春天而开花，具有明显的政治寓意。同时，由于小说使用了流行的"俗语"与演说体，从而使其甫即出版便获得了广大日本读者的喜爱。

熊垓的翻译沿用原著的章回体，但更加中国化，如第一回原标目为"天缘未熟晓窗读告别书，人事无常山店逢相识客"，译文为"天缘未熟乍读别离书，人事无常又逢相识客"。同时，每回开头还用"话说"，回末用"欲知后事如何，且听下回分解"等这些中国传统章回小说的固定叙事套语。对于正文的翻译情况，署名缦卿的读者曾这样评价说："译笔雅驯，流利条畅。篇中所述，为明治初年改革时代故事。写几多英雄儿女致身国事，奕奕如生。其国野基于少年英雄楼演说'社会如行旅'一段，议论纵横，滔滔汩汩，诚足鼓动人之政治思想。吾预备立宪国民，尤堪借鉴。至于国野基与春儿，自幼订婚，未经谋面，既而数遇，两各倾心，乃有人从而觊觎，设计谗间，讵知兹因非偶，徒用心

---

① 郭则沄：《洞灵小志 续志 补志》，东方出版社2010年版，第39页。

机,谁谓好事多磨,竟成眷属。"① 虽然熊垓的翻译总体上受到了时人的好评②,但他并不是完全忠实于原文的直译,据陈力卫先生研究,《雪中梅》有随意插增译者感想的地方③。当然这也是晚清早期翻译的常见毛病,熊垓自然也不例外。

此外,由留学生翻译的政治小说还有梁继栋④的《花间莺》(《福建法政杂志》1卷4号开始连载,署"(日)铁肠居士著,梁继栋译意",1903年),马仰禹的《未来战国志》⑤(原名《世界列国之行末》,广智书局1903年出版),徐念慈的《新舞台》(小说林社1905年出版),唐人杰与徐凤书合译的《模范町村》(标"政治小说",日本农学博士横井时敬著,1908年商务印书馆出版)。于此可见留学生在晚清政治小说翻译与输入方面的重要作用。

第六节　留学生与晚清虚无党小说的翻译

阿英在《翻译史话》中说"翻译文学输入的初期,在实际上是有着两个主流,这主流,并不是足以代表的东西洋文学作品,而是伴着资本主义抬头和民族革命浪潮存在着的侦探小说和虚无党小说",并说虚无党小说产生于"暗无天日的帝国俄罗斯"⑥。梁启超早在光绪三十年(1904)发表的《论俄罗斯虚无党》里就提到了虚无党小说,该文虽不同意虚无党之宗旨,但对其手段还是很欣赏的,他将该党历史分为三期,第一期为文学革命时期,他列举该时期小说如下:

---

① 缦卿:《说小说·雪中梅》,阿英编:《晚清文学丛钞·小说戏曲研究卷》,中华书局1960年版,第458、459页。
② 顾燮光《译书经眼录》称该小说"文笔亦旖旎可读"。熊月之主编:《晚清新学书目提要》,上海书店出版社2007年版,第346页。
③ 详参陈力卫《日本政治小说〈雪中梅〉的中文翻译与新词传播》,王中忱等主编:《东亚人文》第1辑,生活·读书·新知三联书店2008年版。
④ 据《官报》记载,福律梁继栋曾有借款50元之事,知其曾留学日本,具体情况待考。国家图书馆出版社编:《官报》第1册,国家图书馆出版社2009年影印本,第83页。
⑤ 该小说署"[日]东洋奇人(高安龟次郎)著,南支那老骥辑译",据郑逸梅言"南支那老骥"即马仰禹(郑逸梅:《艺林散叶续编》,中华书局2005年版,第196页)。马仰禹是近代著名通俗小说家包天笑在苏州的早期朋友,包天笑称他曾留学日本(包天笑:《钏影楼回忆录》,香港大华出版社1971年版,第149页)。姚永新集辑的《苏州留学生名录(初稿)》(《苏州文史资料》第15辑,1986年,第224页)认为他于1904年左右留学日本,生平不详。
⑥ 阿英:《小说闲谈四种》,上海古籍出版社1985年版,第238页。

一八四五年　高卢氏始著一小说,名曰《死人》,写隶农之苦况。

　　一八四七年　缁格尼弗氏著一小说,名曰《猎人日记》,写中央俄罗斯农民之境遇。

　　一八四八年　耶尔贞著一小说,名曰《谁之罪》,发挥社会主义。

　　一八五七年　渣尼斜威忌氏著一小说,名曰《如之何》,以厌世之悲观,耸动全国。

可见,虚无党小说实际与政治小说无甚差别。对于"虚无党之事业",梁氏说它"无一不使人骇,使人快,使人欣羡,使人崇拜"①,所以虚无党小说在吸引读者方面不亚于侦探小说,有些虚无党小说甚至还掺入了侦探的内容,情节内容惊心动魄引人入胜,这是它成为晚清翻译小说主流的重要原因之一。同时,"虚无党人主张推翻帝制,实行暗杀,这些所在,与中国的革命党行动,是有不少契合之点",因此"关于虚无党小说的译印,极得思想进步的智识阶级的拥护和欢迎"②。时人曾描述虚无党流行于中国的情况说:"近数十年,俄国虚无之主义,膨胀一时,大臣被刺,年有所闻,上自俄皇,下及臣僚,莫不惴惴焉以虚无党为忧……近数年来,此风渐输于吾国,行刺暴举,屡见不鲜。"③

晚清虚无党小说的翻译,主要出自留学生之手,其中最著名的莫过于陈景韩。陈景韩(1878—1965),又作景寒、陈冷、别署冷、冷血、不冷、华生、无名、新中国之废物等④。江苏松江(今属上海)人。父陈菊生,为塾师,陈景韩早年即在父亲的教导下受到了良好的传统教育。光绪

---

① 梁启超:《论俄罗斯虚无党》,《饮冰室合集》文集之十五,中华书局2011年版,第19、20、24页。
② 阿英:《小说闲谈四种》,上海古籍出版社1985年版,第238页。
③ 新中国之废物:《〈刺客谈〉叙》,陈平原、夏晓虹编:《二十世纪中国小说理论资料》第1卷,北京大学出版社1997年版,第220页。
④ 参见陈玉堂编著《中国近现代人物名号大辞典》(全编增订本),浙江古籍出版社2005年版,第687页。

二十三年（1897）考入张之洞创办的湖北武昌武备学堂①，为张所重②。光绪二十五年（1899）因涉自立军革命起义事，为清廷侦知，遂逃亡日本③，与姐夫雷奋——时考取上海南洋公学官费留学日本，一同入早稻田大学留学，雷攻读政法，陈攻读文学④。留日期间，陈景韩结识了狄葆贤（又名楚青、平子），光绪二十八年（1900）在狄的介绍下，又认识了梁启超⑤。光绪二十八年（1902）归国后，陈景韩参与革命派创办的《大陆报》，任该报记者⑥。《大陆报》与保皇派针锋相对，颇多丑诋康、梁之言论。可能因为此种原因，梁启超事后对陈景韩并无好感，光绪三十三年（1907）他在给乃师康有为的信中说："楚卿信任陈景韩即署名冷者，而此人实非吾党，孝高亦袒此人，怪极。"⑦ 光绪三十年（1904）狄葆贤受保皇派之命在上海创办《时报》，陈景韩任该报主笔，编辑新闻兼写小说。狄主持《时报》，未尽遵保皇派宗旨，锐意革新，戈公振《中国报学史》称其"独创体裁，不随流俗。如首立时评一栏，分版论断，扼其机枢，如提倡教育，如保存国粹，如注重图画，如欧战后增教育、实业、妇女、儿童、英文、图画、文艺等周刊，今均为各报所踵行"⑧。因此，陈景韩得以在《时报》尽展所长，其所主持的"独立时评一栏"，"摆脱过去做古人长篇论说的老腔调"⑨，创造出一种言简意赅、冷隽有力的短评

---

① 据周邦道《王培孙先生传略》称："（光绪）二十三年丁酉，张之洞督两湖，创武备学堂于武昌，钮惕生邀同志赴考，（王培孙）乃携陈景韩、雷继兴西上。"转引自钱仲联《〈广清碑传集〉补遗六篇》，《苏州大学学报》2000年第2期。

② 吴稚晖在其演讲词《总理行谊》中曾说："其时钮先生（注：钮永建），以书院有名的学者，被梁鼎芬所赏识，介入湖北陆军学校，与后来《申报》主笔陈冷血——梁鼎芬所称二难，亦受到张之洞看重。"尚明轩等编：《孙中山生平事迹追忆录》，人民出版社1986年版，第706页。

③ 参见陈洪范《松江革命前辈陈景韩先生》，《松江文史》第3辑，1983年。

④ 参见李志梅《报人作家陈景韩及其小说研究》（博士学位论文，2005年，第33页）、庞荣棣《申报魂：中国报业泰斗史量才图文珍集》（上海远东出版社2008年版，第9页）。

⑤ 狄楚青《任公逸事》说："庚子七月任公曾在上海虹口丰阳馆十日，任公以日本料理不甚佳，由余家日日送小菜以佐餐，仟公到之第三日，陈景韩在丰阳馆与谈二小时，乃初次见面也。"丁文江、赵丰田编：《梁启超年谱长编》，上海人民出版社1983年版，第255页。

⑥ 冯自由：《革命逸史》初集，中华书局1981年版，第65、66页。

⑦ 光绪三十三年十二月廿三日《与夫子大人书》。转引自丁文江、赵丰田编《梁启超年谱长编》，上海人民出版社1983年版，第432页。

⑧ 戈公振：《中国报学史》，商务印书馆1928年版，第143页。

⑨ 曹聚仁：《陈冷血的时评》，参见《20世纪上海文史资料文库（6）》，上海书店出版社1999年版，第23页。

体，令人耳目一新，颇为时人所追捧与效仿。陈景韩在《时报》前后八年，其间又兼任《月月小说》[①]《新新小说》及《小说时报》的撰述，发表撰译小说百十种。1912年，史量才接手《申报》，陈景韩离开《时报》，任《申报》总主笔。他对《申报》登载新闻作了大胆改革，反对有闻必录，以及流水账式或起居式的写法，要求新闻采写要做到：确、速、博。同时，除本市记者外，陈景韩还向外地甚至海外派驻记者，国内外的通讯、特写及专稿，成为《申报》的特色之一，这些改革举措使《申报》很快扭转惨淡经营的局面，发行量日渐增长，盈利倍增。陈景韩也因此声名鹊起，被誉作伦敦《泰晤士报》的狄雷（John T. Delane, 1817—1879），为蒋介石所看重。但陈景韩并未夤缘进入政界，保持了一个新闻记者应有的独立品格。后来由于报纸受到当局越来越多的干涉与审查，陈景韩不得不于1929年冬辞职，改行实业，到江浙财阀所属的中兴煤矿任总经理，结束了辉煌的报业生涯。新中国成立后，陈景韩一度出任上海市政协委员，1965年病逝，享年87岁[②]。

据统计，陈景韩在光绪三十年（1904）至宣统元年（1909）之间共翻译虚无党小说12种[③]，其中短篇10种，长篇2种，为：《虚无党奇话》（《新新小说》第3、4、6、10号）、《虚无党》（光绪三十年开明书店出版，包括杜衣儿著的《白格》、渡边为芷著的《倚罗沙夫人》、田口掬汀著的《加须克夫》）、《女侦探》（《月月小说》第13至15号）、《杀人公司》（《月月小说》第17号）、《爆裂弹》（《月月小说》第16、18号）、《俄国皇帝》（《月月小说》第19、21号）、《土里罪人》（又名《侦探之侦探》，《时报》光绪三十二年十一月二十九日至光绪三十三年三月二十五日）、《伯爵化虎记》（《小说时报》第1期）、《怪美人》（《小说时报》第3期）。

陈景韩之所以偏爱虚无党小说，除了政治原因外，其"古怪而突

---

① 《月月小说》第9期《本社广告》云："《月月小说》报因停顿已久，致劳阅者注盼。本社接受以来，承海内外诸君纷纷投函索取。本社欲餍阅者之目，商诸同人，先将前期未竣之稿及新出撰译各部，编辑第九期，赶于九月初一日续出。刻复聘订著名大撰译家冷血、天笑，二君为当代所欢迎。自第十期起大加改良，庶不负诸君殷殷之期望。"

② 参见李志梅《报人作家陈景韩及其小说研究》（博士学位论文，2005年）及曹聚仁《陈冷血的时评》（《20世纪上海文史资料文库（6）》，上海书店出版社1999年版）的相关介绍。

③ 参见李志梅《报人作家陈景韩及其小说研究》，博士学位论文，2005年，第99页。

兀"① 的个性恐怕也是重要原因之一。郑逸梅《琐记包天笑》说他曾"在上海城东女学教过书,对于同学,铁板面孔,似乎没有一些感情,女学生很促狭,背后称他为冷血动物",后来"给景韩知道了,他认为名我固当,在报端即署冷血","冷血对人的确很冷漠,缺少笑容,沉默寡言"②。因此,陈景韩对虚无党小说情有独钟,他在《译虚无党感言》中即说:

> 我译虚无党,我怒,怒俄国政府无能。我译虚无党,我喜,喜俄国政府无道,人民尚有虚无党以抵制政府。我译虚无党,我哀,哀虚无党每抵制政府每败。我译虚无党,我乐,乐虚无党虽每败,然其事必甚奇,其迹必大可观,世之人必乐道之,乐传之,数世之后,必有不败之时、不败之地在。我译虚无党,我惧,惧虚无党至不败时,虚无党之风潮盛,虚无党之流毒烈,无上无下,无轻无重,苟有眦睚,即以虚无党之手段相报复,而人民多一自相残杀之具。我译虚无党,我爱,爱其人勇猛,爱其事曲折,爱其道为制服有权势者之不二法门。我译虚无党,我欲,欲我政府是虚无党,我政府是虚无党,何至俄国待我政府如今日;我欲人民是虚无党,我人民是虚无党,何至政府待我人民如今日;我欲自命为虚无党者是虚无党,自命为虚无党者是虚无党,何至我人民仍腐败如今日?我译虚无党,而我七情动。我乃如此,阅者何如?③

在翻译方面,无论是使用浅近白话,还是简洁文言,陈景韩都能做到流畅自然,适合读者阅读,正如他在《侠客谈·叙言》中所说:"《侠客谈》之作,为少年而作也,少年之耐性短,故其篇短;少年之文艺浅,见解浅,故其义、其文浅;少年之通方言者少,故不用俗语;少年之读古书者少,故不用典语。"④ 所以,陈景韩的翻译小说在当时受到了读者的普遍欢迎,成为晚清重要的翻译小说家之一。

---

① 包天笑:《钏影楼回忆录》,香港大华出版社1971年版,第407页。
② 郑逸梅:《清末民初文坛轶事》,中华书局2005年版,第220页。
③ 转引自连燕堂《二十世纪中国翻译文学史·近代卷》,百花文艺出版社2009年版,第102页。
④ 《新新小说》第1号,1904年。

除陈景韩外，梁启勋与程斗合译的《血史》也是晚清虚无党小说翻译的重要作品。《新小说》第2年第6号后封内面刊载了该译本的"出售广告"：

> 《血史》，世界著名暗杀案，美国佛兰斯士专逊新著，中国梁启勋仲策、程斗北高翻译，洋装精本，定价一圆。暗杀非文明举动也，而在政治界往往生绝大之影响，其影响之良否，姑勿论，至其为一种伟大怪异之动力，则历史上所明示也。此书为美国史学大家专逊氏最新之著作，以癸卯年新出版，专取历史上重要之暗杀案，上自希腊罗马，下逮二十世纪，凡三十一人。人为一小传，叙其被刺之原因、被刺之事实及被刺后之结果，凡所叙述皆死一人而影响及于全国，或及于全世界者，盖此书实可作一种之正史读也。而其叙述之法，则以半小说体行之，故趣味浓深，比正史尤为动人，实廿世纪一名著也。初出未及一岁，重版已逾十次，东方各国未有译本，梁、程二君留学芝加高大学，以暑假之暇，特以沉博绝丽之笔译成之，托本局印刷，今用洋装美本印成，以快先睹。全书共十余万言，并插影像廿余幅，现已出售。

对《血史》翻译的整个情况叙之甚详，此广告为广智书局发布，该小说实际出版时间为光绪三十一年十二月廿五日（1906年1月19日）[①]。梁启勋（1876—1965），字仲策，别署曼殊室主人。广东新会人。梁启超之弟，早年曾受业于康有为万木草堂，为康氏入门弟子之一。1896年在上海《时务报》担任修改译稿工作。戊戌政变失败后，与梁启超一起逃亡日本，梁启超创办《新小说》，梁启勋曾参与其事，在《新小说》上发表了翻译小说《俄皇宫中之人鬼》及《小说丛话》数则。1902年入上海震旦学院，不久与康有为之女康同薇一起赴美留学，1903年7月8日梁启超赴美访问与之相遇。时与梁启超过从相谈之留学生甚多，梁启超记录广东香山人程斗与梁启勋同为芝加高私立学校自费生，此处直接称为芝加高

[①] 参见邹振环《影响中国近代社会的一百种译作》，中国对外翻译出版公司1994年版，第190页。

大学是不恰当的①。梁启勋后来又入哥伦比亚大学攻读经济学，于辛亥革命后归国，为著名词学家②。程斗生平失考。

由留学生翻译的虚无党小说还有署名芳草馆主人的《虚无党真相》（1907），芳草馆主人可能为吴梼，因其曾自号"天涯芳草馆主"③，他是留日的学生。嗣后留美学生杨心一又在《小说时报》上发表了《虚无党飞艇》（第11期，1911年）、《虚无党之女》（第12期，1911年）两个短篇。杨心一，本名杨锦森，江苏吴县人④。生于光绪十五年（1889）⑤，曾就读于邮传部高等实业学堂商务专科，光绪三十三年（1907）夏毕业，是年十月因成绩优秀考选赴美留学⑥。在此期间，杨心一曾在《月月小说》发表译作多篇。1907年费城中国留学生成立了中国学生会，次年该学生会刊印了《本薛佛义大学纪略》一书，纪略末页附有1907年在本薛佛义大学就读之中国学生名单一份，杨心一名列其中，据此知他在该校所修学科为商务财政⑦。杨心一在美国留学五年，于宣统三年（1911）夏秋之际归国。包天笑回忆称杨心一归国后《时报》曾请他翻译西文⑧，但为时不长，检《小说时报》，从1911年6月至1914年1月间杨心一发表了十余篇短篇译作。不过在此期间，杨心一并非仅给《时报》供稿，他还在《东方杂志》《法政杂志》上以本名发表了大量撰译文章，涉及内容极为广泛。大约于1913年杨心一离开《时报》，供职于《共和西报》，《共

---

① 梁启超：《新大陆游记》，《饮冰室合集》专集之二十二，中华书局2011年版，第128页。

② 关于梁启勋生平事迹可参陈汉才《康门弟子述略》（广东高等教育出版社1991年版）的相关论述。

③ 吴梼擅长书法，《中外日报》1900年3月28日有其自订《天涯芳草馆著吴梼赠字》广告，则知其又自号天涯芳草馆主，陈玉堂《中国近现代人物名号大辞典》未收。参见李建华《清末民国翻译家吴梼书名久遍内外》，陈建华：《名家扇书扇画漫谈》，学林出版社2008年版。

④ 参见《遽归道山》，《环球》杂志第1卷第3期，民国五年（1916）九月。

⑤ 据宣统三年（1911）九月初六日《溥伟等为请分别给予游学毕业生出身以示鼓励事奏折》（张书才编选：《宣统二年归国留学生史料续编》，《历史档案》1997年第4期）载，在本届游学毕业生考选中，隶籍江苏的杨锦森列最优等，所习专业为商科，被拟请旨赏给商科进士，时年23岁。以此推算，杨心一当生于光绪十五年（1889）。

⑥ 上海交通大学校史编纂委员会编：《上海交通大学纪事（1896—2005）》上卷，上海交通大学出版社2006年版，第54、55页。

⑦ 段开龄：《美国费城中国学生早期史略》，段开龄：《二十世纪中国保险之发展》，新华出版社1997年版，第84—86页。

⑧ 包天笑《钏影楼回忆录》（香港大华出版社1971年版，第416页）说："留美回国的杨心一，本来请他是翻译西文的，也帮忙了一阵，后来被中华书局请去了。"

和西报》（*Republican Advocate*）是一份英文周刊，创刊于 1912 年 4 月 6 日，1913 年 9 月停刊①，与李登辉成为同事，并订交成为好友。《共和西报》停刊后，杨心一与李登辉又一同任职于中华书局英文编辑部，李担任编辑部主任②。同年 12 月，二人合编成《最新英华会话大全》，交由上海中华书局出版。嗣后二人又合编有英文教材《新制英文读本》（2 册）、《中华中学英文教科书》（4 册）（二书均于 1915 年出齐），由教育部审定发行。除此之外，杨心一还与关应麟合编有《速成英文读本》（1917 年由中华书局出版），自编有《英华双解字典》（1917 年中华书局袖珍本）等③。另外，杨心一还编写了不少面向大众的英文自修用书，从包天笑主编的《小说大观》第 6 集（1916）广告可知有如下几种：《英文名人演说》《英文名人尺牍》《英文名人述异》《英文名人小说》《华盛顿文选》《罗斯福文选》《鲁滨孙漂流记》。除编写教科书外，杨心一还翻译了两部科幻小说：一为《八十万年后之世界》（英国威尔士原著，标"理想小说"，上海进步书局 1915 年印行）；另一为《火星与地球之战争》（英国威尔士原著，标"怪异小说"，上海文明书局 1915 年印行）。从杨心一所编教材与翻译小说的出版版次来看，均颇畅销。杨心一在中华书局任职期间，除编写教科书与翻译小说外，还担任过中华书局创办刊物的撰述工作。1914 年 6 月中华书局创办《中华童子界》月刊，专供小学生阅读，杨心一一度为《我之童子时代》栏目撰写文章。1915 年 1 月《大中华》（月刊）创办，主任撰述为梁启超，杨心一为该刊撰述之一。民国五年（1916）秋天病逝于庐山，年 28 岁④。

虚无党小说的翻译虽然在晚清盛行一时，但随着辛亥革命的完成，"不久就消失了他的地位"⑤，成为一种历史的存在，可见这一类小说翻译的繁荣是与晚清特定的历史环境存在密切关系的。

---

① 胡道静：《上海的定期刊物》，上海通志馆编：《上海市通志馆期刊》第 1 年第 3 期（1933 年），第 863 页。
② 参见钱益民《李登辉传》，复旦大学出版社 2005 年版，第 288、289 页。
③ 以上杨心一所编教材书目参考了北京图书馆编《民国时期总书目：1911—1949》（语言文字分册），书目文献出版社 1986 年版。
④ 《遽归道山》，《环球》杂志第 1 卷第 3 期，民国五年（1916）九月。
⑤ 阿英：《翻译史话》，阿英：《小说闲谈四种》，上海古籍出版社 1985 年版，第 239 页。

第七节　留学生与晚清科学小说的翻译

科学小说实际就是科幻小说，晚清翻译的此类小说多标目为"科学小说"或"理想小说"（与事实相对，故名）。科学小说的翻译在晚清十分盛行，这除了该类小说情节离奇曲折外，与启民智的社会改良风气也有直接关系。如鲁迅《月界旅行·辨言》中说："盖胪陈科学，常人厌之，阅不终篇，辄欲睡去，强人所难，势必然矣。惟假小说之能力，被优孟之衣冠，则虽析理谭玄，亦能浸淫脑筋，不生厌倦……我国说部，若言情谈故刺时志怪者，架栋汗牛，而独于科学小说，乃如麟角。智识荒隘，此实一端。故苟欲弥今日译界之缺点，导中国人群以进行，必自科学小说始。"[①] 从此类小说的整体翻译情况来看，重要的译本大多出自留学生之手。

目前所见最早的科学小说译本是留法学生陈寿彭与其妻薛绍徽合译的《八十日环游记》，它是法国科幻小说创始人凡尔纳最重要的作品。小说叙写英人非利士福格与人打赌能在八十日内环游地球一周，途中遭遇了种种艰险与困难。在印度他救下了一名即将被火烧殉葬的女子阿黛，复为包探非克士疑为银行窃贼而跟踪，由此又导演出种种既惊险又令人捧腹的趣事。最终福格在八十日内如期返回出发点伦敦，并与阿黛喜结连理。小说情节曲折紧张，扣人心弦，为通俗小说中的上等之作。对于该小说的翻译，陈寿彭的序言说：

秀玉宜人，归余二十年，井臼余暇，惟以经史自娱，意谓九州以外，无文字也。迩来携之游吴越，始知舟车利用。及见汽轮电灯，又骇然欲穷其奥，觅译本读之，叹曰："今而知天地之大，学力各有所精，我向者硁硁自信，失之固矣。"乃从余求四裔史志。余以为欲读西书，须从浅近入手，又须取足以感发者，庶易记忆，遂为述《八十日环游记》一书。是记，说部也，本法人朱力士（名）房（姓）所著。中括全球各海埠名目，而印度美利坚两铁路尤精详。举凡山川风土、胜迹教门，莫不言之历历，且隐合天算及驾驶法程等。著者自标，此书罗有专门学问字二万。是则区区稗史，能具其大，非若寻常

---

① 鲁迅：《鲁迅全集》第 10 卷，人民文学出版社 2005 年版，第 164 页。

小说仅作海盗海淫语也,故欧人盛称之,演于梨园,收诸蒙学,允为雅俗共赏。英人舆地家桃尔、邓浮士二人,又合译之,他国亦有译之者,愈传愈广,殆因其中实学,足以涵盖一切欤。宜人既闻崖略,急笔纪之,久而成帙,笑曰:"是记文脉开合起伏,辞旨曲折变幻,与中文实相表里。且不务纤巧,不病空疏,吾不敢以说部视之。"虽然,宜人一妇人耳,遽舍所学而从我,其愿虽奢,其志良可喜,爰取其稿,略加删润,间有意义难明者,并系以注,至注无可注,姑付缺如。触类会心,是在阅者。①

此序将翻译的整个过程说得非常清楚,就翻译目的而言,陈寿彭与鲁迅是完全一样的,即均将小说视为了解西学的津筏。所可注意者,陈寿彭对译本的选择是建立在了解的基础上的,《八十日环游记》在法国"演于梨园,收诸蒙学"的影响,他在留学期间显然有清楚的认识,这与国内出身新式学堂的学生是有显著不同的。包天笑曾回忆他与杨紫驎翻译《迦因小传》时的情况说:"其时我的一位谱兄弟杨紫驎,他在上海虹口中西书院读书……为了读英文以供研究起见,常常到北京路那些旧书店,买那些旧的外文书看。因为那时候,上海可以购买外国书的地方很少,仅有浦滩的别发洋行一家,书既不多,价又很贵。他在旧货店买到一册外国小说,读了很有兴味,他说:'这有点像《茶花女遗事》,不过茶花女是法国小说,这是英国小说,并且只有下半部,要搜集上半部,却无处搜集,也曾到别发洋行去问过。'"② 结果杨紫驎与包天笑翻译的就是这半部《迦因小传》。除了译本选择方面的优长外,留学生对原著的理解也较国内译者更为准确。郭延礼曾称赞《八十日环游记》的翻译说:"最主要的一点,《八十日环游记》的翻译相当忠实于原文,几乎没有删节和随意的增添。很可看出,这部小说的口译者陈寿彭十分忠于原著,笔述者薛绍徽态度也十分严谨。我曾与1979年中国青年出版社出版的沙地的另一中文译本对照过,除文字更加精炼外,几乎无懈可击。这在'译述'之风盛行的当时尤其难能可贵。"③

---

① 施蛰存主编:《中国近代文学大系·翻译文学集二》,上海书店出版社1991年版,第5页。
② 包天笑:《钏影楼回忆录》,香港大华出版社1971年版,第171、172页。
③ 郭延礼:《中国近代翻译文学概论》,湖北教育出版社1998年版,第170页。

第四章　留学生与晚清翻译文学的兴起与繁荣　111

　　《八十日环游记》虽用文言翻译，但十分流畅自然，显示出笔述者薛绍徽精深的古文功底。薛氏出身书香门第家庭，早年颖悟过人，对诗文尤所钟心，所著颇为时人所赏。陈衍《石遗室诗话》言其："好学淹雅，日拥百城，益以善病，足迹罕出户外。撰述甚富，诗词骈体文袞然。"①其姊姒徽序其集亦称："丁酉（1897）后，妹随逸儒居沪，缄寄书札、诗词外，附以新作骈文刊印于报章者，余览而异焉。比及细味，乃知其用古文之法为骨，以诗词之藻彩为饰。盖其二十余年所学之精锐悉发于是。"陈寿彭居沪时曾以绍徽文示沪上名流，见者无不惊叹，曰："尊阃微特为君畏友，吾辈见其文且敬而畏焉。"因此，对于薛氏的文学才华，陈寿彭自叹"虽侥幸忝列副车，自视所作古文字弗若恭人远甚"②。由此看来，《八十日环游记》由薛氏执笔译述不是没有原因的。不过，需要说明的是，译本仍采用的是中国传统的章回小说体式，并加入了相应的叙事套语，如"话说"、"且听下回分解"等，为见其翻译之具体情况，现摘译文一段如下：

　　　　福格偕其伴侣，亦随大众之后，约二分钟，已到溪岸而止。木排十五级架上，毋拉查之尸，依然高卧，隐约间，微见其牺牲无所知觉，亦伸卧于其夫尸旁。用是火炬高燃，其木曾经油浸，顷刻火焰大发。佛兰诗士与巴司种人，同时擒住福格。乃福格竟如疯癫，冲至尸架之前，将两旁之人推开，而景象突然大变，喧哗一声，大众愕然自伏；再喊一声，众皆扑地不敢动。讵意毋拉查老王子独未死，倏然起立，有如活妖，抱持其妇臂上，从烟焰中，直下木架。其高壮俨若鬼形，印度之大小和尚，与卫兵等，更为惶悚，倒服于地，莫敢仰视，一听怪物恣所欲为。而待毙之牺牲，忽从壮汉臂上得生，此臂任于此时，若有万钧之力，迥出寻常之外者也。③

这是福格搭救阿黛的一段情景，译述的还是颇为惊险动人的。

　　继《八十日环游记》之后，梁启超光绪二十八年（1902）底创办的《新小说》第1号开始连载卢藉东与红溪生合译的科学小说《海底旅行》，

---

①　陈衍：《石遗室诗话》卷15，郑朝宗、石文英校点，人民文学出版社2004年版，第240页。
②　转引自林怡《在旧道德与新知识之间——论晚清著名女文人薛绍徽》，林怡：《榕城治学记》，岳麓书社2010年版，第185页。
③　施蛰存主编：《中国近代文学大系·翻译文学集二》，上海书店出版社1991年版，第51页。

题英国肖鲁士原著,实误,其作者亦为法国凡尔纳。《海底旅行》今译为《海底两万里》,卢藉东系据太平三次《五大洲中海底旅行》(四通社1884年出版)日译本转译。小说叙写法国博物学家欧露世在海底深处旅行的故事。故事发生在1886年,当时海上发现了"一种不可思议之怪物,非兽非鱼,首尾尖锐,其大如舰,其疾如矢,其光如燐"。欧露世受邀参加追捕,追捕过程中不幸落水,泅到怪物的脊背上,结果发现这并非什么怪物,而是李梦(托名)船长在大洋荒岛上秘密建造的一艘功能神奇的潜水艇。李梦船长邀请欧露世做海底旅行,欧露世在海底看到了许多罕见的动植物及奇异景象,又经历了搁浅、被土著人围攻、与鲨鱼搏斗、冰山封路、章鱼袭击等种种惊险行为。译本始以浅近的文言出之,后用白话,采用的是中国传统的章回小说体式。

除此之外,鲁迅也是晚清科学小说翻译的重要人物,正如他自己所说"我因向学科学,所以喜欢科学小说"①。鲁迅晚清时期共翻译了两部长篇科学小说:《月界旅行》与《地底旅行》。关于这两部小说的翻译,鲁迅事后曾说:"虽说译,其实乃是改作"②,"年轻时自作聪明,不肯直译,回想起来真是悔之已晚"③。可见,鲁迅采用的也是晚清流行的译述方式④。现摘引《地底旅行》译文一段如下,以见鲁迅翻译的语言特点:

> 至八月二十三日,新发见的亚蔼士屿,已隐见筏后,未及,水气冥蒙,阴云黯澹。那恃为性命的电光灯,已如浓雾里的秋萤,惨然失色。愈进愈暗,种种奇云,更不可缕述。或如乱缣,或如积絮。亚蔼士道:"此风暴之朕也。从速准备!"说还未了,盲风骤来,大雾垂空,酿成电气。引着三人,毛发为之森立。至十时顷,黑云如磐,昏不见掌。亚蔼士急问道:"怎好呢?"列曼口虽不言,心中也不免着急。命梗斯停了筏,泛泛波间。四面凄然,天地寂。亚蔼士忍不住又大叫道:"叔父!快卸帆罢!"列曼怒道:"莫慌!便触着岩石,筏沉了,能算什么?"说时迟,那时速,遥望天南,也生暗色,云奔风吼,白雨乱飞。三人如不倒翁一般,只在筏上乱滚。亚蔼士怕极,匍

---

① 鲁迅:《致杨霁云》,《鲁迅全集》第13卷,人民文学出版社2005年版,第99页。
② 同上书,第93页。
③ 同上书,第99页。
④ 具体翻译情况可参见吴均《鲁迅翻译文学研究》(齐鲁书社2009年版)的相关论述。

匐而行。正摸着列曼。列曼故意道:"如此风景,好看极了!"亚蓠士没法,定睛偷觑梗斯,则黑暗丛中,横篱屹立。暴风吹面,虬髯蓬飞,其勇猛奇诡之形,宛若与鱼鼍蛇颈鼍同时代的怪物。是时,风雨益剧,帆布紧张,木筏摇摇,几有乘风飞去之势。亚蓠士只是叫卸帆,列曼只是不肯。刹那间,电光煜然,飞舞空际。继而雷鸣轰隆,霰雹竞落。那波涛便如丘陵一般,或起或伏。亚蓠士已目瞀神昏,力抱筏樯,不敢稍动,幸此日却尚无事。①

虽使用的是典雅的文言,但并不艰深,叙事亦生动可观。

继鲁迅等人之后,留日学生徐念慈又翻译了《海外天》(1903年海虞图书馆出版)、《黑行星》(1906年小说林社出版)等科学小说。《海外天》系据日译本转译,原著者为英国马斯他孟立,描写的是一位少年英雄与大人航海探险的故事。该小说用白话译成,笔调极为流利,但评述用的则是文言。徐念慈自称在翻译处理上借鉴的是梁启超的《十五小豪杰》,即以"中国说部体代之",并"自信不负作者","此书原文十六回,悉仍旧贯,惟起讫处,稍为裁补,取其机势"。而实际情况却如杨世骥所说:"此书经他裁补一番,欲其'不负作者',自然是不可能的事。以中国章回小说的体裁,来改编西洋小说,在当时已成为一种风尚,所以他也不能例外。"②《黑行星》原著者为美国天文学家西蒙纽武(1835—1909),小说原名 The End of the World,明治时期日本作家黑岩泪香(1862—1920)将其翻译成日文,徐念慈的译本即据此译成。杨世骥对这部小说的翻译颇为赞赏,认为它"大约是完全保持着原著的面貌的,我们不能不承认那是初期的最进步的翻译小说"③。

此外,由留学生翻译的科学小说还有褚嘉猷与金石合译的《秘密电光艇》(标"科学小说",1906年商务印书馆出版,日本押川春浪著)、戴赞的《星球旅行记》等。《星球旅行记》④1903年由彪蒙译书局出版,

---

① 鲁迅:《鲁迅译文集》第1卷,人民文学出版社1959年版,第128页。
② 杨世骥:《文苑谈往·徐念慈》,中华书局1946年版,第17页。
③ 同上书,第17页。
④ 顾燮光《译书经眼录》称该小说:"凡六章,记觉世生历游共和、商德、女子、老人、理学、哲学六世界,盖寓言之类也。书中立意颇有秩序,大旨以变法各事非一蹴而几,必循序为之,乃可立于不败之地也。"(熊月之主编:《晚清新学书目提要》,上海书店出版社2007年版,第346页)可见为科幻而兼政治小说。

署"(日)井上圆了著,戴赞译"。据房兆楹辑《清末民初洋学学生题名录初辑》载,戴赞字襄甫,安徽天长人,光绪二十七年(1901)八月到日本,地方公费,入同文书院,时年16岁,则生年当为1886年[①]。

第八节 留学生与晚清侦探及其他小说类型的翻译

侦探小说虽不是晚清最早输入中国的西方小说类型,但却是翻译数量最多的一种小说类型,阿英曾这样描述说:"如果说当时翻译小说有千种,翻译侦探要占五百部上。"对于侦探小说在晚清的风靡,阿英认为是"由于资本主义在中国的抬头,由于侦探小说,与中国公案和武侠小说,有许多脉搏互通的地方"[②]。这种解释颇为含糊。侦探小说翻译在晚清的繁荣,社会因素固然是重要原因之一,林纾就曾说:"近年读上海诸君子所译包探案,则大喜,惊赞其用心之仁。果使此书风行,俾朝之司刑谳者,知变计而用律师包探,且广立学堂以毓律师包探之材,则人人将求致其名誉。既享名誉,又多得钱,孰则甘为不肖者!下民既免讼师及隶役之患,或重睹清明之天日,则小说之功宁不伟哉!"[③]侦探小说的重要人物周桂笙也说:"吾国视泰西,风俗既殊,嗜好亦别。故小说家之趋向,迥不相侔。尤以侦探小说,为吾国所绝乏,不能不让彼独步。盖吾国刑律讼狱,大异泰西各国,侦探之说,实未尝梦见。互市以来,外人伸张治外法权于租界,设立警察,亦有包探名目,然学无专门,徒为狐鼠城社。会审之案,又复瞻徇顾忌,加以时间有限,研究无心。至于内地谳案,动以刑求,暗无天日者,更不必论。如是,复安用侦探之劳其心血哉!至若泰西各国,最尊人权,涉讼者例得请人为辩护,故苟非证据确凿,不能妄入人罪。此侦探学之作用所由广也。"[④]试图通过侦探小说来影响国家司法体制改革,未免有点不切实际,充满着文人天真的幻想。因此,这种原因不可能成为支撑侦探小说翻译长久不衰的动力,更重要的原因恐怕仍需从此

---

① 房兆楹辑:《清末民初洋学学生题名录初辑》,台湾中央研究院近代史研究所1962年版,第30页。

② 阿英:《晚清小说史》,人民文学出版社1980年版,第186页。

③ 林纾:《神枢鬼藏录序》,阿英编:《晚清文学丛钞·小说戏曲研究卷》,中华书局1960年版,第237、238页。

④ 周桂笙《歇洛克复生侦探案·弁言》,《新民丛报》总第55号,1904年。

第四章　留学生与晚清翻译文学的兴起与繁荣　115

种小说自身的特点中去寻找。

在晚清输入的小说类型中，仅就吸引人的程度而言，没有一种小说可与侦探小说相比，周桂笙在阅读英国呵尔唔斯歇洛克的侦探小说时，就不无惊叹地说其"所破各案，往往令人惊骇错愕，目眩心悸"①。晚清小说理论家侠人认为中国小说总体上超过西洋小说，但侦探小说却属例外，西洋小说家专长"唯侦探一门"，"中国叙此等事，往往凿空不近人情，且亦无此层出不穷境界，真瞠乎其后矣"②。除情节的曲折生动外，其结构方式与人物塑造亦不无独到之处，刘半农在总结柯南道尔的侦探小说时说：

> 以文学言，此书亦不失为二十世纪纪事文学中唯一之杰构。凡大部纪事之文，其难处有二：一曰难在其同；一曰难在其不同。全书四十四案，撰述时期，前后亘二十年，而书中重要人物之言语态度，如出一辙，绝无丝毫牵强，绝无丝毫混杂。如福尔摩斯之言，以之移诸华生口中，神气便即不合，以之移诸莱斯屈莱特，愈觉不合，反之华生之言，不能移诸福尔摩斯与莱斯屈莱特，莱斯屈莱特之言，亦不能移诸福尔摩斯与华生。惟其如是，各人之真相乃能毕现，读者乃觉天地间果有此数人，一见其书，即觉此数人栩栩欲活，呼之欲出矣，此即所谓难在其同也。其不同者，则全书所见人物，数以百计，然而大别之，不过三类：有所苦痛，登门求教者一类也；大憨巨恶，与福尔摩斯对抗者又一类也；其余则车夫阍者行人之属，相接而不相系者又一类。此三类人，虽有男女老少、贵贱善恶之别，而欲一一为其写照，使言语举动，一一适合其分际，而无重复之病，亦属不易。且以章法言，《蓝宝石》与《剖腹藏珠》，情节相若也，而结构不同；《红发会》与《佣书受绐》，情节亦相若也，而结构又不同。此外如《佛国宝》之类，于破案后追溯十数年以前之事者凡三数见，而情景各自不同；又如《红圜会》之类，与秘密会党有关之案，前后十数见，而情景亦各自不同。此种穿插变化之本领，实非他人所能及。③

---

① 周桂笙《歇洛克复生侦探案·弁言》，《新民丛报》总第 55 号，1904 年。
② 周桂笙《小说丛话》，《新小说》第 13 号。
③ 刘半农：《〈福尔摩斯侦探案全集〉跋》，施蛰存主编：《中国近代文学大系·翻译文学集二》，上海书店出版社 1991 年版，第 993 页。

正是因此，侦探小说并未像其他类型小说，如政治小说、虚无党小说那样只热闹数年便退出历史舞台，而是直到民国仍保持着旺盛的生命力，在中国近代翻译小说中独占鳌头。

在晚清数量众多的侦探小说翻译中，留学生同样发挥了重要作用。上文说陈景韩是虚无党小说翻译的主要人物，实际其侦探小说的翻译不亚于虚无党小说，据统计，由他翻译的小说共77种（包括民国以后）[①]，而其在晚清翻译的侦探小说就达20种之多，结集出版的《侦探谭》就有四册，可以说是晚清侦探小说翻译的大家。另外，由留学生翻译的侦探小说还有陈家麟与林纾合译的《贝克侦探案》初编、续编（英国马克丹诺保德庆原著，1909年商务印书馆出版），戴鸿蒸与汤心存合译的《红发案》（英国柯南道尔著，1909年小说进步社出版），罗普的《离魂病》（《新小说》第1、2、3、4号），陶履恭[②]的《盗密约案》（光绪三十四年五月二十八日《学海甲编》第1年第5号刊载），吴梼的《车中毒针》（英国勃来雪克著，1905年商务印书馆出版）、《寒桃记》（日本黑岩泪香原著，1906年商务印书馆出版），杨心一的《海谟侦探案》（英国哈华德著，1909年上海群学社出版），徐卓呆[③]的《八一三》（与包天笑合译，1910年上海中华书局出版），周作人的《侦窃》（1910年《绍兴公报》刊载），等等。

如果就标目而言，由留学生翻译的小说类型重要的还有"言情小说"，如：陈家麟的《薄倖郎》（标"哀情小说"，美国锁司倭司原著，发表于宣统三年一月至十二月《小说月报》第2卷第1至12期），与林纾合译的《玑司刺虎记》（标"言情小说"，英国哈葛德原著，1909年商务印书馆出版），与薛一谔合译的《青藜影》（标"言情小说"，英国布斯俾著，1908年商务印书馆出版）、《血泊鸳鸯》（标"言情小说"，英国哈葛德康著，1909年商务印书馆出版）、《亚媚女士别传》（标"言情小说"，英国却而司迭更司著，1910年商务印书馆出版），与陈大镫合译的

[①] 参见李志梅《报人作家陈景韩及其小说研究·附录三》，博士学位论文，2005年。
[②] 据《清末各省官自费留日学生姓名表》（沈云龙主编：《近代中国史料丛刊续编》第50辑，台湾文海出版社1978年影印本，第111页）载，陶履恭为直隶省官费生，光绪三十一年（1905）七月到日本，次年3月入学，宣统二年（1910）三月毕业于东京高等师范学校地理历史科。陶履恭即陶孟和，著名社会学家。生平事迹参见陆益龙《陶孟和先生学术年表》，陶孟和：《北平生活费之分析》，商务印书馆2011年版。
[③] 徐卓呆即徐传霖，据姚永新集辑《苏州留学生名录》（《苏州文史资料》第15辑，1986年，第229页），他清末留日专攻体育。

《露惜传》（标"哀情小说"，英国司各德著，1909年商务印书馆出版）；陈信芳与黄翠凝合译的《地狱村》（标"奇情小说"，《小说林》第9期至12期）；方庆周[①]的《电术奇谈》（《新小说》第8号开始连载，至光绪三十一年六月第18号毕，二十四回，标"写情小说"，题"日本菊池幽芳原著，东莞方庆周译述，我佛山人衍义，知新室主人评点"）[②]；吴梼的《寒牡丹》（标"哀情小说"，日本尾崎红叶著，1906年商务印书馆出版）；周作人的《匈奴骑士录》（标"言情小说"，匈牙利育诃摩耳著，1908年商务印书馆出版）。

标"冒险小说"的有褚嘉猷的《澳洲历险记》（日本樱井彦一郎著，1906年商务印书馆出版）、《旧金山》（与金石合译，标"冒险小说"，美国诺阿布罗克士著，1906年商务印书馆出版），罗普的《十五小豪杰》（与梁启超合译，法国焦士威尔奴原著，1903年广智书局出版），裘二乐[③]的《美人岛》（标"女子探奇小说"，宣统元年正月初一日《女报》第1卷第1号开始连载，至第1卷第3号毕）。

标"军事小说"的有唐人杰与徐凤书合译的《破天荒》（德国冒京著，1910年东方书局出版），汪廷襄[④]的《橘英男》（日本枫村居士著，光绪三十二年十二月初一日《政法学交通社杂志》第1号开始连载，至第3号毕），吴梼的《斥候美谈》（科南岱尔撰，光绪三十二年三月二十九日《绣像小说》第72期刊载），徐念慈的《英德未来战争记》（英国卫梨雅著，1911年中国图书公司出版）。

此外，还有标"社会小说"的，如陈家麟的《白头少年》（英国盖婆赛著，1908年商务印书馆出版）、《博徒别传》（与陈大镫合译，英国柯南达利著，1908年商务印书馆出版）；标"义侠小说"的，如陈家麟的

---

① 据房兆楹辑《清末民初洋学学生题名录初辑》（台湾中央研究院近代史研究所1962年版，第5页），方庆周，广东东莞人，光绪二十三年（1897）到日本，自费，入高等师范学校，留学时年21岁，则其生年当为1877年。

② 翻译情况参见樽本照雄《吴趼人〈电术奇谈〉的原作》，樽本照雄：《清末小说研究集稿》，陈薇监译，齐鲁书社2006年版，第147、148页。

③ 据牛亚华《清末留日医学生及其对中国近代医学事业的贡献》（《中国科技史料》2003年第3期）钩稽的史料，裘二乐为江苏金匮人，日本同仁医校医科学生，1907年在读。

④ 据《清末各省官自费留日学生姓名表》（沈云龙主编：《近代中国史料丛刊续编》第50辑，台湾文海出版社1978年影印本，第151页）载，汪廷襄，江苏省自费生，光绪三十二年（1906）正月到日本，并入明治大学大学部商科，宣统二年（1910）六月八日获毕业证书。

《遮那德自伐后八事》（与陈大镫合译，英国柯南达利著，1910年商务印书馆出版），伍光建的《侠隐记》《续侠隐记》（法国大仲马著，1907年商务印书馆出版）；标"离奇小说"的，如陈廷端[①]的《黠者祸》（光绪三十三年七月三十日始载于《振华五日大事记》第30期）；标"历史小说"的，如何心川[②]与林藺桢合译的《双冠玺》（英国特渴不厄拔伫著，1907年商务印书馆出版），伍光建的《法宫秘史》（法国大仲马著，1908年商务印书馆出版）。

另外，还有虽未标目但属留学生翻译的小说还有：陈去病[③]的《世界上尤物之西施》（日本宫崎来城著，1906年灌文编译社出版）、黄郛[④]的《旅顺实战记》（一名《肉弹》，日本樱井忠温著，1909年新学会社出版）、汤尔和[⑤]的《鸳盟离合记》（日本黑岩泪香原译，汤尔和重译，1907年商务印书馆出版）、陶懋颐[⑥]的《桃太郎》（日本杉房之助著，1907年日本东京东亚公司出版）、王建善[⑦]的《致富锦囊》（原名《成功锦囊》，1904年开明书店出版）、王静庵的《堕溷花》（1906年震东学社出版）、

[①] 据光绪三十年（1904）《两广学务处选送出洋学生详文》载，陈廷端为选送去美国的留学生。参见李彦福等编《广西教育史料》，广西人民出版社1990年版，第197页。

[②] 何心川为第一届留欧学生，与严复同时派出，先至英国入格林尼次官学，习测量、格致等学，后往普提西何兵船实习，巡历非洲西南各洋。

[③] 据姚永新集辑《苏州留学生名录（初稿）》（《苏州文史资料》第15辑，1986年，第221页），陈去病（1874—1933），吴江同里人，1903年留学日本。

[④] 据《清末各省官自费留日学生姓名表》（沈云龙主编：《近代中国史料丛刊续编》第50辑，台湾文海出版社1978年影印本，第181页）载，黄郛为浙江省官费生，光绪三十一年（1905）九月到日本入学，宣统二年（1910）十月二日毕业于测量修技所三角科。生平事迹参见郑则民《黄郛》，李新总编：《中华民国史·人物传》第3卷，中华书局2011年版，第1233—1239页。

[⑤] 据《浙江同乡留学东京题名》（《浙江潮》第3期）载，汤槱字尔和，浙江钱塘人，光绪二十八年（1902）十一月到日本，自费，入成城学校陆军，时年25岁。生平事迹参见娄献阁《汤尔和》，李新总编：《中华民国史·人物传》第6卷，中华书局2011年版，第3419—3424页。

[⑥] 据《清末各省官自费留日学生姓名表》（沈云龙主编：《近代中国史料丛刊续编》第50辑，台湾文海出版社1978年影印本，第133页）载，陶懋颐为湖北省自费生，光绪三十年（1904）四月到日本，光绪三十四年（1908）二月入学，宣统二年（1910）六月三日毕业于早稻田大学专政科。该书第344页又载，陶懋颐湖南宁乡人，湖北自费，光绪三十年（1904）五月到日本，光绪三十三年（1907）八月入学，早大政科，年级第三年，时年36岁。前后记载有异，从后一记录"三年级"来看，入学当以1907年为是。宣统二年36岁，则生年当为1874年。

[⑦] 据《清末民初洋学学生题名录初辑》（台湾中研院近代史研究所1962年版，第32页）载，王建善字立才，江苏上海人，光绪二十八年（1902）七月到日本，地方公费，留学学校为同文书院，时年31岁。

吴人达①的《虞美人》(日本宫崎来城著,1906年时中书局出版)、吴弱男②的《大魔窟》(原名《塔中之怪》,日本押川春浪著,1906年小说林社出版)、薛宜琮③的《青春泉》(美国鯀菽恩著,光绪三十三年三月初一日《政法学交通社杂志》第5号刊载)、徐卓呆的《大除夕》④、范腾霄的《航海奇谈》⑤等。

---

① 据丁天顺、徐冰编著《山西近现代人物辞典》(山西古籍出版社1999年版,第667页)附录《建国前山西留学生资料》载,吴人达,明治大学毕业,1907年首任山西省法政专门学校教务长。

② 据谢长法《清末的留日女学生》(《近代史研究》1995年第2期),吴弱男安徽庐山人,1905年入日本米国女学校。

③ 据《清末各省官自费留日学生姓名表》(沈云龙主编:《近代中国史料丛刊续编》·第50辑,台湾文海出版社1978年影印本,第152页)载,薛宜琮,江苏自费生,光绪三十年(1904)正月到东,同年九月入明治大学大学部商科,宣统二年(1910)六月九日毕业。王澈编选《宣统二年归国留学生史料》(《历史档案》1997年第2期,第57页)收录宣统二年(1910)九月初二日《阿穆尔灵圭等为请分别给予游学毕业生等及出身事奏折》,薛宜琮,年二十七岁,江苏人,游学日本毕业。张书才编选《宣统二年归国留学生史料续编》(《历史档案》1997年第4期,第59页)收录宣统三年(1911)五月初九日《唐景崇等为请照章录用廷试游学毕业生事奏折》载,薛宜琮,年二十八岁,江苏人,商科举人,分部郎中。

④ 1906年上海《小说林》总编译所出版,原著者德国苏虎克,即Heinpich Zschokke(1771—1848),其所著小说,皆以诙谐幽默之故事讽刺时事。该译本前有《译者小引》称:"此书原名Das Abenteuer der Neujahpsnacht,以一园丁兼鸡人者,曰吉儿(Philipp),与少女花姐(Roschen)之关系为主眼,配以诙谐洒脱之皇子Julian,写德国宫廷及政府之状态,极奇特而轻快之喜剧小说也……《大除夕》仅数小时间,其构思排材着笔,实奇拔而道劲。仆不文,敢抽毫以译之,鲁鱼之罪,读者谅之。固有名词,恐甚难记忆,故悉改为我国风,以便妇孺易知。乙巳孟夏识于日本江户北滨川客舍。"参见施蛰存主编《中国近代文学大系·翻译文学集一》,上海书店出版社1990年版,第313、314页。

⑤ 宣统元年四月十四日(1909年6月1日)《海军》第1期刊出,署"范腾霄",续载于第2期(1909年12月1日)。据阿英《晚清戏曲小说目》(上海文艺联合出版社1954年版,第139页)著录为译本。范腾霄,据自传,字瀛艖,光绪九年(1883)七月十二日生,5岁入私塾蒙学,9岁开笔学文,11岁丧父,勤苦力学,19岁以院试第一入邑庠。1902年春,应湖北督抚部堂文襄召,赴省考人文普通中学堂。以延不开学,乃投效湖北护军马队第一营,受知于黄陂黎元洪,荐任充同营军兼国文讲师。同年应千童乡试未售。1904年出,由营改考人将弁学堂肄业。1905年夏,并入湖北武高等学堂,举行毕业后,派充第二十九标充见习士官。同年终考取留日学习海军,赴京复试录取。1906年春,入日本东京商船学校习驾驶科。同年因宋教仁、吴昆介绍入同盟会。1909年秋,航海(驾驶)专科毕业,复入横须贺海军炮术学校肄业,一年毕业。1911年,入横须贺海军水雷学校,一年毕业。同年冬十月,返武昌,参加辛亥革命。1918年春,又毕业于日本海军大学。后供职于军令机关二十余年。1952年因病逝世,享年70岁。初次留学日本时,曾与同学创办《海军季刊》四期,国内风行一时。《航海奇谈》即发表于该刊。参见范腾霄《范腾霄自传》、范光华《父亲范腾霄》,《利川文史资料》第1辑,1986年。

第九节　戢翼翚、苏曼殊、伍光建及吴梼的小说翻译

对于晚清的翻译小说，周作人曾批评说："除却一二种摘译的小仲马《茶花女遗事》、托尔斯泰《心狱》外，别无世界名著。其次司各得、迭更司还多，接下去便是高能达利、哈葛得、白髭拜、无名氏诸作了。"[①] 若就总体而言，这一判断并无问题，上文所论述的留学生翻译小说大体皆为西方二三流的通俗小说。不过，并非除却"小仲马《茶花女遗事》、托尔斯泰《心狱》外，别无世界名著"，普希金、雨果、大仲马、契诃夫、高尔基及莱蒙托夫等世界著名作家的作品在晚清均曾输入中国，其译者亦为清一色的留学生，这充分说明了留学生在翻译文学方面的优势与长处。

普希金初临中土的作品是戢翼翚翻译的《俄国情史》，今译《上尉的女儿》。戢翼翚（1878—1908），湖北房县人。父为清湖广总督督标下守备，因此随居武昌。光绪二十二年（1896）三月，与唐宝锷等12人，经总理衙门选拔，成为首批派往日本的留学生。抵日后，由高等师范学校校长嘉纳治五郎负责实施教育，先习日文和普通学科。光绪二十五年（1899）转入东京专门学校。期间创立译书汇编社，以编译出版新学书籍著名。光绪二十七年（1901）梁启超曾赞称："《译书汇编》至今尚存，能输入文明思想，为吾国放一大光明，良好珍诵。"[②] 冯自由《辛亥前海内外革命书报一览》称"留学界出版之月刊，以此为最早。所译卢骚《民约论》、孟德斯鸠《万法精理》、斯宾塞《代议政治论》等，促进吾国青年之民权思想，厥功甚伟"[③]。同时参加兴中会，为孙中山所欣赏，庚子年自立军起义，持孙中山函回武昌进行策划。起义失败，戢翼翚潜回日本。又与留日学生秦力山等创办《国民报》，宣传反清革命，鼓吹民族主义。光绪二十八年（1902）春回上海，参加蔡元培创办的"中国教育会"，被举为干事。后又在孙中山支持下，与日人下田歌子集资创设作新社，专门译著新学书籍及贩卖科学仪器。同年底，邀秦力山、杨廷栋、雷

[①] 周作人：《日本近三十年小说之发达》，严家炎编：《二十世纪中国小说理论资料》第2卷，北京大学出版社1997年版，第57页。

[②] 梁启超：《清议报第一百册祝辞并论报馆之责任及本馆之经历》，《饮冰室合集》文集之六，中华书局2011年版，第54页。

[③] 张静庐辑注：《中国近代出版史料二编》，上海书店出版社2003年版，第283页。

奋、陈泠等人在作新社内创办《大陆》月刊，批驳保皇学说之非。光绪三十一年（1905）七月，清廷首次考试留洋毕业生，戢翼翚以成绩优秀获赐政治经济科进士出身，分发外务部任主事。同年冬，随载泽等五大臣出洋考察宪政。光绪三十三年（1907）因与外务部尚书袁世凯意见不合，附和袁之留日学生曹汝霖等，伪造戢翼翚与孙中山来往书信，指为坐京侦探。袁据以入奏，为清廷拘捕押解回籍，交地方官严加管束。次年逝世于武昌，或以为袁指使人下毒致死[①]。

《俄国情史》版本甚多，阿英《晚清戏曲小说目》著录有光绪二十九年（1903）开明书店版，并称"后易《花心蝶梦录》"[②]。顾燮光《译书经眼录》著录为："作新书局洋装本，俄普希馨著，日本高须治助译，戢翼翚重译。书凡十三章，一名《花心蝶梦录》，记俄人弥士与玛丽结婚，中更兵燹，几经患难而后团圆，盖传奇类也。全书三万余言，情致缠绵，文笔亦隽雅可读。"[③] 顾燮光的著录并不完全，该版本正文第一面的标题是《俄国情史斯密士玛丽传》，版权页写"光绪29年5月15日印刷"，与开明书店版同年[④]。内有黄和南所写《绪言》一篇，说：

全书仅二万数千言，为叙事体，非历史，非传记，而为小说。所述者又不出于两人相悦之事，实则即吾国之所谓传奇。其曰情史者，乃袭用原著者之原用名词也……自由结婚，世界文明之一大证据也。弥士自为觅妻，于公理宁有所背，而乃父竟施严酷之手段，以阻遏之，可见俄人之专制，较之支那，殆不上下。夫婚媾何事也，而父母干预之，越俎代庖，有此习惯，致使全国中之男女皆不能得其所，则人生无乐矣，可悲也哉。夫小说有责任焉。吾国之小说，皆以所谓忠臣孝子贞女烈妇等为国民镜，遂养成一奴隶之天下。然则吾国风俗之恶，当以小说家为罪首。是则新译小说者，不可不以风俗改良为责任

---

① 以上介绍戢翼翚生平参照了实藤惠秀《中国人留学日本史》（谭汝谦、林启彦译，香港中文大学出版社1982年版）的相关史料，刘成禺《世载堂杂忆·述戢翼翚生平》（中华书局2006年版），及湖北省地方志编纂委员会编《湖北省志人物志稿》（第1卷，光明日报出版社1989年版，第65—67页）"戢翼翚"条。
② 阿英编：《晚清戏曲小说目》，上海文艺联合出版社1954年版，第130页。
③ 熊月之：《晚清新学书目提要》，上海书店出版社2007年版，第349页。
④ 贾植芳、俞元桂主编的《中国现代文学总书目》（福建教育出版社1993年版，第894页）还著录有小说林社同年刊本。

也。元成述《俄国情史》，能以吾国之文语，曲写他国语言中男女相恋之口吻，其精神靡不毕肖。其文简，其叙事详。其中之组织，纡徐曲折，盘旋空际，首尾相应，殆若常山之蛇。其不以弥玛二人之不死为嫌者，正谓死者易而生者难也。弥士之匍匐救玛丽，玛丽之殷勤为弥士哀恳，较之一死塞责者，其情感之深，殆百倍过之，抑亦见自由结婚之善。呜呼！我国人见此，社会可以改革矣。①

于该小说翻译之目的及基本情况述之甚详。自清廷开放海禁以后，西俗逐渐进入中国，并为国人所接受，其中重要一点即为自由结婚之观念，留学生于此表现尤为积极。闵杰称"1903年在思想界提倡各种新学说的潮流中，婚姻自由观念开始倡行，此后直至1911年绵延不绝"②，可见戢翼翚是开此风之先的人物。受此影响，1905年留日学生王建善在《时报》登载了征婚广告③，做出了冲破礼俗的更大胆行为。

就实际翻译情况而言，正如张铁夫所说《俄国情史》也属晚清习见的归化翻译，具体表现为：一是改换原书书名和人名；二是将原书第一人称叙事改为第三人称，回忆录体裁改为中国传统的章回体；三是情节的任意增删④。《俄国情史》采用的是文言，压缩了原作近三分之二的篇幅，不过并未伤及原作的主要情节，但增添文字颇有荒谬之处，如小说开头加增的一段景物描写，其中有言"读鲍氏《芜城赋》，则若或遇之矣"，阿英针对此句译文说："普希金未临中国，即知《芜城赋》，可谓'奇迹'，但当时译家风气，大都如此，也不足怪。"⑤

雨果作品最早翻译进中国的是苏曼殊与陈独秀合译的《惨世界》⑥。该译作原名《惨社会》，曾隔日登载于1903年10月8日至12月1日的

---

① 转引自戈宝权《谈普希金的〈俄国情史〉》，戈宝权：《中外文学因缘——戈宝权比较文学论文集》，北京出版社1992年版，第263、264页。
② 闵杰：《近代中国社会文化变迁录》第2卷，浙江人民出版社1998年版，第651页。
③ 同上书，第242、243页。
④ 参见张铁夫《普希金"初临中土"的向导——戢翼翚与普希金》，张铁夫：《群星灿烂的文学——俄罗斯文学论集》，东方出版社2002年版，第276—279页。
⑤ 阿英：《小说闲谈四种》，上海古籍出版社1985年版，第230页。
⑥ 关于是否合译的问题学术界有争议，详细辨析参见王晓元《翻译话语与意识形态——中国1895—1911年文学翻译研究》（上海外语教育出版社2010年版）的相关论述，此书提供了迄今为止关于《惨世界》翻译情况最为详尽的辨析与研究。

《国民日日报》上，署"法国大文豪嚣俄著，中国苏子谷译"，登至第十一回因报馆被封中止，未完。1904年由上海镜今书局刊成单行本，共十四回，改名为《惨世界》，署名"苏子谷、陈由己同译"，内容与《国民日日报》所载颇有不同之处①。该小说以白话译成，与苏曼殊其他译作颇有不同，游友基赞许说"在1903年，白话已被苏曼殊加以应用，实在难能可贵，有开风气之先的意义"，而王晓元则以为此时苏曼殊尚不具备使用文言翻译的能力，故使用白话②。这显然出于臆断，在此之前苏曼殊亦有文言作品问世，如《文学因缘》《拜轮诗集》，皆为文言。前文已说明，在晚清以文言为通行书写语体的情况下，以白话写作要难于文言，《惨世界》之所以使用白话翻译主要在于其拟想对象是民众——白话便于其接受。就翻译的实际情况来看，《惨世界》创作的内容远多于翻译，占三分之二左右，因此有论者干脆将之视为创作，或翻译与创作的结合体。译者借小说掺入自己的主观意图③，使这一译作具有了鲜明的时代色彩，杨天石称之为"以翻译小说面目出现的革命宣传品"④。其表达的思想主要体现为：主张反清革命、批判孔教及其学说、主张财产公有、批判维新人士中的劣类、批判宗教、主张暗杀等，均为当时流行之新学说。这种以"晚清现实"为"关注中心"的翻译策略⑤，反映了晚清以"译"为"作"，或者说由翻译向创作转变的过渡状态。

伍光建在晚清以翻译法国文学家大仲马的《侠隐记》《续侠隐记》著称于世。伍光建（1866—1943），广东新会人。曾就读于乡村私塾，后考入天津北洋水师学堂。光绪六年（1880）成为第三批派出留欧学生的一员，先入英国海军部格林书院肄业两年，学习三角、代数、水学、动力学等，后往英国公司迈尼外耳和金士哥利士书院肄业一年。光绪十五年

---

① 柳亚子编：《苏曼殊全集》第1册，中国书店1985年影印本，第272页。
② 王晓元：《翻译话语与意识形态——中国1895—1911年文学翻译研究》，上海外语教育出版社2010年版，第151页。
③ 正是基于此点，裴效维称其为"研究苏曼殊早期思想最有价值的资料"。裴效维：《苏曼殊研究中的几个问题》，中国社会科学院近代文学研究组编：《中国近代文学研究集》，中国文联出版公司1986年版，第171页。
④ 杨天石：《苏、陈译本〈惨世界〉与近代中国早期的社会主义思潮》，《中国社会科学院研究生院学报》1995年第6期。
⑤ 韩一宇：《清末民初汉译法国文学研究（1897—1916）》，中国社会科学出版社2008年版，第237页。

(1889)回国。留学期间，对西方历史、哲学及文学作品有广泛的涉猎。归国后任教于北洋水师学堂，开始钻研中国古代典籍，用力甚勤。1905年，伍光建随同五大臣出洋考察，任一等参赞，兼事口译、笔译。回国后任职清政府，1909年清廷特选留学生，被"钦赐进士出身"，与其师严复同榜，一时传为美谈。民国后曾长期与商务印书馆合作，译著甚丰，成为一代翻译大家①。伍光建对翻译有很深刻的看法，他认为："翻译总共是理解和表达这么两件事。对原文懂多少，不一定就译出多少，也有人懂而译不出，因为中文很差。译者如有外文表达力，对原作者在遣词造意上的功力和妙处，自然领会较深，加上中文根底，在这些地方不会轻轻放过，译文也就高明多了。"② 在实际翻译过程中，伍光建的做法是"先把一句话的意思明白了以后，然后再融会贯通，颠倒排列，用中国语气写出来"③。这与钱钟书提倡的翻译之"化境"④ 颇有吻合之处。伍光建的翻译很大程度上实践了他的翻译理念，更重要的是他使用的是非常具有个性与表现力的白话，从而得到了"五四"新文学家的普遍认可。其代表译作《侠隐记》《续侠隐记》，胡适盛赞其译文说："吾以为今年译西洋小说，当以君朔所译诸书为第一。君朔所用的白话，全非抄袭旧小说的白话，乃是一种特创的白话，最能传达原书的神气。其价值高出林纾百倍。"⑤ 茅盾说得更为具体："伍光建是根据英译本转译的，而且不是全译，有删节，可是他的一本有特点：第一，他的删节很有分寸，务求不损伤原书的精采，因此，书中的达特安和三个火枪手的不同个性在译本中非常鲜明，甚至四人说话的腔调也有个性；第二，伍光建的白话译文，既不同于中国旧小说（远之则如'三言'、'二拍'，近之则如《官场现形记》等）的文字，也不同于'五四'时期新文学的白话文，它别创一体，朴

---

① 参见伍季真《回忆前辈翻译家、先父伍光建》，《上海文史资料选辑》第69辑，1992年。
② 伍蠡甫：《伍光建翻译遗稿·前言》，伍光建：《伍光建翻译遗稿》，人民文学出版社1980年版，第3页。
③ 赵景深：《文坛回忆·伍光建》，重庆出版社1985年版，第207页。
④ 钱钟书在《林纾的翻译》中说："文学翻译的最高理想可以说是'化'。把作品从一国文字转变成另一国文字，既能不因语文习惯的差异而露出生硬牵强的痕迹，又能完全保存原作的风味，那就算得入于'化境'。"钱钟书：《七缀集》，生活·读书·新知三联书店2003年版，第77页。
⑤ 胡适：《论短篇小说》，姜义华主编：《胡适学术文集·新文学运动》，中华书局1993年版，第482页。

素而又风趣。"① 现摘《侠隐记》一段译文,以见其翻译特点:

> 等了一会,饭预备好了,他们就走到饭厅,原来就在厨房对过,房子也是冷落的很;那班书手闻见点菜香,却是件不常有的事,都跑到饭厅,在那里等,颇图斯看见那三个饿狼,——小孩子是不在一桌吃的,——大吃一惊;又想道:"若是我家里,总不要这班饿狼聚一处;好象是客人在船上遇了险,坏了船,好几礼拜没吃饭的。"柯氏把老状师坐的有轮子的椅子,车到桌边,颇图斯还帮忙;老状师进了饭厅,就嗅起鼻子,舔起舌头来,同那班书手一样。老状师说道:"哈!这样汤的味,好得很!"颇图斯看见那一大盘象清水的汤,面上浮了几块面包皮,就同大海上浮了几点水藻一般,心里想道:"这种汤有什么稀奇?"柯氏在那里微笑,使个手势,众人都坐下了。柯氏送汤,先送把老状师,其次到颇图斯,其次到自己,以后剩下的面包皮,都给了书手们。刚到这个时候,门响一声,颇图斯看见那个小孩子在外头吃干面包,在那里闻厨房同饭厅的好味。汤吃完了,厨房的老婆子送了一只煮鸡进来,算是件了不得的大事;那班书手看见了,眼珠都几乎跳了出来。这只鸡是瘦极了,皮却甚厚,没得牙力,是咬他不动的,不晓得他们从那里寻来的,也亏他们寻得着这种老皮老骨的鸡。颇图斯唧咕道:"我原是个敬老的,不过烧了吃,或是煮了来吃,我却不稀罕。"他说完了,看看旁人怎样;原来他们都眼不转睛的看着那只老鸡!柯氏把鸡摆在面前,割了两条鸡腿送把男人,鸡头鸡颈留把自己,割了一只翅膀给颇图斯,就吩咐老婆子,把鸡拿走了;那班书手,一点也挨不着。另外来了一大盘豆子,上头摆了许多羊骨,看不见什么肉。那班书手看见了,只好不响。柯氏把豆子羊骨,拣了些,分给他们吃。②

整段翻译干净利落,完全符合伍光建"用中国语气写出来"的标准,虽然将"律师"翻译成"状师"并不那么恰当,但原作诙谐幽默的情调还

---

① 茅盾:《文学与政治的交错》,孙中田、查国华:《茅盾研究资料》(上),中国社会科学出版社1983年版,第287页。
② [法]大仲马:《侠隐记》,伍光建译述,茅盾校注,湖南人民出版社1982年版,第270、271页。

是得到了忠实的呈现。

在清末民初的俄罗斯文学翻译中,以吴梼的成就最高,阿英称其:"所译俄国小说颇不少,且大多为名著……在当时的译家中,可谓真能了解俄国文学者。"[1] 吴梼,生年不详,或作1880年,字丹初,号亶中,又号天涯芳草馆主,浙江钱塘(今杭州)人。论者皆谓其早年曾留学日本,精通日语,所译作品皆据日文转译。曾参与商务印书馆小学教科书的编辑工作,负责历史地理部分[2],又担任过历史教员。民初一度为商务印书馆提供国小说译稿[3]。擅长书法,多次在报刊发布润笔则例。卒年不详,或定为1925年[4]。吴梼翻译的俄罗斯名著有莱蒙托夫的《银钮碑》[5]、契诃夫的《黑衣教士》[6]、高尔基的《忧患余生》[7],它们均是首次进入中国读者的视野。吴梼不仅在译本的选择上颇富眼光,而且其在文学方面的修养亦"相当的高"[8]。他虽不脱晚清译述的风气,但直译居多,很少删节,译文也非常优美流畅。以《黑衣教士》为例,"袖珍小说丛书"本后附跋云:"此篇作者安敦溪崖霍夫,与哥尔基齐名,为俄国文坛健将。其为小说,专以短篇著,世称俄国之毛拔森。文章简洁而犀利,尝喜抉人间之缺点,而描画形容之,以为此人间世界,毕竟不可挽救,不可改良,故以极冷淡之目,而观察社会云。今年七月中旬,旅于德国而逝,年四十四。世界文坛,又弱一个矣。"[9] 对契诃夫小说特点的把握与描述还是相当准确

---

[1] 阿英:《小说闲谈四种》,上海古籍出版社1985年版,第231页。

[2] 蒋维乔:《编辑小学教科书之回忆》,《出版周刊》新156号,1935年。

[3] 据张元济1912年九月初九日日记载:"吴丹初来,告以拟请将已译之小说编为浅文或白话,试撰若干再定局,报酬一层亦请酌示,答以彼此借议。"十一月廿二日又云吴丹初"晚来寓,言演译小说不定约亦无妨,但如需停止,应先期知照。余问如何办法,渠云如于将停止之时,最好于交末次演译之书时,即告以此书译完即行停止,否则于译至一半时告知。余云此恐为难,俟将《蛇女士》译毕后再行商议"。张元济:《张元济全集》第6卷"日记",商务印书馆2008年版,第6页。

[4] 参见吴迪等著《浙江翻译文学史》(杭州出版社2008年版,第30页)、韩洪举《浙江近现代小说史》(杭州出版社2011年版,第128页)。

[5] 今译作《贝拉》,为《当代英雄》中的第一部分,1907年商务印书馆收入"袖珍小说丛书"出版,题署"原著者俄国莱门忒甫,译述者钱塘吴梼"。

[6] 1907年商务印书馆收入"袖珍小说丛书"出版,题署"俄国溪崖霍夫原著,日本薄田斩云译述,杭县吴梼重译"。

[7] 今译《该隐和阿尔乔姆》,发表于《东方杂志》第1至4期(1907年),标"种族小说",题署"原名《犹太人之浮生》,俄国戈厉机著,日本长谷川二叶亭译,钱塘吴梼重演"。

[8] 阿英:《晚清小说史》,人民文学出版社1980年版,第185页。

[9] 施蛰存主编:《中国近代文学大系·翻译文学集一》,上海书店出版社1990年版,第631页。

的，再看译文：

> 那时稻子的青穗摇摇曳曳，犹如万顷波涛；向晚的暮风，微微吹得很软。柯林刚刚抚一抚头颅，转瞬之间，两次软风吹了过来。那稻叶淅沥淅沥的摆擦，后面又有渡来飒飒松风声音。柯林不禁心惊，偶然停止抬头一望，只见远远地平之际，忽然起了旋风，好似蛟龙腾水一根无大不大的黑柱，从地上矗立竖到天中，益发吃惊细看。那柱子外围，简直望不见尽头，不知在什么处在？自从起初，就不在一处，却有非常迅快的速力，向柯林这边滚动而来。及至离身渐近，那形状也渐渐缩小，你道是个什么？原来是黑色装束的一个教士。头发灰色，眉毛纯黑，胸口上结成一个十字，自由自在走了过去。他的脚离地而行，并不着土，大约和柯林离开二十耶特（码）远近。那教士脸向着这边，对他点一点头，又现出狡狯刁猾的笑容可掬。看他脸色，乃是苍白削肉。走过柯林的伫立处在，教士的形状，重又放大，飞过后边河港，冲入河岸石壁松树之中，连一些生息也没有。再复张眼细看，那个所在，依然如故，犹如雾散烟消。①

黑衣教士并不是现实中的人物，乃是柯林苦读冥想，精神纷乱，心中产生了一种幻象，因此其一出现便带着某种神秘性，此段译文可以说很好地传达出了原作营造的这种气氛。难怪近代文学研究专家郭延礼称其使用白话的纯熟程度"可与伍光建的译文相媲美"②。

第十节　周氏兄弟与晚清直译风气的开启
——《域外小说集》

周氏兄弟在晚清早期所从事的小说翻译，如《地底旅行》《红星佚史》等，无论是译本的选择，还是具体的翻译操作，主要受到梁启超等先驱者的影响，不脱通俗与译述之风气。随着域外生活体验与文学接受的不断加深，他们逐渐形成了自己新的文艺观及文学革新观念。《域外小说

---

① 施蛰存主编：《中国近代文学大系·翻译文学集一》，上海书店出版社1990年版，第603页。
② 郭延礼：《中国近代翻译文学概论》，湖北教育出版社1998年版，第379页。

集》的翻译即是周氏兄弟此一时期文学实践的重要成果,它开创了晚清的直译风气。

鲁迅(1881—1936),本名周树人,字豫山、豫亭,后改名为豫才,浙江绍兴人。早年曾在私塾受过良好的旧学教育,后入南京水师学堂。1902年3月24日由两江总督批准赴日本留学①,先后入东京弘文学院、仙台医学专校。始学医,后改学文艺,试图以此唤醒民众。留学期间,他阅读了大量西方文学作品,并积极从事文艺活动。1903年在《浙江潮》第5期发表译作历史小说《斯巴达之魂》的前部分(后部分载于第9期,署名"自树"),及法国雨果的短篇小说《哀尘》。同年又翻译了凡尔纳的科学幻想小说《月界旅行》与《地底旅行》。1909年与周作人合译了《域外小说集》。②周作人(1884—1967),初名櫆寿,字星杓,笔名有仲密、启孟、启明、遐寿、苦雨、知堂等。江南水师学堂毕业后,在鲁迅的影响下,于1906年9月留学日本③,并对域外新文学产生了浓厚的兴趣。周作人除大量阅读西方文学理论与作品以外,还与鲁迅一起积极从事文艺活动,合译了不少小说。④

《域外小说集》第1册宣统元年二月十一日(1909年3月2日)出日本东京神田印刷所印刷出版,书首有鲁迅《序言》及《略例》各一篇,收(波兰)显克微支著《乐人杨珂》、(俄)契诃夫著《戚施》及《塞外》、(俄)迦尔洵著《邂逅》、(英)淮尔特著《安乐王子》,这五篇均署"作人译";另外两篇,(俄)安特来夫著的《谩》及《默》,署"树人译"。第2册于宣统元年六月十一日(1909年7月27日)由同一印刷所出版,收(芬兰)哀禾著《先驱》、(美)亚伦坡著《默》、(法)摩波商著《月夜》、(波思尼亚)穆拉淑微支著《不辰》及《摩诃末翁》、(波兰)显克微支著《天使》及《灯台守》、(俄)斯谛普虐克著《一文钱》,此八篇均署"作人译",另外一篇(俄)迦尔洵著的《四日》署"树人

---

① 据《浙江同乡留学东京题名》(《浙江潮》第3期)载,周树人字豫才,绍兴会稽人,光绪二十八年(1902)三月到东,南洋官费,入弘文学院普通科,时年22岁。
② 参见鲁迅博物馆鲁迅研究室编《鲁迅年谱》第1册,人民文学出版社2000年版。
③ 据《清末浙江留日学生名册》(杭州大学日本文化研究所、神奈川大学人文学研究所编《中日文化论丛——1996》,杭州大学出版社1997年版,第287页)载,周作人,浙江会稽人,江宁官费,光绪三十二年(1906)七月到日本,光绪三十四年(1908)九月入立教大学文科,时年24岁。
④ 参见张菊香、张铁荣编著《周作人年谱》,天津人民出版社2000年版。

译"。虽然大部分均由周作人翻译，但篇目皆为鲁迅所拟定。

关于《域外小说集》翻译的缘起，鲁迅曾说："我们在日本留学的时候，有一种茫漠的希望，以为文艺是可以转移性情，改造社会的。因为这意见，便自然而然地想到介绍外国新文学这一件事。但做这事业，一要学问，二要同志，三要工夫，四要资本，五要读者。第五样逆料不得，上四样在我们却几乎全无：于是又自然而然的只能小本经营，姑且尝试，这结果便是译印《域外小说集》。"[①] 与其时普遍选择通俗与长篇小说翻译不同的是，周氏兄弟"尤其注重于短篇，特别是被压迫的民族中的作者的作品，因为那时正盛行着排满论，有些青年，都引那叫喊和反抗的作者的为同调的"[②]。可见，《域外小说集》的翻译虽然也存在着明确的政治目的，但《域外小说集》翻译并未因此完全牺牲纯粹文艺方面的追求，鲁迅《旧序》便不无自豪地说《域外小说集》"收录至审慎，迻译亦期弗失文情。异域文术新宗，自此始入华土。使士卓特，不为常俗所囿，必将黎然有当于心，按邦国时期，籀读其心声，以相度神思之所在。则此虽大涛之微沤与，而性解思惟，实寓于此。中国译界，亦由是无迟莫之感矣"[③]。

同时，在具体的翻译方面，周氏兄弟还有转移晚清翻译风气的想法。鲁迅事后在给增田涉的信中就说："《域外小说集》发行于1907年或1908年，我与周作人还在日本东京，当时中国流行林琴南用古文翻译的外国小说，文章确实很好，但误译很多，我们对此不满，想加以纠正，才干起来的。"[④] 正是这种想法，使得《域外小说集》成为晚清文学翻译由"意译"向"直译"转变的标志性译作。鲁迅在《略例》中明确说："任情删易，即为不诚。故宁拂戾时人，迻徙具足耳。"[⑤] 对《域外小说集》于原著的忠实程度，许寿裳说："我曾将德文本对照读过，觉得字字忠实，丝毫不苟，无任意增删之弊，实为译界开辟一个新时代的纪念碑，使我非常高兴。"[⑥] 现举《默》中一段以见其翻译情况：

[①] 鲁迅：《域外小说集·序》，止庵主编：《周氏兄弟合译文集·域外小说集》，新星出版社2006年版。
[②] 鲁迅《我怎么做起小说来》，《鲁迅全集》第4卷，人民文学出版社2005年版，第525页。
[③] 止庵主编：《周氏兄弟合译文集·域外小说集》，新星出版社2006年版。
[④] 鲁迅：《致增田涉信》，《鲁迅全集》第14卷，人民文学出版社2005年版，第196页。
[⑤] 鲁迅：《鲁迅全集》第10卷，人民文学出版社2005年版，第170页。
[⑥] 许寿裳：《亡友鲁迅印象记》，人民文学出版社1981年版，第54页。

威罗既葬，阖宅默然，而其状复非寂，盖寂者止于无声，此则居者能言，顾不声而口闭，默也。伊革那支如是思惟，每入闺，遇妇二目，目光艰苦，乃似大气俄化流铅，来注其背，——又若威罗曲谱，叶中尚留故声，或视画象之得自圣彼得堡者，亦复如是。伊革那支视象有常法，必先审辅颊，受光皓然，特颊际乃见微痕，与睹之威罗尸上者密合，此殊弗知其故。使车轮践面而过，颅当糜矣，顾骸乃无损……①

再看今人鲁民的白话译文：

从举行葬礼的那天起，这所小房子便笼罩着一片沉默。这不是寂静，因为寂静仅仅是无声而已，这是沉默，保持沉默的人本来是能够讲话的，不过他们不愿意讲。当伊格纳季神甫走进妻子的房间，遇到她那固执的目光，那沉重得仿佛全部空气都变成了铅块、压在他的头顶和背脊上的目光时，他就是这么想的。现在，看着女儿那本好象印着她的声音的乐谱，她的书籍和那张从彼得堡带回来的大幅彩色画像，他心里也是这么想。在端详那张画像时，伊格纳季神甫给自己规定了一定的顺序：他先看光亮的那边脸颊，觉得上面似乎有一条伤痕，那是薇拉僵死的面颊上的伤痕，他不知道是怎样造成的。每一次他都思索着原因：如果火车碰的，那会把整个头都轧得粉碎，可是死者薇拉的头部却完好无损。②

两相对照不难发现，除去因为从第三种文字（德文）转译而稍微有所出入外，鲁迅的翻译是完全忠实于原作的直译。

由上面引文可知，周氏兄弟并未用白话翻译，而是文言，甚至还是有点"诘屈聱牙"的文言，这主要是受到了章太炎的影响。钱玄同曾回忆说："民元前四年，我与豫才都在日本东京留学……周氏兄弟那时正译

---

① 止庵主编：《周氏兄弟合译文集·域外小说集》，新星出版社 2006 年版，第 111 页。
② ［俄］安德列耶夫：《安德列耶夫小说戏剧选·沉默》，鲁民译，外国文学出版社 1984 年版，第 34、35 页。

《域外小说集》，志在灌输俄罗斯波兰等国之崇高的人道主义，以药我国人卑劣、阴险、自私，等等龌龊心理。他们的思想超卓，文章渊懿，取材谨严，翻译忠实，故造句选辞十分矜慎；然犹不自满足，欲从先师了解故训，以期用字妥帖。所以《域外小说集》不仅文笔雅驯，且多古言古字，与林纾所译之小说绝异。"① 译本选择的不合时宜，加之语言的艰涩，这已基本注定《域外小说集》不可能有读者市场。而据鲁迅事后的追忆，《域外小说集》也的确只卖出了20套，其他只好堆存于库房之中。即便如此，周氏兄弟的筚路蓝缕之功仍不可埋没，事实上它也不可能埋没，十几年后"五四"新文学的兴起，《域外小说集》又获得了重生——重新被提起与翻印。

第十一节　留学生与晚清戏剧翻译

在晚清的翻译文学中，戏剧翻译不仅出现得晚，而且数量也无法与小说相提并论，据阿英统计共有14部，而这主要出自留学生之手。就目前所见文献，晚清首次翻译西方戏剧始于1907年，据欧阳予倩回忆，该年由留日学生组成的戏剧团体——春柳社，在日本东京上演了小仲马《茶花女》戏剧的第三幕②，剧本为曾孝谷所译，惜已散佚。曾孝谷（1873—1937），字延年，号存吴。四川成都人。浙江两级师范学校毕业，1906年9月以官费留学于日本东京美术学校，专业为西洋画科，与李叔同为同学，1911年3月毕业，研究生学历③。留学期间，曾师从日本新派戏名家藤泽浅二郎，1906年与李叔同等发起春柳社，编演新戏，一度产生轰动，为我国早期话剧的创始人之一。回国后，据欧阳予倩说，他"很想组织剧团，没有成功；在上海新新舞台和任天知混过几天，当然不会合适。——那时候所谓文明戏，完全不用剧本，他如何跟得上？他一气就回四川去了。回到四川以后，仍然不能忘情，办了一个旬刊，并常常和我通

---

①　钱玄同：《我对于周豫才君之追忆与略评》，沈永宝编：《钱玄同五四时期言论集》，东方出版中心1998年版，第381、382页。

②　欧阳予倩：《回忆春柳》，欧阳予倩《欧阳予倩全集》第6卷，上海文艺出版社1990年版，第146页。

③　刘晓路：《档案中的青春像：李叔同和东京美术学校》，刘晓路：《世界美术中的中国与日本美术》，广西美术出版社2001年版，第253页。

信。可是没有机会再干舞台生活了"①。即便如此，曾孝谷在四川并未忘情戏剧，仍不时登台票演。晚景颇为凄凉，1937年秋在贫病之中黯然谢世②。

继曾孝谷之后，有译本传世的当属李石曾，他于1908年先后翻译了波兰作家廖抗夫（Leopold，1881—?）的戏剧《夜未央》与法国作家蔡雷的戏剧《鸣不平》，这两部译作均由法国万国美术研究社出版。李石曾（1881—1973），名煜瀛，字石曾，原籍河北高阳。为晚清名宦李鸿藻第三子，6岁入家塾师从硕儒齐禊亭习汉文，又从王彌臣习书法。后入北京外语学校习英文。1902年随同孙宝琦出使法国，途经上海结识吴稚晖、蔡元培，受其影响立志投身革命。抵法后，先入蒙达顺莪农校习农业，三年后以第四名优异成绩毕业。后又入巴斯德学院及巴黎大学理学院攻读生物化学。期间对陆谟克的生物进化哲学、克鲁泡特金的互助论、蒲鲁东的社会学及18世纪的人道主义甚感兴趣，对社会科学书籍有广泛的涉猎。1907年在巴黎与吴稚晖一起创办了无政府主义杂志《新世纪》，主张政治革命。归国后积极从事社会改良活动，与张静江、蔡元培、吴稚晖并称国民党"四大元老"，对民国政局产生了深远影响。一生著述甚丰，今有《李石曾文集》行于世③。

李石曾的翻译以《夜未央》最为知名，这是一部话剧，叙演的是俄国虚无党著名女英雄苏菲亚暗杀沙皇的故事。书前有廖抗夫1908年夏为中译本所写的《序言》，称：

> 吾甚喜吾之《夜未央》新剧，已译为支那文，俾支那同胞，亦足以窥见吾之微旨。夫现今时世之黑暗，沉沉更漏，夜正未央，岂独俄罗斯为然？吾辈所肩之义务，正皆在未易对付之时代。然总而言之：地球上必无无代价之自由。欲得之者，惟纳重价而已。自由之代价，言之可惨，不过为无量之腥血也。此之腥血，又为最贤者之腥

---

① 欧阳予倩：《自我演戏以来》，欧阳予倩《欧阳予倩全集》第6卷，上海文艺出版社1990年版，第14页。

② 参见王善生、秦彤《中国早期的话剧倡导者曾孝谷先生二三事》，《文史杂志》1986年第3期。

③ 参见黄金凤《李石曾》，朱汉国、杨群主编：《中华民国史》第9册，四川人民出版社2006年版。

血。我支那同胞，亦曾流连慷慨，雪涕念之否乎？吾属此草，虽仅为极短时代之一历史，然俄罗斯同胞数十年之勇斗，精神皆在文字外矣。支那同志，其哀之乎！抑更有狐兔之悲耶？①

由此亦可见李石曾翻译此剧之微意。该剧亦受晚清意译风气影响，属编译性质，现摘录一节，并与1930年巴金翻译之该剧对照，以见其翻译特点：

  安娥亲下嘴来，桦西里仰着头，凑将上去。四个眼睛，一动不动的对看。②（李译）

  她慢慢儿放下华西里的头，一面自己也俯下去，他们两人的嘴唇合在一处，接了一个长久的热情的吻。这时候华西里放在安娜腰间摇动着的手便伸出来紧抱着她的腰，自己也站立起来……好像还想把安娜的嘴唇压得更紧些。安娜放开了华西里的头，两人面对面，眼对眼地站着不动。③（巴译）

与巴金相比，李石曾删去了很多细节，属典型的译述性质。即便如此，这部早期的戏剧译作还是深深地感动了晚清与民初的知识青年，巴金就曾回忆当年读此书时的感动"真是不能用言语形容出来"，那本书给他"打开了新的眼界"，使他"看见了在另一个国度里一代青年为人民争自由谋幸福的奋斗之大悲剧"，而且第一次找到了他"梦境中的英雄"和"终身事业"④。

《鸣不平》为一社会讽刺喜剧，该译本初版《引言》称该书"原名《社会之阶级》，虽一简短之杂剧，而社会不平等之恶状，及世人对于不同职业者之卑鄙及骄傲，描写殆尽"。并称该剧于1901年开演，曾引起轰动，"连演数周，每夜座客充塞，车马阗溢门外"，观者亦莫不"含有惭色"，"可见世人不正当之阶级，而一经闲闲着笔，连属而形容之，无有

---

① ［波兰］廖抗夫：《夜未央·序言》，李石曾译，革新书局1908年版。
② 同上书，第129页。
③ 巴金：《巴金译文选集》下册，读书·生活·新知三联书店1991年版，第985页。
④ 巴金：《〈夜未央〉小引》，《巴金全集》第17卷，人民文学出版社1991年版，第138页。

不引起各人良心的内疚者"①。可见，李石曾翻译此剧，着眼的亦是其政治意义。但是该剧却开创了中国翻译滑稽戏的先河，徐半梅在《昔日的滑稽戏》中说："我国最早出版的一册滑稽剧本，叫'鸣不平'，乃张静江在法国出版，由法文本翻译。描写人情势利，上级往往欺侮下级，最后是一个乞丐，受了势力人的闲气，无可发泄，他只好拿一条狗来出气。讽刺相当深刻；不过这个剧本，知道的人并不多。"②

接着陈景韩在《小说时报》第5、6期（1910年）翻译并发表了法国柴尔时的剧作《祖国》，标"世界三大悲剧之一"。译作前《叙言》称：

> 此篇为法国有名剧学家柴尔时所著，系历史上之大悲剧。其脚色为十七八世纪时，今之比利时国，尚未与荷兰分裂，称为弗郎门国，屡为西班牙所侵掠。国之志士，慨然奋起，计挽天之力，不意事与愿违，终上断头台以死，此全篇大略也。中间以新旧两教之纷争为骨，描写暴虐无道之敌将，沉勇慷慨之志士，以及为恋爱之故卖国卖夫之大奸妇，为国家之故，如花如玉之美少女，于豪壮之里写恋爱，于悲惨之中发光明，其波澜甚变幻，其布置极周详，诚西欧文坛一大佳构也。③

柴尔时今译萨尔杜（Victorien Sardou，1831—1908），其《祖国》（Patrie）是一部历史悲剧。陈景韩的翻译使用的是白话，这在其译作中是不多见的，译文尚属流畅自然。如第一幕利贞的一段话"是非颠倒，黑白不明，如虎如狼的无赖，自称首领，借着宗教为名，不问老幼男女，一切进行屠杀。荷兰国的命运，宛如风前之烛，我们三百万苍生尽被他们荼毒了，才算收场哩"，毫无翻译痕迹，颇能传达出剧中人物的情绪。

同年，徐卓呆在《小说月报》第1、2期（1910年）发表了"改良新剧"《遗嘱》，原著者迈依林，不详何人。徐卓呆（1881—1958），名傅霖，以字行，号筑岩，别署半梅、阿呆、李阿毛、徐梦岩等。江苏吴县

---

① 《〈鸣不平〉引言》，阿英编：《晚清文学丛钞·小说戏曲研究卷》，中华书局1960年版，第306、307页。
② 参见《滑稽论丛》，上海文化出版社1958年版，第41页。
③ [法] 柴尔时：《祖国·叙言》，冷（陈景韩）译，《小说时报》第5期，1910年5月。

人。7岁丧父,由祖母及母亲抚养成人。20余岁东渡日本留学,专攻体育①。回国后,于1907年与友人在上海创办中国体操学校及体操游戏传习所,开我国体操专门学校之先河。同时,卓呆亦为新剧倡导之先驱人物,宣统三年(1911)"忽幡然有动于中,以为能开通社会者,莫新剧若耳,当一提倡之。时王君钟声方二次铩羽而去,郑君正秋正主某报剧评,鼓吹旧剧甚力,君乃于时报中,独辟一栏,专谈新剧,与之作相当之旗鼓。未几,正秋亦为所动,竟弃旧剧不谈,而从事于新剧,君亦贡身其间,擘画讨论,弥著勤劳,复著成剧本多种以飨之,新剧事业遂赖之蓬勃以兴"。此外,卓呆喜为小说,有滑稽之才,所作殆不下百余篇,"以滑稽一类居多,而隽永有味,弥含哲理,实能脱尽寻常滑稽小说窠臼而自成家数者"。另有《不知所云集》一种,为滑稽新体诗,"措词之妙,设想之奇,读者莫不为之捧腹",为时人誉为"必传之作"②。

《遗嘱》共二幕,为一带有滑稽色彩的家庭伦理喜剧。老人田某有财产60万,因儿子田修德不告而娶,愤而将其逐出家门,欲赘甥唐孟聪为子,并继承其财产,老仆田忠劝其先试验一下孟聪再行决定。于是老人唤来孟聪告知其意,并遣书童唐福去请好友莫侣陶律师来写遗嘱,却在律师未到之前假死,孟聪为谋得财产,命唐福假装老人,口述遗嘱。唐福见财起意,未按孟聪所嘱,竟假仿老人之口将遗产继承权转给自己,莫侣陶虽觉荒诞,因听有1万元酬劳,亦未予质疑。老人至此恍然大悟,遂将孟聪及唐福逐出家门,迎回修德,父子和好如初。译文中内容作了中国化处理,如出现了"户部"这样西方没有的名词,不过整体上没有影响剧本的文学表达,人物性格依然鲜明生动,充满机趣。另外,该年徐卓呆又与包天笑合译了法国雨果的戏剧《牺牲》(秋星社刊)。

以上由留学生翻译的戏剧代表了晚清戏剧翻译的最高水平,正如郭延礼所说他们"不仅外语水平较高,而且对外国文学也有较深入地了解,这便使他们具有了选择译品、甄别底本的能力",从而为"五四"以后"外国戏剧的翻译奠定了良好的基础"③。

---

① 关于徐卓呆留学的具体资料尚未查到,据1924年世界书局出版之《卓呆小说集》所附赵苕狂《徐卓呆传》称"二十年前,君负笈日本,专治体育",以此推之,卓呆留学日本大约在1903年前后。

② 参见赵苕狂《徐卓呆传》,徐卓呆:《卓呆小说集》,世界书局1924年版。

③ 郭延礼:《中国近代翻译文学概论》,湖北教育出版社1998年版,第196页。

第五章　留学生与晚清诗文革新

晚清的"诗界革命"与"文界革命"均是由梁启超提出来的，其基本思想是对内容的革新，而非形式，他将此种创作理念归结为"以新意境入旧风格"。注重"意境"，则传统诗文创作所看重的格律声色便在无形中退居次要地位了。晚清留学生虽然在踏出国门之前，均受过较为严格的传统诗文教育，但因习学西学，于格律声色方面的造诣与积淀远不能与本土士子相提并论，加之对西学的服膺，欲借诗文以传播西学，因此对于梁启超的诗文革新观念甚为赞同，并成为这一创作理念的积极实践者。由于时代的限制，晚清留学生的诗文创作仍采用的是文言语体，虽然成就不及其时的文坛耆宿，但均具有明显的趋新倾向，为"五四"新式诗歌与散文的出现奠定了基础。

第一节　留学生对晚清"诗界革命"理论的发展

光绪二十五年（1899）十一月二十五日，梁启超在去美洲的途中因闲暇无事，写下了这样一段日记：

> 余虽不能诗，然尝好论诗。以为诗之境界，被千余年来鹦鹉名士占尽矣，虽有佳章佳句，一读之，似在某集中曾相见者，是最可恨也。故今日不作诗则已，若作诗，必为诗界之哥仑布、玛赛郎然后可。犹欧洲之地力已尽，生产过度，不能不求新地于阿米利加及太平洋沿岸也。欲为诗界之哥仑布、玛赛郎，不可不备三长：第一要新意境，第二要新语句，而又须以古人之风格入之，然后成其为诗。不然，如移木星、金星之动物以实美洲，瑰伟则瑰伟矣，其如不类何。若三者具备，则可以为二十世纪支那之诗王矣……欧洲之意境、语

句,甚繁富而瑰异,得之可以陵轹千古,涵盖一切,今尚未有其人也……以上所举诸家,皆片鳞只甲,未能确然成一家言,且其所谓欧洲意境、语句,多物质上琐碎粗疏者,于精神思想上未有之也。虽然,即以学界论之,欧洲之真精神、真思想,尚且未输入中国,况于诗界乎?此固不足怪也。吾虽不能诗,惟将竭力输入欧洲之精神思想,以供来者之诗料可乎?要之,支那非有诗界革命,则诗运殆将绝。虽然,诗运无绝之时也,今日者革命之机渐熟,而哥仑布、玛赛郎之出世必不远矣。①

对于中国古代的士人来讲,体现其身份的主要标志是能写文言的诗文。这不光因为其一生奋斗的目标——金榜题名,需要诗赋为之支撑,或径直作为敲门砖,而且士人之间交际与娱乐的形式也主要表现为吟诗作赋,这样就造就了举世无双的庞大诗人群体。中国诗歌发展至晚清,面对前人的丰富积累,再想翻新出奇,已是难上加难,诚如梁启超所说"诗之境界"已"被千余年来鹦鹉名士占尽矣","虽有佳章佳句,一读之,似在某集中曾相见者,是最可恨也",剽窃模拟已是在所难免。在此种情势下,开拓新的诗歌意境的确是刻不容缓,诚如梁启超所说"犹欧洲之地力已尽,生产过度,不能不求新地于阿米利加及太平洋沿岸也"。晚清西学输入,无疑给业已"生产过度"的中国诗坛带来了新的生机。

事实上,在梁启超提出"诗界革命"之前,黄遵宪、谭嗣同、夏曾佑等人已经在自己的诗歌创作实践中作了此方面的尝试。这让聪慧的梁启超敏锐地感觉到"诗界革命"发生的不可避免,不过他也清醒地认识到黄遵宪等人对"欧洲意境"的容纳是浅层次的,于精神思想上尚未有之。因此,梁启超后来对其"诗界革命"又作了进一步的阐说:"过渡时代,必有革命。然革命者,当革其精神,非革其形式。吾党近好言诗界革命,虽然,若以堆积满纸新名词为革命,是又满洲政府变法维新之类也。能以旧风格含新意境,斯可以举革命之实矣。苟能尔尔,则虽间杂一二新名词,亦不为病。"②

---

① 梁启超:《夏威夷游记》,《饮冰室合集》专集之二十二,中华书局 2011 年版,第 189、190 页。

② 梁启超:《饮冰室诗话》,舒芜校点,人民文学出版社 1982 年版,第 51 页。

由上面论述可知，无论是尝试新诗创作的黄遵宪、谭嗣同、夏曾佑等人，还是提出"诗界革命"的梁启超，他们都是晚清倾向学习西方的维新人士。这种现象昭示着"诗界革命"理论的接受群体自然也以趋新人士为主，因此留学生理所当然地成为这一理论的主要拥护者与实践者。

梁启超的"诗界革命"理论虽强调"革其精神，非革其形式"，要求创作"以旧风格含新意境"，但已孕育着"意境"为主、"旧风格"为辅的诗学倾向。晚清留学生将此种倾向大肆发挥，从而为新诗的发展奠定了理论基础。第一个发展梁启超"意境"理论的是留日学生王国维，他明确标举文学创作以"意境"为主，"文学之工不工，亦视其意境之有无与其深浅而已"。"意境"属于美学中的第一形式，而"神"、"韵"、"气"、"味"等格律声色方面的东西则属于第二形式①。高旭亦认为："诗文词三者，愈淡愈有味。以辞华胜者易，以意境胜者难"，又说"词必己出，而意尤必己出。若单新其词，不新其意，其意境终陈旧也，非剽贼而何？"②汪兆铭③在为陈去病《浩歌堂诗钞》所作的《序》中对于这一理论阐释最为清楚，他说：

  愚平日论诗，以意境为先。难者谓只具意境，则诗之不同于文者几何？应之曰："孔子曰：绘事后素。"言绘事后于素而已，非谓既有素在，则绘事可废也。意境者，诗之素也；格律声色者，诗之绘事也。意境善矣，而格律声色有所未至，所谓刻鹄不成尚类鹜也。意境不善，而徒斤斤于格律声色。则所谓皮之不存，毛将安附者也。物有所本末，事有终始，知所先后，则近道者矣。于诗何独不然。持此说以衡古今人之诗，格律声色可寻摘者，往往而有。而究其意境，则又往往使人废然意沮。富贵功名之念，放僻邪侈之为，阿谀逢迎之习，士君子平日所不以存之于心，不屑宣之于口者，而于诗则言之无忤。其于无邪之旨，失之远矣。晚近学者，欲矫其弊，乃创为新诗。夫所

---

①　参见王国维《古雅之在美学上之位置》，谢维扬、房鑫亮主编：《王国维全集》第14卷，浙江教育出版社、广东教育出版社2010年版，第106—111页。
②　郭长海、金菊贞编：《高旭集》，社会科学文献出版社2003年版，第594、629页。
③　汪兆铭即汪精卫，1904年两广总督岑春煊在广州招考前往日本政法大学速成科的公费留学生，汪兆铭入选，入政法大学速成科。参见雷鸣《汪精卫先生传》，《民国丛书》第1编第88册，上海书店出版社1992年影印本，第14页。

谓新者，新其意境乎？抑新其格律声色乎？果新其意境，则格律声色虽无变，其旧何害。若徒新其格律声色而已，则所谓逐末者也。故诗无所谓新旧。惟其善而已。而所善者先意境，而后其他。意境既善，则进而玩味其格律声色。善者欣赏之，不善者纠绳之。意境不善则直摈之可也。南社诸子，以文章气节相尚，故其所为诗，格律声色虽无大异于人，而意境则有其独到。二十余年来，流风所被，庶几所谓顽夫廉，懦夫有立志者，不可谓无裨于艺林矣。①

"诗界革命"虽由梁启超率先提出，但其发展与完善却是由晚清留学生来完成的。留学生抬高意境、贬抑格律声色的理论建构，为以我口写我心的新体诗创作奠定了理论基础。

第二节 以新名词入诗及重"意境"轻格律的诗歌创作倾向

留学生在实践"诗界革命"方面，给人最大的印象便是以新名词入诗。所谓新名词主要指经日本转贩而来的新学语，王国维在《论新学语之输入》一文中曾说："言语者，思想之代表也。故新思想之输入，即新言语输入之意味也。十年以前，西洋学术之输入，限于形而下学之方面，故虽有新字新语，于文学上尚未有显著之影响也。数年以来，形上之学，渐入于中国。而又有一日本焉为之中间之驿骑，于是日本所造译西语之汉文，以混混之势而侵入我国之文学界。"② 晚清倡导"诗界革命"的以留日学生居多，其新诗创作充满新名词自是事至必然。

被梁启超称为"诗界三杰"③ 之一的蒋智由，其早期诗歌即充满新的思想与语句。其著名者如《卢骚》："世人皆欲杀，法国一卢骚。民约是新义，君威一扫骄。力填平等路，血灌自由苗。文字收工日，全球革命潮。"④ 此诗一向被认为是"诗界革命"的代表性作品，全诗仅八句，但

---

① 殷安如、刘颖白编：《陈去病诗文集》上编，社会科学文献出版社2009年版，第3页。
② 王国维：《论新学语之输入》，谢维扬、房鑫亮主编：《王国维全集》第1卷，浙江教育出版社、广东教育出版社2010年版，第126页。
③ 梁启超：《饮冰室诗话》，舒芜校点，人民文学出版社1982年版，第21页。
④ 蒋智由：《卢骚》，《新民丛报》第3号，1902年2月1日。

熔铸了"民约"、"平等"、"自由"、"革命"等新名词,最后两句一度为邹容《革命军自序》所引用,一时广为传诵。

除蒋智由外,高旭也是晚清以新名词入诗的重要新派诗人。高旭(1877—1925),字天梅,号剑公、汉剑、钝剑、自由斋主人、惠云、惠子、哀蝉等。江苏金山(今属上海)人。早年即受革命思想影响,为诗向往梁启超的"诗界革命"。光绪三十年(1904)十月东渡日本留学,十一月入东京法政大学速成科学习。次年七月,参与创办《醒狮》杂志,并加入同盟会,十二月因反对日本政府"取缔规则"而罢学归国。回国后任同盟会江苏分会长,三十二年(1906)创办上海健行公学和钦明女学,编辑《觉民》《醒狮》杂志,鼓吹革命。宣统元年(1909)与陈去病、柳亚子创办南社,参与南社重要活动与《南社丛刻》的诗歌编选。辛亥革命后,思想趋于复杂与消沉①。宣统元年(1909)《民呼报》创立,高旭曾有诗祝云:

雄鸡一声天下白,东南飞起云五色。安用神州叹陆沉,回斡南董数枝笔。政治异帜真恢奇,意大利产马志尼。共和制度有热力,鼓舞文明完天职。法国辨者弥拉巴,抵抗政府功蔑如。压制政治论出现,万民欢呼看国花。独我中华春色老,西风北风吹悄悄。海上报界多死声,种亡族灭此先兆。天民帝民民以大,子民蚁民民以小。君大于民国权沦,民卑于官国础沉。若欲民生民权两发达,先将民德民智扶植勤。即今神州民气如死灰,看君独上昆仑山。大呼民魂归去来,一呼再呼民魂哀。千五百年民心死。印埃覆辙谁之耻?我所思兮民史氏!②

诗中充斥着"共和制度"、"热力"、"鼓舞"、"文明"、"抵抗"、"压制"、"民权"等新名词,亦是以新名词入诗的典型范例。

除了在诗歌中融入新名词、新思想外,留学生诗歌创作还有一个重要的倾向,那就是重"意境"与轻格律。如果说前者是内容革新的话,那

---

① 详参郭长海《高旭年谱》,郭长海、金菊贞编:《高旭集》,社会科学文献出版社 2003 年版。
② 同上书,第 558 页。

么这就属于形式革新了。留日学生宁调元在给傅钝根的信中说:"弟作诗每为格律所缚,心苦之。昨倾来论,因阅少陵诗及诸人所作,如天马行空,操纵自如,为欣慰者久之,诚所谓得我心之所同然也。"① 对于长期致力于西学而中学底子薄弱的留学生来讲,作诗恐怕都有"每为格律所缚"的苦恼。所以,留学生在从事新诗创作时,虽然因仍旧风格,但已不那么严格遵守传统诗歌创作的格律声色要求了。如蒋智由的《挽古今之敢死者》:

俗人重富贵,君子不偷生。一笑看屠刀,屠刀芒且平。转瞬途路间,血肉醢泥尘。终胜困床褥,酸吟多苦辛。
磨刀复磨刀,持以杀豕羊。磨刀复磨刀,英雄多此亡。羊豕与英雄,岂不两分将。羊豕供啖食,人间足蒸尝。英雄为牺牲,众生福穰穰。②

虽是句式整饬的古体,但已经通俗化了,并不追求格调的高古。更有甚者,有些留学生的诗歌创作不仅完全打破传统诗歌的句式规范,而且连语言也口语化了,如高旭的《路亡国亡歌》:

日凄凄,黄云飞。路亡国亡将安归!噫!余岂有长翮大翼飞往天外栖!秋风又到,忧心悄悄。人生当斯世,朝忧暮不保。宁学鲁仲连,同去东海蹈。天高气苍,短灯无光;来日大难,慨当以慷。枯蝉坠地,咽声凄凉;芦苇以白,梧楸以黄;鸿雁哀鸣,高飞翺翔。此时此景断我肠。哀哉!路事棘矣,使我胸中万斛块垒浇不碎,室中百匝千彷徨。吁嗟乎!六州铸错真非计,彼何人斯,丧心病狂发此议。所持政见太工巧,要之百害无一利。诸公知否,欧风美雨横渡太平洋,帝国侵略主义其势日扩张。二十世纪大恐怖,疾雷掩耳不及防。倘使我民一心一身一脑一胆团结与之竞,彼虽狡焉思启难逞强权强。抑何肺肝自压抑之、自聋瞽之取夭札,开门揖盗礼意将。偌大利权自放弃,不啻赠作陆军屯驻场。彼食肉者真愦愦,那不令人心痛伤。即教

---

① 杨天石、曾景忠编:《宁调元集》,湖南人民出版社2008年版,第193页。
② 蒋智由《挽古今之敢死者》,《新民丛报》第30号,1903年4月26日。

兵未来时路事已掣肘,请看碧眼狡儿上下手。可笑冥顽政府所分余润有几何?奈长此酣歌欢饮漏舟漏。一旦有事长风铁舰来运兵,定借保护此路以为名。路之所至兵即至,斯时国非其国虽欲悔而抗拒,已步印度波兰之后尘。我察环球列国尽属盗跖化身夜叉相,我愈怕他、让他,他愈不怕、愈不让。法律所定土地自主权,即今那国肯许外人享?独我神州此权丧失倒太阿,一波未平又一波。路成作抵路安用?痛我苏浙有路终归无。路已无矣国岂有?不知诸公何德于彼何仇于我。而乃必欲断送尽净浙与苏。最可念者汤绪邬钢两烈士,其身虽死心不死。所望欲生不生将死未死人,相期努力成此志。我歌至此声凄恻,起看东南半壁云如墨,疑是杀气横空郁奇气,千年睡狮或者一朝醒,狂呼大啸起搏击。危哉诸公何不思,梁王鱼烂今其时。若不转圜大祸至,磨刀砺剑争来问罪危乎危。噫!余路亡国亡将安归?岂有长翩大翼飞往天外栖!日凄凄,黄云飞!①

全诗几乎可以看作是一篇押韵的散文,更重要的是,此诗不仅句式散化,而且不避口语,如"我愈怕他、让他,他愈不怕、愈不让"。同时诗中还插入了不少新造的俗语,如帝国侵略主义、扩张、团结、压抑等,使得诗歌已十分接近此后的自由体诗。

通过以上论述可知,留学生的新诗创作,正如梁启超批评时人一样,"多物质上琐碎粗疏者,于精神思想上未有之"。同时由于写作过分随意,也使其创作缺乏应有的诗味,从而为旧学家所鄙夷。甚至很多早年从事新诗创作的留学生,因晚年思想趋于保守,亦多悔其少作,如高旭就说:"世界日新,文界、诗界当造出一新天地,此一定公例也……新意境、新理想、新情感的诗词,终不若守国粹的、用陈旧语句为愈有味也。"② 不过,这是文学革新初创期所必然要经历的阶段,其意义仍不可忽视,如时人言:"自日本移译之新名词流入中土,年少自喜者,辄以之相夸,开口便是,下笔即来,实文章之革命军也。"③ 此语虽是贬义,但愈强调新名词对传统诗歌创作破坏力之大,则愈反映出留学生此方面尝试对新诗诞生

---

① 郭长海、金菊贞编:《高旭集》,社会科学文献出版社2003年版,第77、78页。
② 同上书,第544页。
③ 徐珂编撰:《清稗类钞》第4册,中华书局2012年版,第1724页。

所起到的积极作用。留学生以新语入诗及重"意境"轻格律的诗歌创作倾向,打破了格律声色对诗歌创作的束缚,为自由体诗的出现铺平了道路。

第三节 以古文传载西义的严复

如果说中日甲午战争以前,清廷朝野上下还幻想借泰西"军兵器械之末"以济中学器用之穷的话,那么此后则已逐渐认识到这些不过是"西艺之皮毛","而非西学之本源"①。虽然此时士人仍守定"中学为体"的本训,但已不得不承认中学只有"转于西学",才能"得识古之用"②。严复自称其当初翻译西学,一个重要的目的就是"假自它之耀以祛蔽揭翳"③,也就是借新学发旧学之潜德幽光,这无异于承认西学在"道"的层面上,具备了与中学大致相当的意义。

西学既然由"器"上升到"道",按照中国传统的"文以载道"观念,若再以此前"夐陋不文"之词,译而传之,自然就"不足传载其义"④。严复在《天演论·译例言》中说:"《易》曰:修辞立诚。子曰:辞达而已。又曰:言之无文,行之不远。三者乃文章正轨,亦即为译事楷模。故信、达而外,求其尔雅。此不仅期以行远已耳,实则精理微言,用汉以前字法、句法,则为达易;用近世利俗文字,则求达难。"⑤虽强调求"雅"旨在求"达",而事实上"雅"有时是影响"达"的,严复曾为此特意致书桐城派古文大师吴汝纶,请教如何处理这两者的关系,吴答书称:"来示谓:行文欲求尔雅,有不可阑入之字,改窜则失真,因仍则伤洁,此诚难事。鄙意:与其伤洁,毋宁失真。凡琐屑不足道之事不记何伤!若名之为文,而俚俗鄙浅,荐绅所不道,此则昔之知言者无不悬为戒律,曾氏所谓'辞气远鄙'也……文无剪裁,专以求尽为务,此非行远

---

① 朱寿朋编:《光绪朝东华录》,中华书局1984年版,第4601页。
② 严复:《译〈天演论〉自序》,[英]赫胥黎:《天演论》前附,严复译,商务印书馆1981年版。
③ 吴汝纶在《答严几道》中说:"来示谓新旧二学,当并存具列,且将假自它之耀以祛蔽揭翳,最为卓识。"吴汝纶:《吴汝纶全集》第3册,黄山书社2002年版,第234页。
④ 吴汝纶:《吴汝纶序》,[英]赫胥黎:《天演论》前附,严复译,商务印书馆1981年版。
⑤ 严复:《天演论·译例言》,[英]赫胥黎:《天演论》前附,严复译,商务印书馆1981年版。

所宜。"① 为求尔雅，"毋宁失真"，可见这个"雅"并非今人所理解的润色译词之意，而是古人根深蒂固的文道相称观念在作祟。所以严复宁"贻艰深文陋之讥"，亦不肯改其求雅之道，梁启超曾劝其译书"改以通俗"，他答书则称："窃以谓文辞者，载理想之羽翼，而以达情感之音声也。是故理之精者不能载以粗犷之词，而情之正者不可达以鄙倍之气……不佞之所从事者，学理邃赜之书也，非以饷学僮而望其受益也，吾译正以待多读中国古书之人。使其目未睹中国之古书，而欲稗贩吾译者，此其过在读者，而译者不任受责也。夫著译之业，何一非以播文明思想于国民？第其为之也，功候有深浅，境地有等差，不可混而一之也。慕藏山不朽之名誉，所不必也。苟然为之，言庞意纤，使其文之行于时，若蜉蝣旦暮之已化。此报馆之文章，亦大雅之所讳也。"② 可见，严复是以典型的"文以载道"观来翻译西学，虽然此时"道"已发生了由中学向西学的移位。

在译文的处理方面，严复首先将原文的句式完全转化为古文习见的短句，现摘《天演论》开头一段如下，并附上原文，以见其特点：

> The native grasses and weeds, the scattered patches of gorse, contended with one another for the possession of the scanty surface soil; they fought against the droughts of summer, the frosts of winter, and the furious gales which swept, with unbroken force, now from the Atlantic, and now from the North Sea, at all times of the year; 怒生之草，交加之藤，势如争长相雄，各据一抔壤土，夏与畏日争，冬与严霜争，四时之内，飘风怒吹，或西发西洋，或东起北海，旁午交扇，无时而息。they filled up, as they best might, the gaps made in their ranks by all sorts of underground and overground animal ravagers. 上有鸟兽之践啄，下有蚁蟊之啮伤，憔悴孤虚，旋生旋灭，菀枯顷刻，莫可究详。One year with another, an average population, the floating balance of the unceasing struggle for existence among the indigenous plants, maintained itself. It is as little to be doubted, that an essentially similar state of nature prevailed, in this region, for many thousand years before the coming of Caesar; and

---

① 吴汝纶：《答严几道》，《吴汝纶全集》第 3 册，黄山书社 2002 年版，第 235、236 页。
② 王栻主编：《严复集》第 3 册，中华书局 1986 年版，第 516、517 页。

there is no assignable reason for denying that it might continue to exist through an equally prolonged futurity, except for the intervention of man. 是离离者亦各尽天能,以自存种族而已。数亩之内,战事炽然,强者后亡,弱者先绝,年年岁岁,偏有留遗,未知始自何年,更不知止于何代。苟人事不施于其间,则莽莽榛榛,长此互相吞并,混逐蔓延而已,而诘之者谁耶!

正如王佐良评价说:"两相对照,就可以发现严复是把整段原文拆开而照汉语习见的方式重新组句的:原文里的复句长句在译文里变成了若干平列短句,主从关系不见了,读起来反而更加流畅。"[①] 除了句式汉化外,严复使用的译语也非常典雅,没有其时流行的新词语。即使在翻译西方的哲学概念时,严复也尽量使用中国本土固有的概念对译,如《穆勒名学》中的一例:

当知感为意境,而与感我之外物大异。如见白物,以具白德,吾感其白……

原文作:

In like manner, a Sensation is to be carefully distinguished from the object which causes the sensation, our sensation of white from a white object.

"Sensation"并未被翻译成"感觉"或"知觉",而是"意境",这是典型的"格义"之法。

王国维曾针对晚清的西学翻译说:"周、秦之言语,至翻译佛典之时代而苦其不足;近世之言语,至翻译西籍时而又苦其不足,是非独两国民之言语间有广狭精粗之异焉而已,国民之性质各有所特长,其思想所造之处各异故。"因此,严复欲"用汉以前字法、句法"来翻译西学,自然就

[①] 王佐良:《严复的用心》,商务印书馆编辑部编:《论严复与严复名著》,商务印书馆1982年版,第23页。

会出现"一名之立，旬月踟蹰"（《天演论·译例言》）这样艰于选词的情况。但如此执着，正如胡适所说"有了这种精神，无论用古文白话，都可以成功"①，所以严复的西学翻译准确度虽不无訾议之处，其译文却甚合古文规范，以至晚清古文大师吴汝纶誉其"骎骎与晚周诸子相上下"②。林纾更是从严复的古文翻译中看到了合中、西文一炉而冶的新希望，他在《〈洪罕女郎传〉跋语》中充满自信地说："予颇自恨不知西文，恃朋友口述，而于西人文章妙处，尤不能曲绘其状。故于讲舍中敦喻诸生，极力策勉其恣肆于西学，以彼新理，助我行文，则异日学界中定更有光明之一日。或谓西学一昌，则古文之光焰熸矣。余殊不谓然。学堂中果能将洋、汉两门，分道扬镳而指授，旧者既精，新者复熟，合中、西二文熔为一片，彼严几道先生不如是耶？"③

毫无疑问，在古文已趋于"言之无物"的"糜敝之时"，严复的翻译文章无异于给其时的文坛吹进了一股清新之风，从而延长了古文的寿命。

第四节　留学生与晚清"新文体"的兴起

严复的翻译文章虽然为少数读古书的士大夫所欣赏，但后起的读书人，尤其是留日的新近少年颇致不满，王国维就说"侯官严氏，今日以创造学语名者也。严氏造语之工者固多，而其不当者亦复不少……又西洋之新名，往往喜以不适当之古语表之……夫以严氏博雅而犹若是，况在他人也哉……然如侯官严氏所译之《名学》，古则古矣，其如意义之不能了然何？以吾辈稍知外国语者观之，毋宁手穆勒原书之为快也"，因此他认为应该使用日本新造之学语，所谓"处今日而讲学，已有不能不增新语之势，而人既造之，我沿用之，其势无便于此者矣"④。

更有甚者，有些激进的留学生基于自身的翻译经验，根本不认为中国现有文字有传达西方文明事理的可能，甚至"不适于用，迟早必废"，此

---

① 胡适：《五十年来中国之文学》，姜义华主编：《胡适学术文集·新文学运动》，中华书局1993年版，第107页。
② 吴汝纶《吴汝纶序》，[英]赫胥黎：《天演论》前附，严复译，商务印书馆1981年版。
③ 林薇选注：《林纾选集·文诗词卷》，四川人民出版社1988年版，第223页。
④ 王国维：《论新学语之输入》，谢维扬、房鑫亮主编：《王国维全集》第1卷，浙江教育出版社、广东教育出版社2010年版，第126—130页。

为"稍有翻译阅历者,无不能言之"。署名"前行"的留学生就明确主张废除汉字,完全借用西方文字,他提出了三种方案:(一)采用一种欧文;(二)用罗马字母反切中国语音;(三)用万国新语①。吴稚晖赞同使用万国新语,并认为:"今日西洋尤较文明之事理,即西洋人自取其本国之文字为代表,尚再三斟酌而后定,通行甚久而后信。若欲强以中国文字相译,无人不以为绝难。故欲以中国文字,治世界较文明之事理,可以用绝对之断语否定之。居较文明之世界,不随世界之人,共通较文明之事理,而其种可以常存在者,亦可用绝对之断语否定之也。"② 废除汉字使用泰西文字,在今天看来似乎是不切实际的幻想,但在晚清民国确是有很大影响的一股社会思潮。"五四"时期有不少留学生都曾对此种主张向往过,尤其是钱玄同,连同时亦对万国新语产生过兴趣的周作人都觉得过于激烈与极端③。当然,废除汉文改用泰西语文,毕竟是过于极端的观点,事实上是不可能做到的,如周作人事后回忆这段历史时说:"吴稚晖先生在巴黎发刊《新世纪》,在那上边提倡废去汉字改用万国新语……章太炎先生在东京办《民报》便竭力反对他,做了一篇很长的驳文……当时我们对于章先生的言论完全信服,觉得改变国语非但是不可能,实在是不应该的。过了十年,思想却又变更,以世界语为国语的问题重又兴盛,钱玄同先生在《新青年》上发表意见之后,一时引起许多争论,大家约还都记得。但是到了近年再思考,终以自己的国语为最适宜的工具。"④ 这虽然是周氏的个人观点,但即使态度最为坚决的钱玄同后来也不能不"因为想到各方面困难之点甚多",而"改变初衷,主张仍用汉文"⑤。

在晚清,提倡废除汉文直接使用西语显然不合时宜,但翻译用新名词则在晚近的留学生中还是很快流行开来。由于新名词"多用双字",而

---

① 前行:《编造中国新语凡例》,沈云龙主编:《近代中国史料丛刊》3编第32辑《新世纪》第40期,台湾文海出版社1987影印本,第159页。
② 吴稚晖:《新语问题之杂答》,见《吴稚晖学术论著》,上海书店据1925年版影印,第312页。
③ 周作人:《钱玄同的复古与反复古》,钟叔河编订:《周作人散文全集》第14卷,广西师范大学出版社2009年版,第146—150页。
④ 周作人:《国语改造的意见》,钟叔河编订:《周作人散文全集》第2卷,广西师范大学出版社2009年版,第752、753页。
⑤ 钱玄同:《关于Esperanto讨论的两个附言》,钱玄同《钱玄同文集·文学革命》第1卷,中国人民大学出版社1999年版,第212页。

"中国人则习用单字"①，不合古文矩范，如叶瀚说："泰西文法，如古词训，语有定法，法各不同，皆是创造，不如我国古文骈文之虚抚砌用，故照常行文法，必至扞格不通"②。毫无疑问，插入新名词不光破坏了古文的雅洁，而且也破了古文应有的文章体式，这就形成了不同于以往古文形式的新型文体样式，并逐渐蔓延到创作领域。此种新文体以梁启超的影响为最大，而留学生则成为其创作的中坚力量。曾经风行一时的《革命军》就是这种新文体的典型代表，如其开头一段：

> 扫除数千年种种之专制政体，脱去数千年种种之奴隶性质，诛绝五百万有奇披毛戴角之满洲种，洗尽二百六十年残惨虐酷之大耻辱，使中国大陆成干净土，黄帝子孙皆华盛顿，则有起死回生，还魂返魄，出十八层地狱，升三十三天堂，郁郁勃勃，莽莽苍苍，至尊极高，独一无二，伟大绝伦之一目的，曰"革命"。巍巍哉，革命也！皇皇哉，革命也！③

新名词不仅层出不穷，而且句式很长，汪洋恣肆，明白晓畅，一扫古文抑扬蕴藉之旧风，具有极强烈的震撼力量。章太炎为该书所作之序称"今者风俗臭味少变更矣，然其痛心疾首，恳恳必以逐满为职志者，虑不数人。数人者，文墨议论，又往往务为蕴藉，不欲以跳踉搏跃言之，虽余亦不免是也"，又说"世皆嚣昧而不知话言，主文讽切，勿为动容，不震以雷霆之声，其能化者几何……今容为是书，一以叫咷恣言，发其惭恚，虽嚣昧者若罗、彭诸子，诵之犹当流汗祇悔，以是为义师先声，庶几民无异志，而材士知返乎！若夫屠沽负贩之徒，利其径直易知而能恢发智识，则其所化远矣。藉非不文，何以致是也！"④

在宣传革命思想方面，与邹容齐名的陈天华，亦是此种新文体创作的重要人物。陈天华（1875—1905），原名显宿，字星台、过庭，别号思黄，湖南新化县人。出生于贫寒的书塾家庭，幼年随父读书，嗣因家贫

---

① 王国维：《论新学语之输入》，谢维扬、房鑫亮主编：《王国维全集》第1卷，浙江教育出版社、广东教育出版社2010年版，第130页。
② 转引自马祖毅《中国翻译史》上卷，湖北教育出版社1999年版，第572页。
③ 张梅编注：《邹容集》，人民文学出版社2011年版，第7页。
④ 同上书，第4页。

"废学营小卖,自给以求学"①,喜读历史、小说与戏文等书。光绪二十一年(1895)入资江学院求学,光绪二十四年(1898)考入新华实学堂肄业,在此期间博览中西历史典籍。光绪二十六年(1900)入岳麓书院就读,光绪二十八年(1902)又考入省城师范馆。次年三月考取官费留学日本,入东京弘文学院师范科。未几,拒俄运动爆发,陈天华积极参与,并撰文予以宣传,著名的《警世钟》《猛回头》即撰写于该年。年底返国,襄助黄兴成立华兴会及其相关活动。光绪三十年(1904)三月为避文字之祸,再次东渡日本,入法政大学,是年夏又冒险归国,策划起义,因事泄于年底第三次东渡日本,复入法政大学。光绪三十一年(1905)十二月八日因日本"取缔规则",为警醒国人,投海而死。陈天华早年即颇富文名,留学期间积极从事革命宣传,所为文章感情激越,明白畅达,如《敬告湖南人》中文:

> 诸君勿以此日之灭亡为前日灭亡之比也。前此之灭中国者,其文明不如我,其蕃殖力不如我,故为我所化,而于种族界之膨胀无损焉。今则非其伦也,民族帝国主义渐渐推广,初以我为奴隶,继将以我为牛马,终则等诸草芥,观于澳、美之土人及中国之苗、瑶,可以省也。人日加增而土不加辟,欧洲于百年之中人民陡增一倍之外,本国既不能容,殖民地又无间隙,其旧不去,其新何居?然此亦未必草剃兽狝也,于我之生计界上渐竭其源,久而久之,民之能婚娶者愈少,不期绝而自绝也。②

除此之外,陈天华还尝试用白话来写宣传文章,其名著《警世钟》、《猛回头》皆是这方面的代表作品,可谓开风气之先。

总之,留学生是晚清新文体兴起的重要推动力量,对中国文学的现代转型作出了不可磨灭的贡献。民国时人诸宗元曾在《译书经眼录序》中说:"有清道、咸之间,言政俗之书间有译本,同、光以后则江南制造局、格致书院所编译者盛行于世。若日本文译本,则以光绪甲午我国与日本构衅,明年和议成,留学者咸趋其国,且其文字移译较他国文字为便,

---

① 杨源濬:《陈君天华行状》,新华自治会1907年刊。
② 刘晴波、彭国兴编:《陈天华集》,饶怀民补订,湖南人民出版社2008年版,第3、4页。

于是日本文之译本遂充斥于市肆、推行于学校,几使一时之学术寖成风尚,而我国文体亦遂稍稍变矣。"① 可以说,十分准确地总结出了晚清留学生在中国文体转变中的关键性作用。

第五节　晚清女留学生的新体诗文创作

值得注意的是,晚清跨出国门留学的还有一批女性,据研究者统计其人数起码有数百名之多②。这些女留学生中,也有一些从事文学活动,其表现主要在诗文方面,对晚清的诗文革新也起到了一定作用。但是,对于这样一个重要的新兴文学群体,目前学界尚未予以足够重视③。

一　晚清女留学生的新体诗创作

晚清女留学生诗歌创作的主要成就也体现在内容革新方面,她们将新的女性意识及鲜明的时代情怀灌注其中,表现出与传统女性文学迥然异趣的风格特点。晚清女留学生诗歌创作最为知名的人物是秋瑾,她于光绪三年(1877)十月十一日出生于祖父任所福建南部某地,原名闺瑾,乳名玉姑,字璿卿,号旦吾,别署鉴湖女侠;留学日本后易名瑾,字竞雄,又署汉侠女儿和秋千。浙江山阴人。"幼与兄妹同读家塾,天资聪颖,过目成诵",自幼好翰墨,"一时有女才子之目"。光绪二十二年(1896)在湘潭与王子芳结婚。早年忧国感时,喜读新学书报。光绪三十年(1904)五月二十日(7月3日)抵日本东京,即入神田区骏河台中国留学生会馆日语讲习所补习日语④。是年秋加入"三合会",并与留日同志组织"演说练习会",创办《白话》杂志。次年二、三月间归国省亲,六月在上海加入光复会,当月又乘船东渡日本。七月五日(8月5日)入青山实践女校附设师范班,除刻苦学习、研读革命书籍外,还练习体操、剑击与射击技术,同月加入同盟会。年底因日本政府"取缔规则"事,于十二月初

---

① 熊月之主编:《晚清新学书目提要》,上海书店出版社2007年版,第219页。
② 参见谢长法《清末的留日学生》,《近代史研究》1995年第2期。
③ 目前尚未见有专题讨论此一文学群体的论文出现,郭延礼《20世纪初中国女性文学四大作家群体考论》(《文史哲》2009年第4期)就没有这一文学群体的论述,于此可见一斑。
④ 参见郭延礼《秋瑾年谱简编》,郭延礼编:《秋瑾研究资料》,山东教育出版社1987年版,第27页。参见谢长法《中国留学教育史》(第57页)定秋瑾到日时间为1904年6月,入实践女子学校。

愤而归国。回国后除积极从事教育外，还在上海创办了《中国女报》，并参与革命秘密活动。光绪三十三年（1907）六月六日（7月15日），徐锡麟安庆起义失败，秋瑾亦在绍兴被捕就义。秋瑾早期的诗多闺阁感时伤怀之作，自庚子入京受新学思想影响，尤其是留学日本以后，作品多抒发革命豪情，才气横溢，气势磅礴，一时之人皆无其匹。如留日期间所作之《红毛刀歌》：

> 一泓秋水净纤毫，远看不知光如刀。直骇玉龙蟠匣内，待乘雷雨腾云霄。传闻利器来红毛，大食日本羞同曹。濡血便令骨节解，断头不俟锋刃交。抽刀出鞘天为摇，日月星辰芒骤韬。斫地一声海水立，露锋三寸阴风号。陆剸犀象水截蛟，魍魉惊避魑魅逃。遭斯刃者凡几辈？髑髅成群血涌涛。刀头百万冤魂泣，腕底乾坤杀劫操。揭来挂壁暂不用，夜夜鸣啸声疑鸮。英灵渴欲饮战血，也如块磊需酒浇。红毛红毛尔休骄，尔器诚利吾宁抛。自强在人不在器，区区一刀焉足豪？①

秋瑾写过不少咏刀、剑的作品，以抒发其"澄清神州"（《宝刀歌》）的豪情壮志，而此诗却言"自强在人不在器，区区一刀焉足豪"，表现出对侵略者"红毛"的蔑视，以及对革命的自信与不畏艰险的自强精神。又如《黄海舟中日人索句并见日俄战争地图》："万里乘风去复来，只身东海挟春雷。忍看图画移颜色，肯使江山付劫灰！浊酒不销忧国泪，救时应仗出群才。拼将十万头颅血，须把乾坤力挽回。"② 激情豪迈，即使是男儿之诗，亦当逊色。除此之外，秋瑾还写了一些几近白话的自由体歌词，如《我羡欧美人民啊》：

> 得自由，享升平逍遥快乐过年年。国命都是千年永，人民声气权通连。商兵工艺日精巧，政治学术益完全。兵强财富土地广，年盛月异日新鲜。
> 这可不是轰轰烈烈的文明国么？可怜今日我中国的同胞啊？遭压

---

① 秋瑾：《秋瑾集》，上海古籍出版社1979年版，第79页。
② 同上。

力，受苦恼，国贫民病真堪忧。①

总结起来，秋瑾诗歌创作的特点及其文学贡献，可以龚喜平的话概括之："层出不穷的新名词的入诗，虽不及黄遵宪等人之横空出世，开启风潮，但却比他们运用得更自如，更贴切，更灵活。尤其是出现在一些律诗中的新名词，绝无……生涩之弊。至于风格情趣的豪健新异，亦非旧时代的女性作家所能比拟。总之，秋瑾作品中这些新的内容、题材、主题、形象、风格、情趣、语言、手法乃至形式，都是其文学创新观念的一种外化，从某种意义上说，已经成为五四新文学的一种先导"，又说"她的'歌体诗'是一种最接近于白话新诗的过渡形式"②。

秋瑾而外，唐群英也是晚清女留学生中成就突出的巾帼革命诗人。唐群英（1871—1937），原名恭懿，字希陶，湖南衡山人。早年受过良好的家庭教育，颖悟过人，尚节气义侠。光绪十七年（1891）遵母命与曾传纲完婚。光绪二十二年（1896）与秋瑾认识，一见如故，吟诗唱和，交往甚密。次年丈夫病故，后大归回娘家。此后颇接触新学书籍，光绪三十年（1904）十月到日本，次年春考入东京青山实践女校，同年底日本"取缔规则"事起，唐劝阻秋瑾归国未遂，为其送行。光绪三十二年（1906）九月，与王昌国等发起中国留日女学生会，当选为书记。光绪三十三年（1907）春自费考入东京成女高等学校速成师范科，九月因成绩优秀改为官费生，年底毕业。次年二月归国，从事革命秘密宣传工作。宣统二年（1910）六月，再次东渡日本，以考入东京音乐专科学校作掩护③，开展留日女学生运动。宣统三年（1911）九月归国，为民国女界著名人物。④

唐群英的诗歌风格与秋瑾一样有丈夫之气，充满新思想与革命豪情，如其留日期间在《洞庭波》上发表的绝句八章：

---

① 秋瑾：《秋瑾集》，上海古籍出版社1979年版，第116、117页。
② 龚喜平：《秋瑾文体革新理论与实践考论》，《西北师大学报》2002年第2期。
③ 据《清末各省官自费留日学生姓名表》（沈云龙主编：《近代中国史料丛刊续编》第50辑，台湾文海出版社1978年影印本，第360页）载，唐群英，湖南衡山人，32岁，光绪三十一年（1905）九月到日本，宣统元年（1909）七月入音乐学校。与年表所述有所出入。
④ 参见《唐群英年表》，衡阳市妇女联合会编：《唐群英史料集萃》，湖南省地质测绘印刷厂2006年版。

莽莽乾坤何处家,两年栖息走天涯。文明未播中原种,美雨欧风只自嗟。

三条烛尽钟初动,九转丹成鼎未开。世界汹汹人扰扰,不知谁是济时才。

霾云瘴雾苦经年,侠气豪情鼓大千。欲展平均新世界,安排先自把躯捐。

精卫难填东海恨,女娲犹补奈何天。年来怕听伤时事,热到胸头受煮煎。

中原逐鹿亡消息,巨海龙蛇苦大千。撮得罗兰真种子,灵苗催放九华巅。

胡酋何日始魂消,百计窥人等襁枭。煮豆燃萁情更惨,媚狐威假虎狼骄。

仇雠未复子孙忧,况复新仇益旧仇。四万万人沉梦觉,早将遗恨雪千秋。

熟煮黄粱梦未醒,九重恩重许朝廷。愿身化作丰城剑,斩尽奴根死也瞑。①

这些诗歌感情激越,语言流畅,一时在革命志士中广为传诵。尤其是"欲展平均新世界,安排先自把躯捐"、"愿身化作丰城剑,斩尽奴根死也瞑"等言志的诗句,极易激起青年学生献身革命的豪迈情怀,因此极得孙中山先生的称许。

张汉英也是晚清女留学生中值得提及的巾帼诗人。张汉英(1872—1916),字蕙芬,号惠风,湖南醴陵人。因为是独生女,早年即受到良好教育。汉英好问强记,闾里有"神童"之誉。曾肄业于长沙女子中学堂,与李学群结婚,夫妻共砚攻读,颇为相得。1904 年与夫同时官派留学日本,初入青山实践女校附设师范班②。次年夫妇双双加入同盟会。民国后,张汉英与同乡唐群英积极参与女权运动,曾参与创办《万

---

① 参见《唐群英年表》,衡阳市妇女联合会编:《唐群英史料集萃》,湖南省地质测绘印刷厂 2006 年版,第 13 页。

② 谢长法:《中国留学教育史》(山西教育出版社 2006 年版,第 62 页),统计资料定张汉英 1906 年冬入师范科。

国女子参政会旬报》（月刊）与《女权日报》，成为女权运动的领军人物①。

张汉英留存下来的诗歌不多，除一些写景抒怀之作外，其《哀江南八首》律诗表达了感慨国事、献身革命的女英雄情怀，如其中前三首：

> 万里光寒白刃林，鲸鲵满地气萧森。城头碧血如泉涌，江上红旗蔽日阴。衔石徒劳精卫力，补天不遂女娲心。而今刀尺催应急，怕听同人说藁砧。
>
> 巍巍城郭尽欹斜，触目悽人两鬓华。徒事干戈斗同室，岂知国柄似浮槎。天阴苦泣寒沙鬼，风急愁闻薄暮笳。试问头颅抛几许，可能换得自由花。
>
> 阴霾叠叠障清晖，忍使英雄赋式微。民气不随王气长，血花空遂雨花飞。我疆我土嗟何益，平等平权顾已违。遍野哀鸿竟谁恤，当途豺虎自丰肥。②

诗歌虽是七言律诗，但灌注了新的时代内容，并穿插进了新的词语，如"自由"、"平等"、"平权"等，不过这些新词没有影响诗歌的整体风格，显示出作者较高的文学修养与创作能力。

晚清从事诗歌创作的女留学生当然非止以上三人，但此三人的创作成就足以显示此一文学群体在中国诗歌现代转型过程中所起到的积极作用。

二 女留学生与晚清"新文体"

由于直接接触西方的新思想，晚清的女留学生大多具有强烈的女性解放意识，并试图通过演说、办报来唤起国内女性的觉醒。这些宣传性的文章不仅充满新思想，而且浅白流畅，是晚清文体革新不可或缺的重要组成部分。

撰写此类文章的女留学生大多有办报的经历，其著者如秋瑾、唐群

---

① 参见陆承裕《同盟会女志士张汉英传略》，《湖南文史》第43辑，1991年。
② 《张汉英诗词（15首）》，《醴陵文史》第8辑，第147页，1991年。

英、张汉英、吴木兰①、林宗素②、陈撷芬③、胡彬夏④、燕斌⑤等。在日本创刊，常被视为女留学生组织的重要刊物《天义》报，其负责人何震，有些论者亦将其视为留学生，但"就现在已判明的日本各校女留学生名单中未见有何震的记录"⑥，因此这里不将其视为留学生予以论述。这些女留学生所写文章多为报章体，以宣传新思想为主，文字浅白，如秋瑾《中国女报发刊辞》：

世间有最凄惨、最危险之二字，曰黑暗。黑暗则无是非，无闻

---

① 谢长法《中国留学教育史》（山西教育出版社2006年版，第65页）认为吴木兰留学时间在1906—1911年间。吴木兰为同盟会会员，在当时的进步报刊中发表有一些论说文章。

② 林宗素（1876—1944），林白水之妹，受林白水影响倾向新学革命，1903年春与兄一起留学日本（谢长法《中国留学教育史》定为1903年10月，山西教育出版社2006年版，第57页），后入东京女子高等师范学校，留学期间积极从事革命，言论激进。辛亥革命后，全力从事于妇女解放运动。参见林慰君《先姑母林宗素女士事略》，《文史资料选辑》第32辑，1987年。

③ 陈撷芬（1883—1923），陈范长女，笔名楚男子，湖南衡山人。早年肄业上海中西女塾，随父参与《苏报》事务。1902年在上海创办最早的妇女刊物《女报》，倡导女子自立、独立。《苏报》被查封，与父一同走避日本，1903年8月到日本入英佛和女学校（参见谢长法《中国留学教育史》，山西教育出版社2006年版，第56页）。在日与秋瑾等过从甚密，倾向革命，加入同盟会，常给《中国日报》撰稿。湖南省地方志编纂委员会编：《湖南省志·人物志》上册，湖南出版社1992年版，第795、796页。

④ 据《清末民初洋学生题名录初辑》（台湾中央研究院近代史研究所1962年版，第45页），胡彬夏为江苏无锡人，光绪二十八年（1902）五月到东京，自费，入帝国妇人协会学习（谢长法《中国留学教育史》称其入实践女学校，见该著第56页），时年15岁，则生年当为1888年。期间给《江苏》撰稿《祝共爱会之前途》《论中国之衰弱女子不得辞其罪》，积极参加留日学生爱国运动。1907年7月又被江宁学务处派遣赴美留学，1909年9月入学，专业以文学为主，哲学和政治为副，预计1913年6月毕业（《本省资遣留学各国学生调查表：美国》，《江苏教育行政月报》第1号，1913年）。1911年7月，《留美学生年报》出版，胡担任主编。1914年归国，担任《妇女杂志》主编（参见王天根等著《近代报刊与辛亥革命的舆论动员》关于胡彬夏的论述，黄山书社2011年版，第198—205页）。1931年12月12日病故（黄炎培1931年12月15日日记曾有"胡彬夏女士于十二日病故"的记载。中国社会科学院近代史研究所整理：《黄炎培日记》第4卷，华文出版社2008年版，第45页）。

⑤ 燕斌（1870—?），号炼石女士，长沙人，寄籍河南。据谢长法《中国留学教育史》（山西教育出版社2006年版，第65页），她于1905年留学日本，学医于早稻田同仁医院，任中国留日女学生会书记，1907年在日创办《中国新女界》杂志，发表有《女权平议》《女界与国家之关系》《中国婚俗五大弊说》《本报对于女子国民捐之演说》等文章，为中国提倡妇女解放运动的先驱。后《中国新女界》经营不善倒闭，卷财产而逃，为东京女界所不齿。参见郭人民、史苏苑主编《中州历史人物辞典》（河南大学出版社1991年版，第363页）、郭长海和李亚彬编著《秋瑾事迹研究·秋瑾和燕斌》（东北师范大学出版社1987年版，第243、244页）。

⑥ 周一川：《近代中国女性日本留学史》，社会科学文献出版社2007年版，第47页。

见，无一切人世间应有之思想行为等等。黑暗界最凄惨之状态，盖有千万不可思议之危险。危险而不知其危险，是乃真危险；危险而不知其，是乃大黑暗。黑暗也，危险也，处身其间者，亦思所以自救以救人欤？然而沉沉黑狱，万象不有；虽有慧者，莫措其手。吾若置身危险生涯，施大法力；吾毋宁脱身黑暗世界，放大光明，一盏神灯，导无量众生，尽登彼岸，不亦大慈悲耶？①

又如胡彬夏《论中国之衰弱女子不得辞其罪》：

> 中国之衰弱久矣。推原其故，非独男子之罪也。今日物竞天择，优胜劣败之世界，无论何国，必其国民人人有爱国之思想，自养之能力，然后国藉以立。否则，人且不成，何有乎国？吾中国积弱之故，彼二万万之男子，固不得辞其责，然吾所尤痛心者，乃二万万之女子也。女子积习，其最可鄙最可伤者，略有数端：识见卑陋，眼光如豆，自私自利之见，固结于胸中；妄尊妄大之心，时形于辞色；涂脂抹粉，效时装以自炫，不特人视之为玩物，即己亦自居于玩物而不辞。嗟乎，蠢如鹿豕，呆如木石，安怪人之呼为下等动物也。夫以二万万女子，居国民全数之半者，殆残废无用，愚陋无知，焉能尽国民之责任，尽国家之义务乎？西国则不然，女子立身端正，心地光明，有独立之精神，无服从之性质，为国舍身，为民流血，其遗迹见于历史者，不可胜数。故男子见之，均生恭敬畏惧之心，偶有丝毫失礼于女子者，则终身不齿于人类，其与我中国何相反之甚也，抑天之生女，智于泰西而愚于中国耶？吾以为，彼亦女子，我亦女子，必无智愚之别，毋亦女学不兴，日就委靡，积成自弃自暴之习，有以致此也。自今而后，凡我女子，苟人人以中国之患难为己之患难，中国之腐败为我之腐败，报此思想，达其目的，则中国之兴如反掌耳！②

这种纵横自如，以气势行文，充满新思想、新名词的报章文体，正如郭延

---

① 秋瑾：《秋瑾集》，上海古籍出版社1979年版，第12页。
② 胡彬夏：《论中国之衰弱女子不得辞其罪》，《江苏》第3期，1903年6月25日。

礼所说乃"梁启超'新文体'之流亚"①。

除此之外,晚清女留学生还创作了不少白话演说文,如秋瑾的《演说的好处》《敬告中国二万万女同胞》《警告我同胞》《敬告姊妹们》。尤其是燕斌,由她主编的《中国新女界》,注明为"白话体"的文章有近20篇,署名炼石的有《本报对于女子国民捐之演说》《留日女学界近事记》《美国女界之势力》《本报五大主义演说》《补天斋丛话》,这充分反映出晚清女留学生在白话文体的倡导方面,丝毫不亚于其时的留学男儿。

从人数上讲,晚清女留学生远不及其时留学的男儿,因此从事文学活动的人也就远不及后者。由于长期遭受压制,这些女留学生思想一旦解放,其要求冲破传统的动力反而比男子更为激烈,加之独特的女性视角,其对晚清文学转型的贡献与作用反有男子所不及之处,因此她们的文学活动理应受到高度重视。

---

① 郭延礼:《20世纪初女性政论作家群体的诞生》,《中国现代文学研究丛刊》2009年第3期。

第六章　留学生与晚清小说戏曲变革

留学生踏出国门，于文学感受最大的莫过于西方对小说戏曲的重视，加之域外启蒙文学的启示与影响，激发了他们改革中国传统小说戏曲的想法。晚清"小说界革命"的发起与全面展开，日本留学生起了重要作用。日本学者樽本照雄认为清末民初发表小说的期刊以"上海、日本和北京这三个地方所起的作用特别大"，称之为"杂志三角形"①。而在日本创办杂志的主要是当时的中国留学生，这些杂志所登载之小说戏曲，以及鼓吹革新小说戏曲之文章，大多出自留学生之手，或经他们之手编刊，因此可以说留学生是发起与推动晚清"小说界革命"的主要群体。从创作上看，晚清留学生大都具有自觉的革新意识，在作品中灌注新的思想与内容，形式上也出现了一些与传统小说不同的新特点。虽然在艺术方面，留学生的小说创作没有取得大的成就，可读性不强，但其新小说的创作实践在推动中国小说的现代转型方面仍有不可忽视的价值。在晚清戏曲变革方面，留学生的作用尤显重要，由留学生组成的艺术团体春柳社，以西方新的戏剧形式创作与排演戏剧，成为中国现代新戏的直接源头。

第一节　留学生与晚清"小说界革命"运动的发起

晚清"小说界革命"的发起自然以梁启超《新小说》的创办及《论小说与群治之关系》的发表为标志，这是学界的共识。但是如果我们将眼光扩宽，留学生在这一重要文学运动发起中的作用，更应引起研究者的重视。

首先，在梁启超逃亡日本所从事的小说活动中，留日学生一直是其重

---

① ［日］樽本照雄：《清末民初的翻译小说——经日本传到中国的翻译小说》，王宏志主编：《翻译与创作——中国近代翻译小说论》，北京大学出版社2000年版，第152页。

要的襄助者。梁启超翻译的第一部小说《佳人奇遇》，日本学者山田敬三就认为实际译者为留日学生罗普，因为此时梁启超尚不通日语①，虽然证据不足，但却说明了留日学生与梁启超小说活动之间的密切关系。无独有偶，梁启超的第二部重要翻译小说《十五小豪杰》，后半部即是由罗普翻译的。在梁启超创办与编刊《新小说》过程中，罗普的地位同样举足轻重。这里仅举一例即足以说明问题，癸卯年（1903）正月梁启超应美洲保皇会之邀，游历美洲，《新民丛报》发布了《新小说》愆期广告，称：

> 本报自昨年十月开办以来，已出至第三册，今因本报记者饮冰室主人远游美洲，羽衣女士又适患病不能执笔，拟暂停刊数月。本报体例月出一册，准于本年内续出九册，并去年三册，合成十二册，以符一年之数。事出于不得已，以致愆期，无任歉仄，此后当增聘撰述，益加改良，以副购读诸君之雅望。　横滨山下町百五十二番　新小说社谨启②

羽衣女士（罗普）"患病不能执笔"成为《新小说》愆期的两个重要原因之一，足以说明罗普在《新小说》早期编刊中具有举足轻重的地位，可以说仅次于梁启超。同时从《新小说》早期发表的撰译小说来看，留学生也占据着重要比例。早期发表的创作小说，以梁启超《新中国未来记》、罗普《东欧女豪杰》与雨尘子《洪水祸》影响为最大，而后两者皆为留学生。

在鼓吹与提倡新小说方面，梁启超的《论小说与群治之关系》也不是最早的，且不说早于该文发表的《本馆附印说部缘起》，与《新小说》同时创刊的《游学译编》，第1期发表了杨度的《游学译编叙》，其中有一大段鼓吹与提倡新小说的文字（前文已引），末尾称："吾知他日小说家之为新中国者，必以为第一回之人物矣，是我民族之幸也。"杨度认为对于未来"新中国"的构建，小说家必然会起到极为重要的作用，这一点与梁启超提倡新小说的思路可以说如出一辙。更重要的是，杨文的写作时间署为"光绪二十八年九月"，很有可能早于梁启超《论小说与群治之关系》的写作时间。除杨度外，其时由留学生创办的刊物，发表鼓吹与

---

① ［日］山田敬三：《汉译〈佳人奇遇〉纵横谈——中国政治小说研究札记》，汪建译，赵景深主编：《中国古典小说戏曲论集》，上海古籍出版社1985年版。

② 《新民丛报》第26号，1903年。

提倡新小说文字的还有不少，如《浙江潮发刊词》中就说："小说者，国民之影而亦其母也。"① 凡此均可说明当时留学生提倡新小说是一种自觉行为，并非是受到梁启超的影响，他们在域外所受到的文学影响应该是其发起新小说运动的主要思想动力。

因此，如果全面地讲晚清"小说界革命"，它应该是逃亡日本的维新人士（如梁启超）与其时留日学生共同发起的一次文学革新运动。假若忽略后者，对这一重要文学运动兴起的认识显然是不够准确的。梁启超曾说："戊戌政变，继以庚子拳祸，清室衰微益暴露。青年学子，相率求学海外；而日本以接境故，赴者尤众。壬寅癸卯间，译述之业特盛；定期出版之杂志不下数十种，日本每一新书出，译者动数家；新思想之输入，如火如荼矣。"② 冯自由亦云："庚子以后，东京留学生渐濡染自由平等学说，鼓吹革命排满者日众，《译书汇编》、《开智录》、《国民报》缤纷并起，《湖北学生界》、《新湖南》、《江苏》各月刊继之，由是留学界有志者与兴中会领袖合冶为一炉。革命出版物，风起云涌，盛极一时，在壬寅（清光绪二十八年）上海《苏报案》前后，已渐入于革命书报全盛时期矣。"③ 这些由留学生创办的刊物大都登载他们提倡的新小说，可见如果没有大批留日学生的参与，新小说在短期内迅速崛起是不可想象的。

为进一步说明留学生在晚清"小说界革命"发起过程中所起到的重要作用，现将由留学生创办或主要由留学生编辑的期刊及其发表小说作品分列于下：

《教育世界》，半月刊，1905年5月由罗振玉在上海发起并创办，王国维参与编辑。发表撰译小说有：《美耳钞》《姊妹花》《村学究》《醉人妻》《枕戈记》《鬼婿》《爱与心》《迷津筏》《新黄粱》。

《杭州白话报》，1901年6月20日在杭州创刊，始为月刊，后旬刊、周刊、三日刊、日刊。主持编务者先后有林獬④（宣樊子）、孙

---

① 《浙江潮》第1期，1903年。
② 梁启超：《清代学术概论》，夏晓虹点校，中国人民大学出版社2004年版，第218页。
③ 冯自由：《革命初期之宣传品》，冯自由：《革命逸史》初集，中华书局1981年版，第11页。
④ 据《清末民初洋学学生题名录初辑》（台湾中央研究院近代史研究所1962年版，第43页）载，林獬宣樊，福建侯官人，光绪二十九年（1903）到日本，自费，预备入校，时年31岁。

翼中①等，1910年停刊。发表撰译小说有：《波兰的故事》《救劫传》《美利坚自立记》《俄土战记》《菲律宾民党起义记》《檀香山华人受虐记》《中东和战本末记》《日本侠尼记》《女子爱国美谈》《俄宫活鬼》《亡国恨》《儿女英雄》《黄天录》《游尘》《白话痛史》。

《大陆》杂志，1902年12月9日创刊，月刊，为《国民报》在国内的延续，先后出版34期。其创办人与撰稿人主要为戢翼翚、秦力山、杨荫杭、杨廷栋、雷奋、陈冷，皆为留日学生。发表撰译小说有：《美国独立记演义》《一千一夜》《白衣秀士》《阴界革命》《俄罗斯国事犯》《蚁勇队》《猿将军》《蛮腰》《马矢》《英语》《俄文》《女郎避乱》《夫人被辱》《传单》《投票》《假夫人》《美小姐》《车中女子》《田畔妇人》《赦诏》《报章》《名鸨》《富家女》《榜人妻》《嫒阳女子》《辽西女子》《割爱》《筹资》《赛会》《赌场》《缠足》《辫发》《中国之军人》《二十世纪西游记》《卖奴》《捕贼》《赌钱》《渔色》《不完全的小说》《续子不语》《义勇军》《新党升官发财记》《鲁滨孙漂流记》《众兽选王》《小狮争荣》《枭雄安在》《乌喻叱熊》《沐猴而冠》《蜂子尊王》《狼与山羊》《巾帼须眉》《蝙蝠中立》《基赛斯指环》《老獐反复》《苍蝇共话》《猿獐密话》《虎母噬子》《豕国之猩党》《猴人》《柔恶》《脱尔斯国之女界》《哀哉开化之艰难》《问道于盲》《雉求红顶》《试马场》。

《游学译编》，1902年12月14日创刊，月刊，1903年11月3日出至第12期停刊。湖南留日同乡会主办，编辑人有杨守仁、陈天华、杨度等。发表撰译小说有：《英雄国》《黑龙江》《黄人世界》。

《湖北学生界》，1903年1月29日创刊于东京，月刊，第6期改为《汉声》，出版至1903年9月21日停刊，共出8期，由湖北留日同乡会主办。先后参与编辑的人有刘成禺、范腾霄等20余人。发表撰译小说有：《日中露》《血泪痕》《天半忠魂》《燕子窝》《陆陈痛传奇》。

《浙江潮》，1903年2月17日创刊于东京，月刊，1904年出至第12期停刊。由浙江留日学生同乡会主办，先后任编辑的有孙翼中、蒋方震、许寿裳等。发表撰译小说有：《少年军》《专制虎》《苦英雄逸史》《海上

---

① 据《浙江同乡留学东京题名》(《浙江潮》第3期）载，孙翼中耦畊，杭州钱塘人，光绪二十八年（1902）九月到日本，自费，预备入校，时年33岁。

逸史》《摄魂花》《血痕花》《爱之花》《返魂香》《恋爱奇谈》《雌雄蜥》《斯巴达之魂》《哀尘》《自由魂》《地底旅行》。

《江苏》，1903年4月27日创刊于日本东京，月刊，1904年5月15日出至第12期停刊。由江苏留日学生同乡会主办。参与编辑的人有秦毓鎏、张肇桐、汪荣宝、陈去病、丁文江等。发表撰译小说有：《破裂不全的小说》《痛定痛》《明日之瓜分》《孽海花》《分割后之吾人》《空中旅行记》《明日之战争》。

《觉民》，1903年11月创刊于江苏松江，月刊，由高旭主编。发表小说有：《狮子吼》《黄金世界》。

《中国白话报》，1903年12月19日创刊于上海，始为半月刊，第13期后改为旬刊，1904年10月8日出至第24期后停刊。主编人为林獬，协助编辑还有其妹林宗素等。发表小说有：《玫瑰花》《娘子军》《新儒林外史》。

《安徽俗话报》，1904年创刊于安庆，不久迁往芜湖，半月刊。主编为陈独秀。发表小说有：《痴人说梦》《黑天国》。

《新新小说》，1904年9月创刊于上海，月刊，共出10期。主编一般认为是陈景韩。发表撰译小说有：《中国兴亡梦》《刀余生传》《菲猎宾外史》《新党现形记》《路毙》《京华艳史》《女侠客》《卢生》《食人会》《圣人欤盗贼欤》《义勇军》《巴黎之秘密》《虚无党奇话》《秘密囊》《忏悔录》《决斗会》《错恨》《旅顺落难记》《血之花》《紫绒冠》《蜂针螫》。

《白话》，1904年9月24日创刊于日本东京，半月刊，主编为秋瑾。发表小说有：《好梦醒来》《家庭乐》《快醒来》《海棠花》。

《二十世纪大舞台》，1904年10月创刊于上海，半月刊，主编为陈去病[①]。发表撰译小说有：《新水浒传》《销魂草》。

《第一晋话报》，约于1905年7月创刊于日本东京，月刊，由山西留日学生同乡会负责编辑。发表撰译小说有：《玉楼影》《新婚旅

[①] 陈去病（1874—1933），自佩忍，号巢南、有妫血胤等，江苏吴江人。出身商人家庭，光绪二十一年（1895）中秀才。光绪二十九年（1903）留学日本，参与编辑《江苏》，加入拒俄义勇队。次年回国，创办《二十世纪大舞台》《警钟日报》，并给《国粹学报》《醒狮》《复报》《中华新报》《大汉报》供稿。光绪三十二年（1906）加入同盟会。宣统元年（1909）与高旭、柳亚子创建南社。

第六章　留学生与晚清小说戏曲变革　163

行》《英雄儿女》。

《鹃声》，1905年9月创刊于日本东京，由四川留日学生同乡会主办。出版第1、2期后被迫停刊。后于1907年由雷铁崖重新组织，出版再兴第1号，更名《后鹃声》。发表撰译小说有：《桃花协会》《俄探》。

《醒狮》，1905年9月29日创刊于日本东京，月刊，1906年6月出至第5期后停刊。主要编辑撰稿人有李叔同、陈去病、高旭等。发表小说有：《仇史》《母大虫》《劳动狱》。

《民报》，1905年11月创刊于日本东京，月刊，1910年出至第26号后停刊。先后担任编辑及发行人的有张继、章炳麟、陶成章，张继与陶成章皆为留日学生。发表撰译小说有：《狮子吼》《崖山哀》《海国英雄记》《虎口余生》《一文钱》《娑罗Sala海滨遁迹记》《电光》。

《复报》，1906年5月创刊于日本东京，月刊。由高旭、柳亚子主持编辑事。发表撰译小说有：《黄生》《曼殊花下编》《瀛仙梦》《仇人头》《谐林》《烟秀才历史》《术士》《一条鞭》《无情弹》《二百年前之红胡子》《安乐老人》《太平记》《皇室之虚无党》。

《云南》，1906年10月15日创刊于日本东京，月刊，1911年出至第23期后停刊。主持人有留日学生李根源[①]、赵伸[②]等。发表撰译小说有：《死中求活》《一钱之功用》《仲尼岛》《怪岛之一夜》《俄海俄州之理想乡》。

《豫报》，1906年12月创刊于日本东京，月刊，出两期而止。由河南留日学生同乡会主办。发表小说有：《池上谈》（一名《裹足

[①] 李根源（1879—1965），字印泉，别署养溪、雪生，别号高黎贡山人。光绪二十四年（1898）中秀才。光绪三十年（1904）应清廷选录，东渡日本留学，入东京振武学校。次年加入同盟会。光绪三十二年（1906）与其他滇籍同盟会员创办《云南》杂志，同年毕业。光绪三十三年（1907）底，由日本弘前步兵第三十一联队士官候补生，升入日本陆军士官学校。光绪三十四年（1908）四月回滇，此后一直从事革命活动，1965年病逝于北京。有文集多种传世。参见梁河县志编纂委员会编《梁河县志》本传，云南人民出版社1993年版，第830—833页。

[②] 赵伸（1876—1930），字直斋。嵩林杨林驿人。20岁补博士弟子员。光绪二十九年（1903）考入高等学堂肄业。次年，被选送日本成城学校学习。1905年加入同盟会。次年与李根源共同创办《云南》杂志。参见李景煜主编《云南省志》卷八十"人物志"，云南人民出版社2002年版，第31、32页。

痛》)、《新三国》。

《中国女报》，1907年1月创刊于上海，月刊。主编为留日女学生秋瑾。发表小说有：《女英雄独立传》。

《法政学交通社杂志》，1907年1月创刊于日本东京，月刊。为留日学生立宪派分子所办之宣传刊物。发表翻译小说有：《橘英男》《青春泉》。

《汉帜》，1907年1月25日创刊于日本东京，月刊，是在《洞庭波》的基础上改组后成立的一个刊物，两期后停刊。主编有陈家鼎①、宁调元、景定成等。发表小说有：《亡国余痛书》《清快丸》《恭祝立宪》。

《中国新女界》，1907年2月创刊于日本东京，月刊，1907年7月停刊。为留日女学生燕斌（炼石女士）所倡办与主编。发表撰译小说有：《想》《补天石》《哀音》《空中军舰》《毒铁箱》。

《法政学报》，1907年3月创刊于日本东京，周刊。编辑人为留日学生沈其昌②。发表小说有：《武侠舰队》《铁宝匣》。

《牖报》，1907年4月创刊于日本东京，月刊。主持者为李庆芳③。发表小说有：《美人岛》。

《粤西》，1907年11月15日创刊于日本东京，月刊，出至第7期后停刊。由广西留日学生主办，主编有卜世伟、刘崛、陆涉川等。发表撰译小说有：《新少年》《鹰歌》。

《河南》，1907年12月创刊于日本东京，月刊，出至第9期后停

---

① 陈家鼎（1876—1928），字汉元，湖南宁乡人。年十五补博士弟子员。1898年，入两湖书院，后转入湖北武备普通学堂，旋以官费东渡日本留学，遍交志士。1905年加入同盟会，与章炳麟、胡汉民等创设《民报》，以文字宣传革命。已而复与人创设《汉帜》及《洞庭波》杂志，所为文文词犀利，振聋发聩，黄克强赠有"文章学问过吾党"，以志其劳。参见居正等《陈家鼎传略》，卞孝萱、唐文权编：《民国人物碑传集》，团结出版社1995年版，第51—54页。

② 沈其昌（1881—?），字怀仲，浙江绍兴人。日本东京明治大学法科毕业。宣统二年（1910）经清政府廷试及格授法科举人，任外务部员外郎。民国成立后，在外交部任职。参见李克简、孔昭慈主编《天津近代人物录》，《天津史志丛刊》（二），1987年，第191页。

③ 李庆芳（1877—1940），字枫圃，山西襄垣县人。早年曾中秀才。1902年入山西大学堂中斋就学，1904年被选派官费留学日本，入东京庆应大学法学系。1909年回国，经清廷考试，赏举人。参见翟品三《李庆芳》，《长治文史资料》第9辑，1991年。

刊。由留日学生刘积学①等主编。发表撰译小说有:《龙脑》《芝布利鬼宅谈》《海上健儿》《庄中》《寂漠》。

《滇话报》,约于 1907 年 12 月创办于日本东京,月刊。为滇籍留日学生主办的刊物,为《云南》之姊妹篇。发表小说有:《新滇志》《凤琴梦》《金碧魂》。

《四川》,1908 年 1 月创刊于日本东京,月刊。在《鹃声》的基础上创办起来的,吴永珊(吴玉章)②主持其事。发表小说有:《黍离悲》《成都血》。

《关陇》,1908 年 2 月由原来的《秦陇报》改名而成,在日本东京出版,月刊。由陕西留日学生主编与发行。发表小说有:《魑魅世界》。

《学海》,1908 年 2 月创刊于日本东京,月刊。由北京大学留日学生编辑发行。发表撰译小说有:《中央亚非利加之蛮地探险》(英国大探险家李秉铎司徒雷之实地探险谈)、《乞食国》《盗密约案》《荷兰解轭记序》。

《夏声》,1908 年 2 月创刊于日本东京,月刊。由陕甘留日学生主办的刊物。发表撰译小说有:《一夕雨》《客丐谈》《龙史》《宝窟》《蕈缘》《萍雪缘》。

《武学》,1908 年 5 月创刊于日本东京,月刊。由留日陆军学生主办的刊物。发表小说有:《神州建国三十年大事记》《降魔记》《英雄社》。

《江西》,1908 年 7 月创刊于日本东京,月刊,1909 年 6 月 10 日出至第 4 期后停刊。由江西留日学生主办之刊物。发表翻译小说有:

---

① 刘积学(1880—1960),号群士,河南新蔡县人。16 岁进学为秀才,20 岁补廪膳生,24 岁中乡试癸卯科(1903 年)举人。25 岁考入河南武备学堂,1906 年 2 月由清政府派送日本留学。先入巢鸭宏文学校,预备日语。嗣改入小石川区实科学校理化专修班学习理化。毕业后,考入东京法政大学专门部政治科,1911 年 6 月毕业。曾主编《河南》杂志,有著述多种。参见《刘积学自传》,《河南文史资料》第 8 辑,1983 年。

② 吴永珊(1878—1966),字树人,号玉章,四川荣县人。早年入成都尊经书院读书,光绪二十九年(1903)三月东渡日本留学,先后入成城学校、冈山等六高等学校学习。曾参加拒俄运动、反对日本"取缔规则"及美国排斥与虐待华工等爱国学生运动。光绪三十二年(1906)加入同盟会。次年休学,在东京主持《四川》杂志。参见《荣县县志》,四川大学出版社 1993 年版,第 592 页。

《苦海余生说》（原名《良人之自由》）。

《海军》，1909年6月创刊于日本，季刊。由留日海军学生主办的刊物。发表小说有：《航海奇谭》《黄海梦》。

《留日女学会杂志》，1911年5月创刊于日本东京，季刊。由中国留日女学会主办。发表小说有：《珠还合浦记》。①

以上刊物均为留学生主办或主编，其中发表之撰译小说除部分可考知为留学生外，大多不知名，就常理推断，大部分应该出自留学生之手。

除此之外，由留学生参与编辑的刊物还有不少，如《月月小说》（陈景韩任后期总撰述）、《小说林》（徐念慈为主编之一，由其润饰的小说甚多）、《时报》（罗普任主笔）、《小说时报》（陈景韩为主要编辑之一）、《警钟日报》、《神州日报》等，其中亦发表了大量小说。这些足以说明，留学生在晚清"小说界革命"发起过程中所起到的巨大作用，可以说没有他们晚清新小说的创作在短期内不可能迅速走向繁荣。

第二节　晚清第一部新小说
——文化输出与陈季同《黄衫客传奇》的小说书写

以往的小说史一般将梁启超的《新中国未来记》看作是新小说的开山之作，因其"写了新意识，写了为实现人的现代化而进行启蒙教育的崇高意识"②。美国学者韩南则认为"这个说法有一处重大缺陷：它忽略了一部前'新小说'"，他指的是傅兰雅的"时新小说"征文，其依据是傅兰雅对"新小说"的呼唤不仅比梁启超早了7年，而且"傅兰雅关于小说揭露当前社会弊端并提出良方的概念更为接近晚清谴责小说的特性"，其竞赛"在某种程度上影响了晚清小说的总体方向"③。

随着留法学生陈季同法文小说《黄衫客传奇》的发现，上述观点又受到了新的挑战。《黄衫客传奇》（*Le Roman de l' Homme Jaune*）是一部

---

① 以上资料参考了刘永文编的《晚清小说目录》（上海古籍出版社2009年版）、方汉奇著的《中国近代报刊史》（山西教育出版社2012年版）。

② 欧阳健：《晚清小说史》，浙江古籍出版社1997年版，第22页。

③ [美] 韩南：《新小说前的新小说——傅兰雅的小说竞赛》，韩南：《中国近代小说的兴起》，徐侠译，上海教育出版社2004年版，第147、168页。

中篇小说，1890年出版于法国巴黎。严家炎认为这部小说"在思想上、艺术上都有不少重要的具有现代意义的开拓"，具体表现在：一是《黄衫客传奇》"早在'五四'前约三十年，就已对家长包办儿女婚姻的旧制度以及'门当户对'等旧观念、旧习俗提出了质疑"；二是《黄衫客传奇》艺术上的一个贡献，在于"相当出色的心理描写和心理分析"；三是《黄衫客传奇》艺术上的另一个特色，在于"相当浓郁的风俗画色彩"①。这些评价都完全符合作品创作的实际，因此成为严家炎判断中国现代文学起点于晚清的三大标志之一②。

不过，需要明晰的是，《黄衫客传奇》是用法文写成的，而且其拟想的对象是西方的欧洲人，因为其主要目的就是为了向西方推介中国的文化——正如此前他所写的《中国人自画像》《中国人的戏剧》《中国故事集》《中国人的快乐》四部作品一样。《黄衫客传奇》的故事原型是唐代著名传奇作家蒋防的《霍小玉传》，这是一部以婚姻爱情为主题的小说。那么，陈季同为何要选择这样的题材来创作小说呢？他是要向西方人表达怎样的一种中国文化呢？这首先得从他的爱情婚姻观念说起，陈季同在《中国人自画像》曾这样说：

> 求爱闻所未闻，何况我们的风俗也不允许这样的事情发生。在欧洲，结婚之前，人们有几个星期的时间来学会相爱。好比某种形式的实习，是重要日子来临之前的休息，在此期间，人们组织聚会和聚餐。这段时间十分愉快，它是婚姻的序幕，随着婚后的岁月越来越长，对这段日子的回忆也变得弥足珍贵。显然，谁也不愿意承担撮合婚姻的责任。人们对年轻人说：给你们两个月时间，自己去了解对方，然后告诉我们同意与否。人们相互了解吗？或者说可能相互了解吗？当然不。依我之见，婚姻最好还是听凭父母做主，子女们在约定的时间结婚就行了。③

---

① 严家炎：《一部真正具有现代意义的晚清小说》（中译本序），陈季同：《黄衫客传奇》，李华川译，人民文学出版社2010年版。
② 参见严家炎主编《二十世纪中国文学史》上册（高等教育出版社2010年版）第一章的相关论述。
③ 陈季同：《中国人自画像》，段映虹译，广西师范大学出版社2006年版，第23页。

由此可见，陈季同虽然在西方生活多年，对于文化习俗似乎并未受到实质性的影响，婚姻爱情的观念仍相当传统。这一点与《黄衫客传奇》所表现出的观念存在着一定的冲突，下面是1890年法国《文学年鉴》对这部小说的介绍，可知其详：

> 这部小说讲述在科考之后，其它人还在庆祝之时，书生李益去向一位媒人吐露心曲。这位可敬的媒人给他介绍了郑夫人的女儿、无与伦比的小玉（意思是小块玉石）姑娘。
>
> 李益立刻为这位姑娘的优雅谈吐所倾倒。于是，他开始对心上人展开追求。他使一个美好的夜晚变得生趣盎然。他和小玉一起待到很晚，迷人的春愁成了二人的共谋，使得他在婚礼之前，就成了她的丈夫。
>
> 既然婚事已定，总体来说，这不过是一种无伤大雅的越轨行为。大家期待李益母亲的同意，也仅是一个简单的程序。可是，多么不幸！他们在约定的时间收到的来信，是一个明确的拒绝。这个冷酷的母亲为了打消儿子的念头，也为了不使他更广泛地征求意见，要求儿子回到身边。
>
> 李益不能违抗命令。在对小玉尽可能地做了保证之后，李益出发了。但他一到家，母亲就以近乎强迫的方式，突然命他与一位早已选好的姑娘结婚。最初，李益试图反抗，但小玉的缺席总是不利的。他最后忘了小玉，与其夫人勉强地生活在一起。
>
> 悲惨的小玉伤心欲绝、濒于死亡。最后，她不再忍耐，派出一位信使前来寻找负心郎。心中充满悔恨的李益赶了回来，但为时已晚，他只能在临终前的一刻见到小玉。他变得疯了。不久，也与小玉在坟墓中愉快地相会了。[1]

如何理解这种冲突呢？我想并不是陈季同真的接受了西方爱情婚姻的习俗与观念，如严家炎所说的"对家长包办儿女婚姻的旧制度以及'门当户对'等旧观念、旧习俗提出了质疑"。这种主题如果存在，也应该不是其主要命意所在，虽然李益对一手造成其悲剧的母亲给予了毫不留情的惩

---

[1] 陈季同：《黄衫客传奇·附录一》，李华川译，人民文学出版社2010年版，第119页。

罚——离家出走并与之断绝来往，但作者并未过分渲染这一点。同时，这种观念在陈季同其他更为严肃的著述里也找不到任何根据。因此，在理解这一点时，我们必须明白这是一部写给西方人看的小说，其主要目的是为了展示中国人的文学才华，1890 年的法国《文学年鉴》于此点言之甚明："陈季同将军现在已不再满足于仅为我们提供一些中国的短篇小说或故事集了，他曾在其中用一种可敬的认真态度，向我们证明，与其天朝同胞相比，我们不过是些带着自己文明偏见的小孩子。他现在需要最广阔的小说的领域。"[①] 或许正是基于此点，他才在观念与文学表现技巧方面尽量西化，以利于西方人的接受与理解，同时也向他们表明中国人的文学才华与西方人相比毫不逊色。

《黄衫客传奇》的主要目的应该是向西方人介绍中国文化，并借以展示作者过人的文学才华。这里先说第一点，《黄衫客传奇》将故事发生的地点由《霍小玉传》的长安改成了南京。陈季同为什么要作此种改动呢？严家炎认为"大概由于他本人对南京比较熟悉而对长安则较为陌生，担心无法落笔展开描写"，但如此改动"就等于将南京说成是唐朝的首都，岂非闹了大笑话"？![②] 仅仅为了文学表达的便利而甘犯如此大的知识错误，这种解释实在有点牵强，我想答案应该就在作品关于南京的描写之中：

  南京，这座中国的首都，近日来处于某种特别的骚动之中。
  迷人的初春，在这遥远的亚洲，正是风光明媚、繁花竞放的时节。
  走出熙攘喧嚣的城市，游客就来到扬子江畔的郊野。江面如大海般宽广，数千帆影像白鸥一样在江水中起伏摇曳。
  从山岗向下俯瞰，城市及其周边美不胜收。江水壮阔而宁静，有如一条巨大的蓝色缎带，镶嵌在绿毯般的田畴之间。
  在广阔的水面中，浮起一座小岛。金山耸立其上，山间垂柳掩映，好似一只巨大而青翠的花篮。

---

 ① 陈季同：《黄衫客传奇·附录一》，李华川译，人民文学出版社 2010 年版，第 118、119 页。
 ② 严家炎：《一部真正具有现代意义的晚清小说》（中译本序），陈季同：《黄衫客传奇》，李华川译，人民文学出版社 2010 年版。

> 岛上环境清幽,略无人间喧嚣。远处时而会传来悠扬的梵呗,钟声夹杂其中,那是山脚寺庙里的僧人在念经礼佛。
>
> 小岛对岸,屋宇鳞次,飞檐冲天,是一处花园环绕、重楼复壁的建筑,其主体是以琉璃塔闻名的大报恩寺。
>
> 南京有理由为这座无与伦比的建筑感到骄傲。琉璃塔始建于公元四世纪时的晋朝,九层镂空塔身巍然矗立,高达百米;塔身外部不同方位均设有壁龛,金光熠熠的佛像安放其中,与白瓷塔身相互辉映。而佛像下方是饰有浮雕的巨幅陶板。
>
> 让我们休息一下眼睛,改换一下视角。不远处,是一座彩色砖木结构的巨大寺院。要想描绘其美妙,以为画家须用尽其调色板中的所有色彩。[①]

古人以"江南佳丽地,金陵帝王州"来形容南京的美丽壮观,小说开头对南京的这种倾力描写,可以说是对这句经典诗句的生动诠释。由此可知,陈季同即使创作虚构性的小说作品,也没有忘记向西方人展示中国美丽的一面,以博得他们的好感,正如他其他介绍中国文化的严肃作品一样将中国的文化风俗言说得那么淳美。

这样一来,小说中触处皆是恍如仙境的淳美风景画便有了依托,同时也给作者提供了尽情展露文学才华的机会,透过那由心灵流淌出来的毫无滞碍的文字,很难有人不被吸引与感染,让我们随手摘录文中的内容:

> 金山寺坐落在金山脚下,那是一处自然与人工完美融合的极佳景致。
>
> 扬子江的碧波就像两条玉带环绕的小岛,也使小岛清爽宜人。
>
> 山上有茂密的松林,凉亭上的红瓦点缀其中。低处绿草如茵,中间夹杂着不同种类颜色的树叶,此地气候适宜它们的生长。
>
> 寺庙本身是一所雄伟的建筑,从中找不到任何有关死亡的悲伤情绪,这种情绪我们是要藏在心底的。而一旦我们走进欧洲的修道院,却感到一种阴郁、沉寂的气氛,它们是那么缺少建筑特点,以致人们有理由怀疑那是不是一所监狱。

---

① 陈季同:《黄衫客传奇》,李华川译,人民文学出版社2010年版,第3页。

……

　　环绕这座金碧辉煌的建筑，种植着高大的植物。雪松枝繁叶茂，硕大的树干高耸入云，修竹青翠婀娜，还有欧洲见不到的某种梧桐伸展着五瓣的绿叶。各种棕榈千姿百态，鲜花盛开。

　　我们的主人公穿过院门，越过一道朱栏，步入鲍夫人指引的林间小径。

　　须臾，他便远离了尘嚣。头上浓荫成盖，阳光穿过树荫，在地面留下斑驳稀疏的影子。外界的喧闹打扰不了林中的幽静，只偶尔传来黄莺的啼啭和昆虫的鸣叫。①

除了景物外，小说中的中国人情风俗描写也是其重要内容之一。作者的高明之处在于，他不是孤立地描写，而是适时地插入小说的故事叙述之中。如小玉死时需要订制棺木，小说不失时机地插入了中国上了年纪的人往往提前准备棺木的习俗，这在欧洲人看来很不吉利，但对中国人来讲则是要被感激接受的礼物。这一介绍恰好为下文顺利地从一位京官的未亡人那里找到珍贵的香木板材，作了铺垫，从而不至于让不明中国风俗的西方人感到突兀与难解。不过，对于推介中国文化来说，这种手法可能很高妙，但是对于小说创作而言，过多这方面的内容可能就是一种累赘了，或者说它已经背离了小说创作的主要目的——虚构情节与塑造人物形象。即便如此，《黄衫客传奇》的景物与风俗描写还是摆脱了传统小说韵语式的俗套描写，表现出抒情化与个性化的特点，这对中国小说的现代转型而言无疑是一种十分可贵的尝试。

《黄衫客传奇》另一个重要特色，就是出色地运用了西方小说的心理描写与分析技巧。由于小说情节简单，涉及人物及其活动范围均极有限，而爱情题材又正好涉及的是人的心理情感问题，所以便给小说展示人物心理活动留下了广阔的空间。作品中最出色的应属李益的精神病描写，与原作不同的是，李益的母亲为阻止他与小玉的婚姻，在李益回家后便实施了一个周密的计划。先是将其带入祠堂，在先祖面前给了他一顿暴风骤雨般的怒斥，李益还未回过神来便被领入了结婚礼堂。小说这样写他时而清醒时而恍惚的心态：

---

①　陈季同：《黄衫客传奇》，李华川译，人民文学出版社2010年版，第26、27页。

此时，神志不清的李益，在卢小姐之后，被妈妈推了出去，在一个了解内情的亲属安排下，站到香案旁。香案上摆着果酒和点燃的佛香。在这种杂乱的情境下，人声喧闹。身处一群官员们之间，总督大人因其职位，引导着人群，李益还不知道自己身在何方，不清楚人们想让他做什么。他的妈妈已把他推到年轻女子身边。

李益像木偶一样被人摆弄着，于是精神分裂为两个不同的人：

他好像处于一场噩梦当中：朦胧中，他看到人们来到身前，笑着向他说些他无法理解的言辞。恍惚中，他意识到自己走来走去，好像有另一个像自己的人，向宾客施礼，拜谢总督，总督又颔首答礼。

接着李益因刺激过大头脑开始出现幻觉，最终由于无法承受而病倒：

他觉得透过一层面纱，又看到一张曾经微笑着的面容，现在，面容上凝结着可怕的怨恨：在他对面，云雾之中，黄衫客抖动他的箭囊，发出令人恐惧的声音，然后，用弓箭瞄向自己。他听到弓弦的颤动，耳边响起羽箭的蜂鸣。猛然间，一道闪电划过眼前，他头痛欲裂，之后，一切都消失了……他昏了过去。①

这与中国传统小说经验式的心理描写具有显著的不同，而明显受到了西方现代心理分析学的影响。在晚清西学东渐的初期，能够纯熟地运用这种理论进行小说创作，反映出了陈季同高超的西学修养。

除了写作技巧模仿西方外，小说在结构方面也表现出西化倾向。它没有采用中国传统习见的章回体，而是按着情节的自然发展分为28节。《霍小玉传》中的重要人物黄衫客在这里幻化成了一个幽灵式的人物，他没有在现实中出现，其作用在于为情节的发展提供某种暗示，有可能也受到了西方类似结构小说方法的影响，"这是因为每当不幸降临郑家之时，人们都会看到一个黄衣幽灵的出现，这就像传说中，在杜伊勒里宫，一个

---

① 陈季同：《黄衫客传奇》，李华川译，人民文学出版社2010年版，第71、72页。

红衣小人儿总在关键时刻现身一样,两者之间只是颜色不同而已"①。

如果说,陈季同借《黄衫客传奇》来展示中国人的文学才华,毫无疑问他做得非常出色,正如严家炎所说这是"一部艺术上几乎称得上珠圆玉润、相当纯熟的作品"②。但是它却算不上伟大,这是一部借鉴西方小说技巧写成的作品,我们还是来看看西方人的评价:"在所有国家的文学中,都不乏这类微不足道的情感故事,虽然这是中国人的故事,此书也并不因而更具新意。"③ 可以说,陈季同是一个模仿的高手,《黄衫客传奇》是用法文写的,它为西方人所熟知,并非因其非凡的文学成就——作为文学作品本应如此,而是小说所承载或者说宣传的中国文化——它本质上与小说创作无关或者说不是小说创作的主要目的。即便如此,《黄衫客传奇》在中国小说发展史上的地位与意义,仍需大书特书,因为无论是其思想还是艺术技巧,均有一定的超前性,对重新评估与认识中国小说的现代转型具有重要的研究价值。

第三节　借历史抒发救国与革命思想
——晚清留学生的新型历史小说创作(上)

中国是重历史的国度,因此讲史小说历来是小说创作中的大宗,晚清亦复如是。除早期沿袭传统历史小说创作理念,如娱众与反映当下历史大事的时事小说外,甲午战争以后在留学生中出现了一种新的历史小说创作观念。即将历史小说创作与当下救亡图存的现实需要结合起来,对历史题材予以重新审视与解读,力求从中发掘与其所提倡之新思想相吻合的材料与资源,然后再进行整合与创作。由于强烈的现实观照与功利诉求,使这批新的历史小说创作没能取得超过传统历史小说的艺术成就,但它却为此类小说创作的现代转型开启了先河,是此类小说转型过程中不可或缺的一个重要环节。

由于晚清的改革思想基本是以西方为参照对象的,因此新的历史小说

---

① 陈季同:《黄衫客传奇》,李华川译,人民文学出版社2010年版,第119、120页。
② 严家炎:《一部真正具有现代意义的晚清小说》(中译本序),陈季同:《黄衫客传奇》,李华川译,人民文学出版社2010年版。
③ 法国《文学年鉴》1890年号,陈季同:《黄衫客传奇》,李华川译,人民文学出版社2010年版,第119页。

创作便是从域外历史题材的选择开始的。有论者认为："以外国历史题材作小说，滥觞于1901年6月创刊的《杭州白话报》。"①事实上，早在此之前由留日学生郑贯公、冯自由、冯斯栾创办的《开智录》，已发表了这方面的作品。《开智录》据冯自由记载，"己亥庚子二年（清光绪二十五六年），留学界始发刊杂志二种，一为译书汇编……二为开智录，粤人冯自由、郑贯一、冯斯栾等主持之；该刊为旬刊，在横滨出版，专发挥自由平等之学说，于南洋各埠颇为流行"②。其《革命逸史·横滨开智录》又言己亥（1899）冬，时任《清议报》助理编辑的郑贯一因该报"大受康有为直接干涉，稍涉急激之文字俱不许登载"，"乃约同学冯懋龙、冯斯栾同创开智录，专发挥自由平等等真理，且创作歌谣谐谈等门，引人入胜。郑号自立，二冯，一号自由，一号自强，故世有三自之称"③。所记《开智录》创刊时间颇为模糊，加之该刊80年来"长期湮没不传"，以至研究者亦说法不一。据《开智录》整理者陈匡时称，该刊"约在1900年冬创刊，最初'油印出版，规模颇狭'（冯自由《中国革命运动二十六年组织史》）。这年12月22日，出版了铅印的'改良第一期'，到1901年3月20日止，共印行六期。何时停刊，不详。冯自由说'出版至十余号而止'（《革命逸史》第三集），梁启超则认为'不满十号'，（清议报《第一百册祝词》），但均未指出起讫时间。因此，该刊共出多少期，尚待继续寻找其余各期后，才能确定。从它在《清议报》和《国民报》上所刊广告来看，停刊期约在1901年夏"④。这整理的《开智录》六期共发表小说两部，标"伟人小说"，一署"贯庵编著"的《摩西传》，一名"教家之伟人"，作者即郑贯一，共五回，刊《开智录》前三期；一署"自由编著"的《贞德传》，一名"女子救国美谈"，作者即冯自由，刊《开智录》后四期，未完。

郑贯一，冯自由《兴中会会员人名事迹考》称他广东香山人，留学生，"原名道，字贯一，己亥（一八九九）秋肄业于东京高等大同学校。庚子（一九〇〇）夏任横滨清议报编辑，与冯自由、冯斯栾二人发刊开

---

① 欧阳健：《晚清小说史》，浙江古籍出版社1997年版，第32页。
② 冯自由：《中华民国开国前革命史》上卷，中国文化服务社1946年版，第47页。
③ 冯自由：《革命逸史》初集，中华书局1981年版，第59页。
④ 见《开智录（上）》"整理者按"，见《中国文化研究集刊》第4辑，1987年，第326页。

第六章　留学生与晚清小说戏曲变革　175

智录，专发挥自由平等及天赋人权学说，即在清议报印行，保皇会海外势力因之大受影响。辛丑（一九〇一）春为清议报所逐，孙总理乃函介至香港主持中国日报笔政。癸卯后（一九〇三）先后创办世界公益报及广东日报有所谓报三种，港人多欢迎之。乙巳香港同盟会成立，任庶务干事。丙申春染疫逝世"[1]。

《摩西传》为中国传统的章回形式，第一回前附诗云"丈夫抱有慈悲志，忍听同胞疾苦啼。犹太几为埃及肉，得逃奴隶幸摩西"，演述的是《圣经》中的摩西故事。小说正文从摩西的出身开始写起，埃及王为灭掉国内的犹太人，想出了一个毒计，那就是一对犹太夫妇只能生一子，多生的孩子必须抛投尼罗河中溺死。摩西的父母生下他后，不忍抛投，潜匿妻家，后为发觉，只得忍痛投入河中。不料摩西哭声惊动了时在河中沐浴的埃及公主，遂被带入宫中，并安置他与贵族读书。后读犹太史而生感奋之心，家丁愤而骂之为犹太"贱种"。摩西得知自己为犹太人，遂产生了为民族雪耻的决心。一日摩西在街上见有犹太人为埃及人殴打，竟无人敢为争辩，摩西虽为之解围，但愈加忧愤。便在半夜三更偷进那班最欺犹太人的贵族家里，将他们一一杀了，然后潜逃到撒哈拉沙漠。埃及王追捕不得，遂以此为借口在国内犹太人中逐家搜查，意欲大加残杀。摩西在事平之后，潜回犹太国，日夜演说，称犹太国先王亚伯拉罕托梦于他，叫他搭救犹太人出苦海，从而得到了犹太人的信任和拥戴。摩西遂在约定的秘密时间带领犹太人逃出埃及，并在途中大败了埃及的追兵。在艰苦的长途迁徙中，摩西又借助神祇稳住了动摇的犹太人，最终将他们带到骑南山，创建了国家及其相关规条。摩西终为国家积思成疾而病逝。第二年摩西忌辰时，犹太国民设一纪念会，感念之余，大家演说称要继承摩西精神发奋做人。应该说郑贯公基本是按圣经故事原型进行叙写的，没有多大的主观发挥，每回内容极其简略，仅为故事梗概。他看重的主要是这个故事所蕴含的现实启示意义，如小说末尾所附的著者曰：

　　当上古草昧之时代，托神教世，保人间之生命，启庸流之脑筋，

---

[1] 冯自由：《革命逸史》第4集，中华书局1981年版，第57页。详细情况可参见《郑贯公事略》，冯自由：《革命逸史》初集，中华书局1981年版，第82—85页。

使不至有莫知国家为何物之弊，斯非摩西欤！摩西之卓起，教法家也。恢复国家之独立，拯出斯民于水火，脱奴隶，得自由，维持一国之安宁，制定各种之法律，斯非摩西欤！摩西之聪明，政事家也。鼓舞国民之气概，运其灵捷之军略，免为强者之肉，免为富者之奴，斯非摩西欤！摩西之胆色，兵略家也。呜呼！摩西渺矣，旷观当世，能得几人，岂真英雄豪杰之有种耶？抑亦未知有伟人如摩西者矣！故不揣鄙陋，偷度百忙，著其传略，以俾识时务之俊杰，知所任焉。①

这明确表达了创作《摩西传》的目的，那就是鼓舞民气，争取国家独立与国民的自由平等，这些思想与圣经故事的本旨并不完全相同，而明显灌注了郑贯公的个人思想倾向与现实诉求。郑贯公的这篇小说虽然简短，但大体奠定了此后历史题材类新小说的创作格局。

冯自由，据其自著《兴中会会员人名事迹考》载："冯懋龙，冯镜如之子，字建华，十九岁易名自由，自幼留学日本②。乙未兴中会成立时，年十四，奉父命宣誓入会……十九岁（庚子）肄业东京专门学校（后二年改称早稻田大学）。旋与郑贯公、冯斯栾等发刊开智录，专发挥自由平等学说。二十岁（辛丑）与冯斯栾、李自重、王宠惠等组织广东独立协会。又与戢元丞、秦力山等发刊国民报……二十一岁（壬寅）与章太炎、秦力山等发起支那亡国纪念会；又与叶澜、秦毓鎏等组织青年会。二十二岁（癸卯）任香港中国日报及美洲旧金山大同日报驻东记者。二十四岁（乙巳）随总理及黄克强等发起中国同盟会，旋被派回香港办理香港、澳门、广州各地党务。二十五岁（丙午）任香港中国日报社长，兼同盟分会长，先后策动潮州、黄冈、惠州、七女湖及汕尾等处革命军事。二十九岁（庚戌）赴北美温高华任大汉日报记者……三十岁（辛亥）赴旧金山主持大同日报笔政。"③

---

① 《开智录》第 3 期（1901 年 1 月 20 日），见《中国文化研究集刊》第 4 辑，1987 年，第 407 页。

② 据陈民《冯自由》，冯自由生于日本横滨，幼时曾被送回国受教育，13 岁返横滨。1896 年就读于东京天主教办的晓星学校，学生多为欧美籍，因受种族主义欺凌，一学期未完即自动退学。1897 年入华侨小学，1899 年转入东京大同学校，1901 年又转入东京专门学校（早稻田大学前身）政治科，1902 年冬回国。李新等主编：《中华民国史·人物传》第 2 卷，中华书局 2011 年版，第 846、847 页。

③ 冯自由：《革命逸史》第 4 集，中华书局 1981 年版，第 45、46 页。

《贞德传》体制一如《摩西传》，正文前赋诗云："红粉丛中一伟人，芳名脍炙几千春。可怜巾帼英雄女，玉碎珠沉为国民。"小说写贞德出身农家，早年好读奇书，勤于学问。13 岁协助爹娘牧畜，即有为国立功的大志。一日，神启示她"法国有难，汝当救之"，于是贞德便私自练习器械，习读兵书。与此同时，英法两国发生战争，法京被攻破，贞德时已 17 岁，亲见英兵蹂躏法民，愤而辞父从军。投阿里安城守将罗卑露，罗为感动，授以一队兵士。法国太子通过试探贞德，深赏其才，即封其大元帅之职。贞德回营即发檄文一道，人心为之一振，军势渐张。为鼓舞军心，贞德于某月某日在诗龙郊外开场演说，激起军民同仇敌忾之心。小说写至第六回，未完，后面内容不得而知。从小说演述的内容及其思想倾向来看，与《摩西传》完全一致，均集中于争取民族独立、抵御外辱一点，有着强烈的现实关怀。

继郑、冯二人之后，以域外历史题材进行小说创作的，还有独头山人（孙翼中）的《波兰的故事》与宣樊子（林獬）的《菲律宾民党起义记》、《美利坚自立记》、《俄土战记》等作品。这些作品均发表于《杭州白话报》，篇幅也都不长。关于孙翼中，从前文介绍可知，他为留日学生，据冯自由《兴中会之革命同志》载，他为"浙江杭县人。字耦畊，别号江东，杭州求是书院教员，因出课题，名曰罪辫文，遭清吏查究，乃之绍兴，主讲东湖东艺学院。壬寅至日本加入青年会，旋与蒋智由、王家驹等发刊浙江潮月刊。癸卯归国主持杭州白话报，亦为当局购缉，事先逃走得免"[1]。《波兰的故事》，光绪二十七年五月初五日（1901 年 6 月 20 日）《杭州白话报》第 1 年第 1 期开始连载，至本年第 3 期毕，作者署"独头山人"。小说叙写中国西北有陀纽务河，河边住有三兄弟：鲁西、查克、礼克。一灵鸟引礼克至波兰开垦立国。礼克无子孙，王位由子姓公举，纷争遂起，内乱不止。到中国康熙朝，国王戴法第三虐待希腊教民，激起波俄战争，蒙古、土国等亦趁机侵扰。波兰在数国的日侵月削之下，国事更衰，全乾隆六十年（1795）国王被迫让位。俄国派来总督、大将军，并将波地小孩捉往西伯利亚，与父母隔绝，只准用俄文说话写字，波兰真正灭亡了。小说虽写的是波兰的历史，但虚构成分很大，其中将波兰建国始祖与中国联系起来，显然有警示当下中国之意。

---

[1] 冯自由：《革命逸史》第 3 集，中华书局 1981 年版，第 84 页。

林獬（1874—1926），初名獬，后改名万里。字少泉，又字宣樊。生于福建闽侯。一生著文所用笔名有20多个，以"白水"最为人知。"白水"为"泉"字之分割，意谓林少泉即使身首异处，亦不改初志。幼聪颖，有良好的旧学功底，擅长古文写作。狂放不羁，不事科举。19岁受聘浙江石门知县林伯颖家塾师，主讲新文学，时林纾亦应聘是家主讲旧文学。一年后，受杭州太守林迪臣所聘，任蚕桑学堂教习。与知府幕府名士林纾、高啸桐、高梦旦兄弟等常相往来。时有杭州东城书院"以策论取士，白水朔望必至，试必高列，士子群趋赴之，置酒高会，名噪钱塘"。1899年回福州，与黄翼云、黄展云创办福州蒙学堂。1901年任杭州求是书院总教习。同年6月，任《杭州白话报》主笔，倡导白话文。1902年春与蔡元培、蒋观云等在上海成立中国教育会。同年与蔡元培创办《学生世界》，鼓吹教育救国与教育革命。1903年春，携其妹林宗素东渡日本求学，先入补习学校学习日语。拒俄运动事起，白水积极参与，并于是年回国从事革命宣传。1903年12月15日，与蔡元培、刘师培等人在沪创办《俄事警闻》，后改名《警钟日报》，其中重要社论及白话文，均为其所作。在《俄事警闻》创办后的第三天，又独自创办了《中国白话报》，整个刊物文章几乎都出自其手。1904年11月，上海发生刺杀前广西巡抚王之春未遂案，白水参与营救暗杀者，为清廷注意，离沪返闽。不久，再次东渡日本，自费入早稻田大学法科，兼习新闻。1905年12月因日本"取缔规则"，白水离日返回福建。随后去上海，以译著投稿度日。民国成立后，白水主要从事新闻工作，不畏权贵，秉公言说，为当局所恨，1926年为军阀张宗昌枪杀[①]。

《菲律宾民党起义记》载光绪二十七年（1901）九月至十一月《杭州白话报》第15至19期。叙写菲律宾为亚洲九个小岛，没有好首领，民众亦无教化智识，遂为西班牙所灭，惨受压制剥削。后民智渐开，出现了泥水义会、咳咕贫难等民党，会员数万，为当局所忌，予以镇压。民党更加愤怒，推渥军鸦度为帅创义民政府，反抗西班牙统治。义军屡破西兵镇压，曾一度令西兵求和，后联合美国，彻底打败了西班牙，但又很快受骗成为美国属地。《美利坚自立记》载光绪二十七年《杭州白话报》第4至第10期，叙写的是美国独立战争史事。《俄土战记》载光绪二十七年

[①] 参见林慰君《记先父林白水烈士》，《新闻研究资料》总第41辑，1988年。

《杭州白话报》第 11 期至第 15 期毕，主要叙写土耳其的兴衰史，早期如何崛起，中期如何强盛，晚期沙加映帝如何因欲谋恢复中期盛况引起教案致国家大乱。沙帝被废，后继者残暴不仁，导致民众起义，王兵镇压失败，德、奥、俄等趁机干预，要土变法。土有分歧，英国亦要插手，就又混战一番，土败于俄。各国怕土为俄所独吞，遂共同阻俄，纷纷抢占土紧要海口，土自此一蹶不振。

与郑贯公、冯自由的小说相比，孙翼中、林獬的小说内容相对丰富一些，但叙述仍较为简略，虽然叙写水平及白话表述均有明显进步，但总体仍缺乏艺术性，只能算是较为粗略的政治宣传品，故其影响亦不甚大。随着晚清重要小说期刊《新小说》的创办，《洪水祸》与《东欧女豪杰》这两部历史小说的相继发表，小说自身的文体属性开始受到重视，留学生的此类小说创作亦开始跻身晚清新小说创作的重要作品之列。

第四节　借历史抒发救国与革命思想
——晚清留学生的新型历史小说创作（下）

《洪水祸》发表于《新小说》第 1、7 号，五回，未完，标"历史小说"，作者署"雨尘子著"，即周宏业。小说写的是法国大革命的历史故事，虽然只有五回，但涉及路易十四、十五、十六三代之事。小说第一回开首说："今日我们读过西洋史的，便觉读史时，有几种新异感情出来。第一，我们中国的历史全是黄帝子孙一种人演出来的，虽上古有夷蛮戎狄等异种，近世有契丹、女真、蒙古、鞑靼诸外族，在历史上稍留痕迹，究竟我们视之若有若无，不甚着眼。西洋史则自上古至于今日，尽是无数种族，互处相争，政治上的事迹无不有人种的关系在内，我们看去才知世上种族的界限竟如此之严，种族的波澜竟如此之大，这叫做人种的感情。第二，我们中国自古至今全是一王统制天下，历朝易姓也不过是旧君灭、新君兴，没有别的关系。西洋则国内有君主一种，有贵族一种，又有平民一种，并且贵族常与君主争权，平民常与君主争权，不比中国单有君主擅威作福，平民虽多，不能在历史上占些地位，这叫做政治的感情。大凡各国史书上的事业不外两种，一是国内之竞争，一是外国之竞争。西洋史上的国外竞争多半是人种的关系，国内竞争多半是政治上的关系……于今单说西洋数十国内的一国，西洋数千年史上的一种事情，这事情不是国外竞争，便是国内竞争，也无非出乎政治上一层魔业。"然后作者以俚言四句总括全文："巴黎市中妖雾横，断头台上血痕腥。英雄驱策民权热，世界胚胎革命魂。"① 周宏业的用意很明显，那就是借小说宣传种族与政治革命。

正是因为强烈的政治目的，《洪水祸》虽名为小说，实际仅是历史大事的简单勾勒，作者甚至还在每回结尾"附记正史事实"，以明其题材来源。就内容而言，小说重点写的是法国专制君权危机下的改革，对法国民众争取民权与自由行动的叙述，作者显然充满了热情。不过，小说写到大革命前夕即戛然而止，这与《新小说》后期整体撰述思想的转变存在密切关系②。职是之故，小说在写法上，想象的空间很少，虽然它也有具体人物的对话与实际行动，但作者的目的显然不在于使故事增强生动性与可读性，而是为了更好地表达观点与串联故事，使其具有连贯性。

晚清以域外历史为题材的新小说成就最高的是罗普的《东欧女豪杰》。罗普，名孝高，别署披发生、岭南羽衣女士。广东顺德人。曾在康有为开设的长兴学舍与万木草堂学习，为康的得意门生之一。冯自由说："罗普……康门麦孟华之妹婿也。戊戌东渡留学。吾国学生入早稻田专门学校（时尚未改称大学）者，罗为第一人。易西服后，仍留长发不去，故自号'披发生'。新民丛报社出版之《新小说》月刊中，有假名羽衣女士著长篇小说，曰《东欧女豪杰》，叙述俄国虚无党谋刺专制君王之为国牺牲，及女杰苏菲亚之慷慨义烈，绘声绘影，极尽歌颂之能事，最为脍炙人口者，即出罗氏手笔。"③ 罗普戊戌年（1898）东渡日本留学，同年梁启超亦避难日本。梁启超在日本相继创办《清议报》《新民丛报》及《新小说》，罗普都是梁启超的重要襄助者。此时期罗普的思想也与梁启超一样，主张排满革命。光绪二十五年（1899）因与梁启超等十三人上书康有为，劝其与孙中山合作，被康的其他弟子骂为"逆徒"，呼之为十三太保。光绪三十年（1904）归国，担任保皇党机关报《时报》的主笔。

罗普的小说活动主要在留日期间，除零星的译作外，仅创作《东欧

---

① 雨尘子：《洪水祸》第1回，《新小说》第1号。

② 详参拙著《晚清小说的变革：中西互动与传统的内在转化——以梁启超为中心》第四章第二节"《新小说》前后思想、风格与主要撰稿人的变化"，中国社会科学出版社2014年版。

③ 冯自由：《康门十三太保与革命党》，冯自由：《革命逸史》第2集，中华书局1981年版，第31页。

女豪杰》一部小说。该小说于《新小说》第1号开始连载,至次年闰五月第5号止,标"历史小说",共五回,未完,署"岭南羽衣女士"著,"谈虎客"批,"谈虎客"为韩文举[①]。小说第一回说:"论那天演公理,凡世界越发野蛮,那强权便越发恣虐。强权盛行,平等权自然是没有了,所以君主便压制百姓,贵族便压制平民,男子便压制妇女。压制久了,便做奴隶也够不上,那里就会变出个英雄来。好在那时势是不许永远怎么著的,他偏要造了一番又一番,你看地球上那君主贵族的孽苗不是已经被许多英雄划除了八八九九吗?往后民贼净尽,便是咱们要和那女贼宣战的时候了……现在时势已经变了,强权是用不著了。你不信,试瞧瞧那地球上第一个大权力、大威势的人,岂不是被几个极娇小文弱的女孩儿弄倒吗?到这时候,由不得他家不来求这边讲和,你自想想你的权力威势比那人怎么样啊!何苦执迷不悟,把我粉团玉琢、千辛万苦造出来的乖孩儿们左遭蹋、右遭蹋,闹到尽头,连自己也不得好处呢!看官啊!休怪我羽衣女士多事,我这部书不是讲来当好耍的,我是仰体著天公爷爷这一段意思,将我三千斛血泪从腔子里捧将出来,普告国中有权有势的人,叫他知道水愈激则愈逆行,火愈煽则愈炽烈,到那横流祸起、燎原势成的时候,便救也救不来了。不若趁早看真时势,改换心肠,天下为公,与民同乐,免致两败俱伤,落得后来小说家又拿来当作前车之鉴后事之师罢。这便算我著书人一点微意、一片苦衷了。"[②] 该小说的思想倾向与著书目的,在这里表达得很清楚。

《东欧女豪杰》虽然与《洪水祸》一样借用外国历史题材表达对自己的政治见解,但并非纯粹敷衍历史大事。它以俄国虚无党人苏菲亚故事为蓝本,称苏菲亚为彼得大帝的后裔,大学时好与朋友议论,因思想异端被守旧的父亲逼迫退学。苏菲亚遂躲于朋友家中,得读遮尼舍威忌(车尔尼雪夫斯基)和笃罗尧甫(屠格涅夫)等的"禁书",大受影响,便与济格士奇联盟,成立了"革命团",其宗旨是:用破坏手段,把从来旧制一切打破,鼓舞天下的最多数的与那少数的相争,专望求得平等自由之乐。

[①] 据冯自由称:"韩文举,字树园,番禺人,品学具优,迭任上海时务报、澳门知新报、神户东亚报、横滨清议报、新民丛报各报主笔,自号扣虱谈虎客,鼓吹民族主义最力。梁启超在新民丛报间有排满言论,以畏惮其师责备,往往借扣虱谈虎客录栏中发表之。"参见冯自由《康门十三太保与革命党》,冯自由:《革命逸史》第2集,中华书局1981年版,第30页。

[②] 岭南羽衣女士:《东欧女豪杰》,《新小说》第1号。

从此苏菲亚便乔装打扮，深入农村、工厂、矿山，宣传与鼓吹革命，后被暗查告密为政府所逮捕。苏菲亚的党内同志晏德烈展开了营救工作，由于小说没有写完即告终结，其结果不得而知。由此可知，《东欧女豪杰》无论是思想还是手段，都十分激进。

与小说明显的政治意图相适应，《东欧女豪杰》随处可见大篇幅的论说充斥其中，如第三回谈虎客的批语云："此书特色在随处将政法原理横插叙入，令人读过，一通得了许多常识，非学有根柢者，不能道其只字，即如此处说刑法原理，虽属至浅之义，亦中国人未曾见及者。"

不过，与《洪水祸》简单铺排历史大事不同，罗普对小说的形式还是给予了一定程度的重视。黄遵宪在读完《新小说》第 1 号后给梁启超的信中，就说"《东欧女豪杰》笔墨极为优胜，于体裁最合"[①]。小说沿袭的是中国传统习见的章回小说形式，但叙事上却采用的是倒叙。小说开首虚构了一个人物华明卿，她在瑞士留学，结识了不少俄罗斯人。一天，俄罗斯姊妹裴我弥造访，裴我弥给华明卿讲了不少俄罗斯民党的事，并言次天将动身离开瑞士。二人正在相谈时，裴我弥被一馆童匆匆叫走。华明卿十分纳闷，遂去裴我弥的好友桃宝华处探听消息，才知裴我弥已动身离开，并得知裴我弥之所以匆匆离去是因为其党重要人物苏菲亚被捕了。小说接着开始插叙苏菲亚的身世，叙事方面也作了相应调整，如作者自言："（自此明卿女史暂且退隐）看官，这苏菲亚到底为着什么事被逮呢，谅来列位心里头也不免着急，恨不得立刻知到。不是我说书的人有意留难，来引列位的涎脸，只是这书上只有这点子地方，也须要讲完一件，才到别件呀。如今话分两头。"很显然，华明卿只是一个引子，其目的在于引出主人公苏菲亚，此目的既已达到，在小说中自然也就没有再存在的必要了。这样的叙事处理是为了避免给读者造成极强的突兀感，并非有意在形式上追求新异，因此小说接下来的叙事便由限知叙事调整成了全知叙事。这种叙事策略与《新中国未来记》颇为相似，显示出晚清小说形式上新旧杂陈的过渡特点。

总之，《东欧女豪杰》虽有明显的政治意图，但照顾到了小说自身的文学性要求，因此在晚清还算是一篇比较出色的作品。罗普就曾不无自得

[①] 黄公度：《致梁启超函》（光绪二十八年十一月十一日，1902 年 12 月 10 日），陈铮编：《黄遵宪全集》上册，中华书局 2005 年版，第 442 页。

地说:"昔年新小说社所刊之《东欧女豪杰》,乃岭南羽衣女史手笔,摹写泰西礼俗,士女风流,纤毫毕见,其笔力足以上继古人,其才华足以惊动当世。后以女史他行,而此绝大绝奇之野乘,竟辍于半涂,阅者惜之。至今数年以来,海内之士,遂无有踵女史而为之者。"① 此言《东欧女豪杰》"惊动当世"虽不免夸饰,但《东欧女豪杰》在当时读者中产生了广泛影响却是事实。一个典型的例子就是,《东欧女豪杰》署名羽衣女士,时留学日本的马君武读过该小说后,以为"羽衣女士"为某女士,遂产生了爱慕之情,结果为梁启超、罗普等人所戏弄,一时传为笑谈。

庚子事变以后,排满革命的思想在留日学生中十分盛行,他们除了借域外历史题材表达变政思想外,同时从本土历史中挖掘类似的材料,以之宣传其种族革命及政治变革观点,从而表现出与传统历史小说迥异的创作观念与思想倾向,其中以陈墨峰的《海外扶余》最为著名②。《海外扶余》未见刊本传世,上海师范大学图书馆藏有抄本一部,未署撰者姓名,前有序文一篇,无落款年月,藏抄卡片署名陈墨峰,一般认为即陈渊。孙菊园、孙逊先生认为该小说最后完成应在民初,然陈墨峰死于1907年,故《海外扶余》亦只能成书于此前。陈墨峰(1885—1907),又名陈伯平,字墨峰,别号白萍生、光复子,绍兴会稽平水人。性沉默,善方言,喜作诗词。光绪二十四年(1898)入福建武备学堂肄业。光绪二十七年(1901)入福州蒙学新舍肄业。光绪二十九年(1903)考取会稽县学生员。光绪三十一年(1905)入绍兴大通学堂肄业。次年年初随从徐锡麟、马宗汉等到日本东京留学,谋学陆军不成,改学巡警,五月从日本经上海回绍兴,七月与秋瑾等组织锐进学社,并由秋瑾介绍中国公学担任教习,

---

① 披发生:《红泪影序》(1909年),陈平原、夏晓虹编:《二十世纪中国小说理论资料》第1卷,北京大学出版社1997年版,第380页。

② 孙景贤的时事小说《轰天雷》也是晚清颇为重要的一部小说,姚永新集辑之《苏州留学生名录(初稿)》(《苏州文史资料》第15辑,1986年)录其为留日学生,未言何时留学。然据《清末各省官自费留日学生姓名表》(沈云龙主编:《近代中国史料丛刊续编》第50辑,台湾文海出版社1978年影印本,第150页)载,孙景贤江苏自费生,光绪三十二年(1906)七月入学,宣统二年(1910)六月毕业于明治大学专法科。王澈编选《宣统二年归国留学生史料》(《历史档案》1997年第2期)收录宣统二年九月初二日《阿穆尔灵圭等为请分别给予游学毕业生等第及出身事奏折》载,孙景贤年27岁,苏州人,游学日本毕业。张书才编选《宣统二年归国留学生史料续编》(《历史档案》1997年第4期)收录宣统三年五月初九日《唐景崇等为请照章录用廷试游学毕业生事奏折》载,孙景贤年28岁,江苏人,法政科举人。而《轰天雷》出版于光绪二十九年(1903),故这里不予论述。

后又到日本，旋复返国，十一月在上海主编《中国女报》。光绪三十三年（1907），与徐锡麟、马宗汉等日夜谋欲起革命军，七月六日徐锡麟在安庆起义，墨峰在军械局战斗中死难，时年23岁[①]。

《海外扶余》书名意寓在海外（实即台湾）建立殖民王国，小说第十四回中郑成功在看了蔡宝文献的台湾地图后叹道："桃源世界，别有洞天；扶余国王，不过如此，真是好所在罢了。"该回结尾诗又云："殖民事业飞天外，保国功劳树海滨。"[②] 因此，该小说在主旨上包括两个方面：一是抵御外辱振兴民族，一是反满革命。《序》文明确说："怒狮一跃三千丈，搏尽群螟却睡魇，此非我祖国将来之希望乎？'黄祸'迷漫遍大陆，蹂残欧美入蹄阑，此非我同胞将来之希望乎？呜呼，而今何时，而今何时，而今一息奄奄，卧病在床，子孙逃散，大盗在墙，虽有卢扁，莫救其亡之残年将尽之末日也。夫国既不保，何问于家？种且不保，何问于身？此必然之势也。"第一回开头又说："看官，也晓得中国将亡吗？也晓得亡国的苦楚吗？这中国将亡，种种的衰败情形，大约各人也都晓得了。但是亡而存之，方是中国的幸福；不然就亡了，各人有什么好处呢？然而，晓得将亡的很多，想要救亡却没有，这什么缘故？不过是不晓得亡国的苦楚，随他去罢了。咳，这亡国的苦楚，须是不好吃的呢！不用讲将来瓜分的苦楚，就是从前朝代改革的苦楚，也尽够吃了。不用讲远，就只看明末清初的兵革，扬州十日，杀得八十几万；嘉定一县城，也杀得四五万；此外无记载可考的，全天下算起来，就不知几千千万万。你道亡国是容易的吗？"可见，小说作者选择郑成功史迹作为叙写对象，恰是因为它可以兼具御辱保种与排满革命的双重主题倾向。与传统历史小说宣扬忠孝节义的伦理思想不同，《海外扶余》洋溢着新的时代精神，如第五回正文插入之议论云："君父大伦，若和别比较，自然无与为敌；若和社会比较起来，真是渺乎其小。这缘故是君父乃一人私恩，社会系天下公义。成功抱了天下公义之志，自然便一往无前了。区区君父，何足道哉！"第十六回回首诗又云："国破种犹在，身亡心不消；持将一片志，付与众同胞。"可见，陈墨峰侧重的不是郑成功为即将垂死的明王朝尽孤忠，而是他心系

[①] 参见孙元超编《辛亥革命四烈士年谱·陈伯平年谱》，北京图书馆出版社1981年版，第113—117页。

[②] 陈墨峰：《海外扶余》，孙菊园、孙逊校注，湖南人民出版社1985年版，第177页。

天下的公心，为汉民族保存复国的种子。这显然是作者在域外接受的大众民主思想，正是此种新思想的烛照，晚清的历史小说便向现代的门槛迈进了一步。它虽然仍坚持传统历史小说"七实三虚"的创作原则，但已注重对历史作出新的阐释，而非仅仅演述史实，这种倾向实为现代新历史小说之滥觞。

在创作形式上，《海外扶余》基本沿袭的是传统历史小说的叙事套路。基本史实与史传吻合，历史事实的叙述占据了小说的绝大部分内容，尤其是小说后半部分大都是战场厮杀，这显系摹仿《三国演义》而来，却无后者纵横捭阖收放自如的阔大气势。当然，这并不是说《海外扶余》毫无艺术性，从整体上讲它仍是晚清小说中较为优秀的一部。小说语言干净利落，叙事井井有条，而无杂乱之感。同时善于营造气氛与把握人物心理，读来不乏感人之处。如第二回郑芝龙由落草之地沙港村回家看望刚分娩完的妻子和儿子，不几日突然收到沙港村来信催促速回，但并未说明原因，遂急速摇船回去，刚进港，见两旁旗号皆无，所见喽啰又不穿号衣，以为发生突变，顿生疑惧，一路种种紧张情形叙之颇能牵动读者之心。另如第四回清兵进围郑芝龙福建泉州老家，一时谣言四起，风声鹤唳，"芝龙娘子一听，心中害怕，想要逃避，家私太大，带着难行；要埋了起来，自己是有名的人家，又怕人来掘了去；就让带得出去时，不遇清兵，也遇乱民，家中除贴身几个丫环妇女外，只有家人夫役，再也没有一个亲人，日夜思想，左右为难"。于是便在谣言的时起时落中，芝龙娘子的神经亦随之时紧时松，弄得筋疲力尽，浑身倦软。由于人物心理把握真切细腻，读来颇有身同肤受之感。此外，小说在场面与情景描写方面亦颇见简练传神之功，如第五回写兵燹之后的情形说："一看，遍地瓦砾，有几家烧不尽的房子，只剩几枝屋椽，孤立在露天之下；林木阴中，鸦雀成群的聒噪；每到一地方，地下草都挨着身上，一望数里没有人烟。"第四回写清兵进村时的情况说："只听见满村中儿啼女号之声和着鸡犬声，求饶声，怒骂声，杀人声，拆屋声，纷纷乱闹。"虽寥寥数语，而情境毕现，略无余蕴。这些均说明陈墨峰具有较高的文学修养与白话文表达水平。

总体而言，晚清留学生的历史小说创作虽然没有完全摆脱传统历史小说创作形式的影响，但已开始重视历史材料的阐释，并在形式上有意借鉴西方小说的一些新技巧，因此他们的历史小说创作不仅在晚清具有重要地位——这在留学生其他类型的小说创作中是比较少见的，而且对中国历史小说的现代转型来说也是一种可贵的尝试。

第五节　留学生与晚清种族革命小说（上）

梁启超提倡的"小说界革命"，其创作理念是以"新小说"之意境入"旧小说"之风格，也就是革新小说的思想内容，而沿袭传统小说的形式。作为一个新的文学群体，留学生最大的特点就是思想趋新，这就使得他们在新小说创作的早期必然成为一个重要的生力军。

庚子事变以后，留日学生逐年增多，且大多在日本受到了其时革命思想的影响，曾留学日本的王国维就说当时在日本的"诸生骛于血气，结党奔走，如燎方扬，不可遏止"[①]。这种高涨的革命热情在他们创作的小说中也得到了淋漓尽致的表现，晚清早期因此出现了一批由留学生创作的宣扬种族革命的小说。

应该说，上文所论述之由留学生创作的历史小说，也属宣扬种族革命的新小说，因其皆借历史言说当下，故另立一类，以便论述，本节所阐释的以虚构题材为主。阿英曾在《晚清小说史》中这样定义"种族革命小说"：

> 晚清小说活动中之最激急最进步的洪流，为伴着民族革命运动的"种族革命小说"。这些小说，是以宣传革命思想，鼓动革命情绪，使人民同情、参加，以完成中国的种族革命为任务。当然是属于禁书之流。作品往往说教多于描写，完全反映了一种新艺术的初生形式，还不够把自己要发表的思想形象化起来。但可以断言，这些初期的作品，在艺术上虽未臻完善，在对读者的政治影响方面，一定是很巨大的。研究晚清小说，最被忽略又最不应忽略的，就是这最发展的一环。[②]

对种族革命小说的产生、思想内容、艺术特点及其作用地位等作了简明扼要而又十分精准的阐释与说明。他所论述的种族革命小说共有5部，即震

[①] 罗振玉：《〈海宁王忠悫公遗书〉初集弁言》，陈平原、王风编：《追忆王国维》（增订本），读书・生活・新知三联书店2009年版，第16页。

[②] 阿英：《晚清小说史》，人民文学出版社1980年版，第89页。

旦女士（张肇桐）的《自由结婚》、冷情女史的《洗耻记》、陈天华的《狮子吼》、静观子的《六月霜》、羽衣女士（罗普）的《东欧女豪杰》。其中3部姓名可考的均为留日学生，《洗耻记》在日本出版，有可能为留日学生所作，《六月霜》写的是留日学生秋瑾，可见这5部小说均与留学生有关。阿英论述主要为单行本小说，实际上发表于报刊杂志上的种族革命小说还有徐卓呆的《分割后之吾人》、林獬的《玫瑰花》《娘子军》、陈独秀的《黑天国》等，他们都是留日学生，由此可见留学生与种族革命小说的密切关系。

《自由结婚》共两编，二十回。封面标"政治小说"，署"犹太遗民万古恨著、震旦女士自由花译"，自由社藏版。初编于癸卯（1903）阳历8月25日，二编于十二月四日发行。该小说作者署名当为假托，据冯自由《兴中会时期之革命同志》载："张肇桐，江苏无锡人，留学生。字叶侯，号轶欧，早稻田大学政治科学生，壬寅与同学秦毓鎏、周宏业及冯自由等发起青年会，癸卯为江苏杂志记者，著有小说《自由结婚》行世，亦鼓吹民族主义之作。"[①] 由此可知作者实为张肇桐[②]，据《清末民初洋学学生题名录初辑》载，他于光绪二十七年（1901）四月到东京，自费，入早稻田大学校，时年23岁[③]，则生年当在1879年左右。张肇桐后又曾赴比利时，习采矿冶金学，归国后在民国政府工商部任职。该书前附自由花《自由结婚·弁言》称：

> 此书原名Free Marriage，犹太老人Vancouver先生所著。余往岁初识先生于瑞西。先生自号亡国遗民，常悒悒不乐……为余纵谈天下事，累日不倦，而一念及祖国沦亡，辄悲不自胜，且曰："败军之将，不足言勇。设吾言令欧美人闻之，适足以见笑而自玷耳。虽然，三折肱可为良医，在君等当以同病见怜也。倘一得之愚，赖君以传，使天下后世，知亡国之民，犹有救世之志，则老夫虽死亦无憾矣。"余感而哀之……呜呼！不知山径之崎岖者，不知坦途之易；不知大海之洪波者，不知池沼之安；不知奴隶之苦者，亦不能知自由之乐……

---

① 冯自由：《革命逸史》第3集，中华书局1981年版，第67、68页。
② 参见于必昌《〈自由结婚〉作者小考》，《文学评论丛刊》第16辑，1982年。
③ 房兆楹辑：《清末民初洋学学生题名录初辑》，台湾中央研究院近代史研究所1962年版，第3页。

> 全书以男女两少年为主，约分三期：首期以儿女之天性，观察社会之腐败；次期以学生之资格，振刷学界之精神；末期以英雄之本领，建立国家之大业。无一事不惊心怵目，无一语不可泣可歌，关于政治者十之七，关于道德教育者十之三，而一贯之佳人才子之情。今名政治小说，就其所侧重者言也。①

于该小说之创作宗旨、框架设计言之甚明。由此亦可知，小说原拟写三编，最后不知何种原因没有完成。第一回借小说中人物介绍作品大意称："这书的主人翁，就是一男一女。男名黄祸，女名关关。两人幼相识，长相亲。起初得了结婚自由，后来把一切自由都得到手。天下无难事，只怕有心人。列位看看他做的功业，可不生敬慕之心吗？列位男男女女，自择佳偶，双双成立，如彼两人，将来驱除异族，恢复旧物。绝等大功，绝等伟业，都在我自由同胞掌握。"

小说又以寓言的形式描写了地球上有一个大国家"爱国"（隐喻中国），此国中只分两种人：一为盗贼，一为奴隶。在上的盗贼独断专行，以严刑重罚防止在下者之觊觎。然而在上盗贼的奢侈淫佚生活，被"一个偷儿看了，十二分艳羡，用尽他平生穿窬本事，来偷他的权力。偷得到手，就算交着贼运，偷不到手，就两边扭住厮打，打胜的便做皇帝，打败的身首异处。窃钩者诛，窃国者侯。所以国里没有一年不乱，没有一日不乱。乱初起来的时候，国里许多奴隶，都帮着在上的强盗，来打在下的强盗；等到在下的强盗得胜，变了在上的强盗，奴隶又来帮着他，去打别个在下的强盗；上下古今二三千年中间，忽而此盗得胜，忽而彼盗得胜，忽而强盗遇着贼爷爷，循环往复，好像环无端，川不息，没有一刻的安宁"。不光本国的奴隶对皇帝充满艳羡与觊觎之心，就连"那些国外的蛮夷戎狄，贼种奴才，也闻风而至。按历来盗贼的成例，乘机窃取国权，俨然太祖高皇帝，奴隶们见了，仍旧没有半句违拗的话……有这样的好奴隶，谁不愿来做其国的主人翁？所以一二贱种相继入主，到了后来，竟惹起许多强国的觊觎心。奴隶们起初还想抵抗抵抗，既而看见势不是头，也就服服帖帖地做他们的孝子顺孙"（第二回）。将矛头直指封建专制政体，以及外国侵略者。作者认为要达到"驱除异族，恢复旧物"的目标就必

---

① 张肇桐：《自由结婚》，1903 年自由社刊本。

须做到:"第一步,我们不是人就罢,倘然是个人,一定要报洋人欺我的仇。第二步,洋人欺我,大半是异族政府做出来的,所以要报洋人的仇,一定先要报那异族政府的仇。第三步,要报异族政府的仇,家奴是一定也要斩的。第四步,欲达以上所说的目的,我们同志的人,一定要结个大大的团体,把革命军兴起来"(第九回)。这种激进的思想,"投向青年,在当时真不异于一颗爆裂弹"[①]。

小说虽然名为"自由结婚",实以黄祸及关关之爱情贯穿两人的革命政治活动,也就是"用寻常儿女的情,做那英雄的事"。他们均将政治置于爱情之上,发誓异族不驱除、祖国不光复则不考虑个人婚姻问题。这种结构套路显然受到了其时日本政治小说的影响,而弊病亦如之,即强烈的政治意图主宰了小说的艺术创造。但是作为一部早期的种族革命小说,其创作不仅具有代表性,对后来者也产生了不可忽视的影响。

在独创题材方面,报刊杂志发表的留学生种族革命小说以徐卓呆的《分割后之吾人》为最早,该小说开始连载于《江苏》第8期(1903年11月19日),至翌年二月初一日第10期止,共五回。小说虚构了一个人物江苏汉人黄士表,庚子事变之后,清政府赔款四百五十兆两银子,报载各国瓜分中国之议成,抑郁之中不觉朦胧睡去,偶遇一老人黄轩初,因邀其一同瞧瞧亡国惨状。一路所见所闻,有:英国总督出告示限令田主换领新契,每亩纳契洋五圆,逾期充为官地;俄国人在吉林收取人口税,上等人廿一圆,中等人十四圆,下等人七圆;入店吃饭,馒头极小然极贵,原因是税关权为英国人所侵占,收税高十几倍,故物价极高;英人出告示,限令中国人改换服式,与印度人一同打扮;学堂里,英人禁授本国文字,限二十年后一切契券书信均须用英文;鸦片馆里,众人面黄肌瘦;外洋虐待华工;老妇人为英国人所乘车马撞翻,竟遭赶车的中国人抽打,并为印度巡捕拖去,踢得半死;火车上等票不卖中国人;等等。因此种种情形,小说借小说人物向人们揭示侵略者的本质道:"欧洲人手段高强,把人家的国亡了,必定要禁止习本国文学,绝断他爱国之心;加重赋税,绝断他谋生之路;重兵镇防,夺去他自由之权。高官厚禄都是他们高鼻头绿眼睛的自己享受,苛徭贱役都是你们那些亡国之奴去当,虽是说亡国,其实把人的心思性命一并亡的,因为欧洲人很恨异种人的,亡了他的国,必定要

---

① 阿英:《晚清小说史》,人民文学出版社1980年版,第91页。

亡了他的种，方始心满意足。"（第四回）同时对于苟且偷安的满洲统治者亦给予了激烈的抨击："从前我们国内的权利除了税关，那一件自己可以做一点儿主，铁路、电报、邮政等事，都要请外国人来经营，自己宛如木偶一般，生死机关都被他人捏住，要你怎样就是怎样，岂不是满洲人的滥做好人么，横竖自己也难保，落得多做些人情，可怜满洲人外国人宛如小鞑子孝敬老鞑子一般，不等他开口就一样一样的献上去，若他一开口也是一口应顺，怎敢不依，所以连满洲老窠里的祖（祖）故（坟）被俄国人掘去也不管，只要现在的活老鞑子心满意足，不顾怜死的老鞑子骨头暴露了，他待我们汉人也当做故（坟）内的祖宗一般，尽你被外国人怎样，他总搁在脑后绝不关心的。"（第三回）由此可见，小说的目的显然是要激起人们的反满排外情绪。不过，这些思想情感并不是有机地融入作品之中，而是通过小说人物之口发表出来的，因此小说充满了长篇的论说，情节内容极其稀薄，几乎没什么艺术性。

早期报载种族革命小说中，陈天华的《狮子吼》是影响较大的一部，该小说连载于《民报》第2、3、4、5、7、8、9号"小说"栏内，第2号署名"过庭"，第3、4、5号署"星台先生遗稿"，第7、8、9号署"星台遗稿"，除楔子外，共八回。《民报》第2号出版时间为1906年5月6日，而《狮子吼》第一回有言"西洋以耶稣降生之年为年号，到今年是一千九百零四年了"，因此其撰写时间应开始于1904年冬，终止于陈天华投海之前（1905年12月8日）①。

楔子一回敷陈了作书之宗旨：有一天小子收到挚友一封信，称前两月入山樵采，一高数丈之石屏忽然石破天惊，飞出一铁函，里有残书一卷，写的是混沌人种的历史。该混沌国亦曾辉煌过，四旁各国都称它是天朝，但自古传下一个忠君邪说，常因争夺帝位自相残杀，以至被旁边小小野蛮种族侵略钳制，也非一朝一次。最末一朝，混沌国的东北方出了一种野蛮人，人口只有五百万，倒杀了混沌人十分之九，占其国二百多年。末年又来了蚕食国、鲸吞国、狐媚国，都比这种野蛮人强得远，只好把混沌国一块一块割送他们。这些国狠恶无比，不用强硬手段，只将混沌人的生计断绝，不准婚娶，使其慢慢灭亡。兼之不施教育，混沌人最终降为无知觉的下等动物，沦为各国开战挡枪炮的靶子及做工程的牛马。不上三百年，这

---

① 刘晴波、彭国兴编：《陈天华集》，饶怀民补订，湖南人民出版社2008年版，第90页。

种人遂全归乌有。这寓言隐喻的显然是中国当下的现实，混沌人即汉人，野蛮人即满人，蚕食国、鲸吞国、狐媚国为入侵满清之列强。小子看完后做了一个梦，梦见街上异常慌张，谣传俄罗斯占了东三省，英国兵舰不日江宁，并听说南汇、江阴已经起事，遂骑马赶往江阴，为败退之义勇队冲散，跌入深沟。沟中虎狼无数，为其追赶，右臂被咬一口，长号一声惊醒了此山中沉睡了多年的一只大狮，那些虎狼见后不要命地走了，那狮子遂追风逐电似地赶去。这时空中降下一个穿着古衣冠的神人，道："吾乃汉人始祖，轩辕黄帝是也。吾子孙不幸为逆胡所制，今逆胡之数已终，光复之日期不远。汝命本当死于野兽之口，今特赐汝还阳，重睹光复盛事。"小子还阳后恰遇光复后五十年纪念会，国中物质繁盛无比，教育、交通、邮政、军事、税收均极发达。此段光复历史可以其中小生的一段唱词概括之：

> 小生，新中国之少年是也。门承通德，家不中赀。六尺微躯，一腔热血，愤胡儿之囤迹，伤汉族之陵夷，百计号呼，唤醒群梦，十年茹苦，造就新邦，重开汤武之天，净洗犬羊之窟。其时薄海内外，同宣独立，都解自由。增四千年历史光荣，震九万里环球观听。内修武备，外慎邦交，挫匈奴不道之师，杜回纥无厌之请，金汤永奠，锋镝潜消。到如今文明进步，几驾欧美而上之。回想当年，好不愉快！你看辽东千里，明月依然。那满清政府二百年之威风，五百万之异类，都归何处去也？今日万国平和，闲暇无事，待我将当年勋迹，表表出来，以告天下后世之为黄帝子孙者。

小说将要叙写的就是这样一段虚构的故事。接下来小子在共和国图书馆里看到了一部《光复纪事本末》的大书，共前后两编，封面画一狮子张口大吼之状。前编言光复事，后编言收复国权完全独立事。小子遂将正史体改为章回小说体，用白话演出，因封面画的是狮子，故取名《狮子吼》。

楔子大体言明了小说的主旨与叙事框架。小说第一回"数种祸惊心惨目，述阴谋暮鼓晨钟"，主要介绍的是其他国家的种祸，正如回首诗所说"红种陵夷黑种休，滔天白祸亚东流。黄人存续争俄顷，消息从中仔细求"。此回全是论说，没有故事情节，其目的是要说明这是种族竞争的结果，故编著此书"远远从种族上说起，非是故讲闲话"。第二回"大中华沉沦异种，外风潮激醒睡狮"，是讲历史上中国沉沦于异族的经过。从

第三回开始,小说才开始进入故事本身,讲浙江沿海有一个小岛,名叫舟山,明末忠臣张煌言曾奉监国鲁王驻守此地,舟山西南有一大村,名叫民权村。该村烟户共有三千多家,有议事厅、医院、警察局、邮政局、公园、图书馆、学堂、工厂、轮船公司等,可谓无所不备,"真是世外的桃源,文明的雏本,竟与祖国截然两个模样"。之所以有此一片净土,乃是当初满洲攻打舟山之际,此村有个孙姓始祖,聚集家丁子弟、族人邻里,据垣固守,未被攻破。此老死后叮嘱子孙要报满洲残杀之仇,不可应满人科考,做满人的官。此村人谨守始祖遗言,故名虽在满洲治下,实与独立无二,以故民权村仇视洋人。道光间,舟山为英人所占,经过民权村,被杀得大败亏输。后民权村有几个名人,游历欧美回来,细考立国根源,饱观文明制度,晓得一味野蛮排外也是不行,必先学人长处,与人能够平等,才能与人争强比弱。几人遂提议用村中公产开学堂,并劝村人到外洋留学。开始亦招村人反对,后风气渐渐回转,出洋日多,一个小小的村子因此有这般的文明,但仇满排外主义,比前越发涨了许多。村里中学堂有个总教习文明种,原是一守旧先生,后其学生留日归来,为所感染,遂亦东渡日本留学,结果宗旨大变,激烈异常,听说民权村很有自由权,便来此当了学堂的总教习。他所教的学生,以孙念祖、孙绳祖、孙肖祖及狄必攘最为出色,毕业后为寻求救国之道,念祖赴美学政治,肖祖赴德学军事,绳祖去上海办报,必攘则游历内地,结识会党,组织革命力量。此后小说以此四人(尤其是狄必攘)的活动为中心,贯穿了当时的一些重要历史事件,如自立军之役、拒俄运动、苏报案、沈荩案等,有些人物明显影射当事人,如康镜世与江支栋实即康有为与张之洞。因陈天华的自杀,小说第八回写到狄必攘在内地的革命活动时结束。

总而言之,小说的主导思想是"要自强,必先排满,要排满自强,必先讲求新学"(第六回)。由于强烈的思想主导,小说的结构不仅显得杂乱,而且人物也几乎是作者思想的传声筒,缺乏个性特点。虽然缺乏艺术性,但因作者的情感较浓,语言却颇有气势,行文流畅奔放。

此外,值得提及的种族革命小说还有陈独秀的《黑天国》。陈独秀(1879—1942),原名庆同、乾生,字仲甫、由己,号三爱等[①]。安徽安庆人。光绪二十四年(1898)入杭州求是学堂学习。光绪二十七年(1901)

[①] 详参任建树《陈独秀字号笔名化名考释》,《民国档案》1986年第6期。

留学日本。次年回安庆，同年9月再赴东京，始为预备入校①，后入成城学校习军事。光绪三十三年（1907）第二次东渡日本留学，先入正则英语学校，后入早稻田大学②。光绪三十年（1904）创办了《安徽俗话报》，在芜湖建立了反清组织岳王会。民国后成为新文化运动的领军人物。《黑天国》共四回，署名"三爱"，分载于《安徽俗话报》第11（1905年9月10日）、13、14、15期，未完。小说以俄罗斯"冰天雪地、穷漠荒郊"的西伯利亚为背景，俄罗斯专制政府为惩治政治犯，又避免外国人说闲话，遂将他们都发配到此处做苦工，在此处被折磨致死的不知有多少，因此各国人都将此地叫作"黑天国"。小说主人公荣豪，虽无反抗政府的确凿罪证，仍被诬陷发配此处，在目睹听闻了种种惨景，复经工役的痛苦折磨后，失去了生还的信心。自杀未遂，被管事人聂里布救下，因其曾经受过良好教育，遂派他到伊哥克做文案。时诗人唐美图——一个反抗俄专制政府的虚无党人，及其女儿能智均在伊哥克服刑，荣豪早时颇受唐美图影响，并与能智姑娘互相爱慕，被派来此处感觉犹如再生，自此与唐美图父女日相过从。突然有一日，荣豪来到唐美图家时，见能智姑娘泪痕满面、神色仓皇。小说至此戛然而止。陈独秀写作这部小说，显然是借他人酒杯浇自己块垒，据他自己说："我那时也是二十几岁的少年，为革新感情所趋使，寄居在科学图书馆楼上，做《安徽俗话报》，日夜梦想革新大业，何物臭虫，虽布满吾衣被，亦不自觉。"③陈独秀借小说大肆挞伐君主专制政体的罪恶，如第一回说："俄国也是个专制政体，君主贵族，独揽国权，严刑苛税，虐待平民，国中志士如有心怀不服，反对朝廷的，便要身首异处，或者人犯众多，或者是罪证不确，无罪杀人，又恐怕外国人看了说闲话，便也一概发配到西伯里亚，充当极苦的矿工，受种种的严刑虐法，便是暗暗的置之死地，无论什么好汉，便教他呼天不应，插翅难飞，历年以来，那一班英雄好汉文人学士名姝闺秀，只因干冒宸严，一经发配

---

① 据《清国留学生会馆第一次报告·同瀛录》载："陈乾生、仲甫，24（岁），安徽怀宁。（光绪）二十七年十月（到日本）。东京（专门）学校。"而《清末民初洋学学生题名录初辑》（房兆楹辑：《清末民初洋学学生题名录初辑》，台湾中央研究院近代史研究所1962年版，第40页）则载："陈乾生，安徽桐城，（光绪）二十八年（1902）（到日本），自费，预备入校。"二者有出入，沈寂《陈独秀留学问题再考》（《安徽史学》1992年第4期）认为后者可能为别人代签。

② 详参沈寂《陈独秀留学问题再考》，《安徽史学》1992年第4期。

③ 转引自汪原放《回忆亚东图书馆》，学林出版社1983年版，第200页。

到西伯利亚，便同活埋一般，能望生还的，千百人中难得一个，其葬身绝域，饮恨千秋的，至今也不知有多少。"这无异是要激起民众对晚清专制政体的联想，以唤起他们反满革命的思想。不过，小说虽政治热情很高，缺点一如前述小说，缺乏艺术性。

第六节　留学生与晚清种族革命小说（下）

除上文所述以外，晚清还出现了一批反映女子从事种族革命活动的小说，其最著者为林獬的《玫瑰花》《娘子军》与徐念慈的《情天债》。这些作品对认识晚清的女性思想解放及其文学表现具有重要的参考价值。

《玫瑰花》发表于《中国白话报》（1903年12月19日）第1、2、4、7、8、9、10、11、12、15期，共九回，署名"白话道人"①。小说得名于其主人公——一位激进的爱国女子。小说以倒叙的形式，讲述了我的一位老相好毛友，二十年前独自摇船下海，一去不返，人都以为他死了，今日突然来找我，遂将其二十年亲见的许多趣事讲给我听，我正愁没有好小说，即将这些真事登入报中小说里。小说开始以第一人称讲述，我二十年前在大海上被一阵大风吹到一个孤岛，岛里有个大村，岛上玫瑰花栽得交交关关，故人都叫该村为玫瑰村，村里住的人都是满千满万的财主，总共人口有四千，大家安安耽耽已过了二百多年的太平日子。我遂占籍于此，沾光过了一些快乐的日子，不想一场大祸飞来，弄得玫瑰村十家九破。原来那年正当甲申六月，邻近村里跑出一只老虎，天天走入村里害人。村里商量招请猎户除虎患。离村不远有个兽居村，村里多半是猛兽，还聚有许多恶汉，因觊觎玫瑰村的富有，遂冒充猎户前往打虎，趁机占有玫瑰村成了主人，虐待盘剥，无所不用其极。邻村见有机可趁亦趁火打劫，已成玫瑰村主人的兽居村强盗只能割地求和。玫瑰村因此民不聊生。村学中有个学子钟国洪，立意报仇，劝村民团结以求光复。村中巨富王员外之女玫瑰花亦发愿赶走外村强盗，颇闻国洪之名。后国洪当众演说，为人告密，不得不逃走，遂移信玫瑰花请她救护村民，并附一小照。玫瑰花见后害起相

---

① 江苏省社会科学院明清小说研究中心、江苏省社会科学院文学研究所编的《中国通俗小说总目提要》（中国文联出版公司1997年版，第900页）、石昌渝主编《中国古代小说总目·白话卷》（山西教育出版社2004年版，第228页）该条介绍均标为"六回"，实未见后三回。另，两著在介绍该小说时人物亦有误，如黄总强误为黄种强，张止东误为张正东。

思病,拒绝了父亲安排的婚事。后钟国洪与村中志士黄总强、葛思明、蒯馥清、方振汉等组织成立了光复会,以暗杀与暴动为宗旨。葛思明刺杀汉奸张止东未遂遇害,钟国洪出面除掉了张止东。接着黄总强、钟国洪等组织的光复会暗中筹款,购买军械,发动村民,最后与兽居村的强盗进行了一场决战,结果大败兽居村,玫瑰村得以光复。事后光复会会员公议成立了村民自治政府,并规定了自治公约与办事规则,并拟开村民大会公决。小说未完,但未见连载,从其情节来看已大体结束。很显然,这部小说具有极强的现实隐喻意义,玫瑰村的虎患实为农民起义,兽居村即满洲女真族,光复会则为革命党。在思想方面,小说作者倾向于暴力革命,十分激进,如第三回借黄总强之口说:"如今普通立会的章程,无非是开民智、办学堂、设报馆各种事体,依兄弟愚见,这等事体固然是好,但怕收效太迟,而且用款又大,如今对付这种强盗,只有暴动及暗杀两事好办。"他宁愿放一把火将玫瑰村烧个干净,也不愿让这"庄严净土"为异族所臭秽与熏蒸(第二回)。第三回玫瑰花又痛斥陈腐儒的责难道:"孟子道:残贼之人,谓之一夫。这残贼二字,就是说做大逆不道。如今这般强盗租税加厘勒捐,这种行径是不是残贼?是不是大逆不道?是不是独夫?不要说他是个外来的异族,有罪当诛,就是我们这玫瑰村中,若果出了一位这样无道的皇帝,我们百姓也应该学着武王起兵革命,把这独夫纠一刀两段哩。"小说中的主要人物钟国洪、黄总强、蒯馥清、方振汉,前三者的谐音是中国红、黄种强、快覆清,作者的命意已十分清楚。

作为一部政治小说,《玫瑰花》也加进了爱情的作料,以提高可读性。不过,作者虽倡导婚姻自由,但仍保留着传统的道德,如第五回这样描写玫瑰花自主择婚的心理活动:"又想到婚姻自由虽是文明公例,但我们举动都是做他人的模范,不可造次,而行事仍须禀明父亲,请命而行……我今若私下与钟国洪结婚,知道的人就晓得我此举是出于光明磊落,不知道的人还以为我是个不守闺训的女子,将来女人家若果都藉口婚姻自由,私相授受,不肯禀明父母,则是文明的法律还没有懂得清楚,那伤风败俗的事体,多弄得层出不穷,这岂不是我一人作俑之罪么?"玫瑰花明确告知钟国洪,与其缔结婚姻是为了"从此可以共图大事,矢志报仇,且待光复奏功,再议结婚之事"[1]。甚至在探望钟国洪病时,钟问:

---

[1] 《玫瑰花》第5回,《中国白话报》第9期,1904年。

"你若不因为著大局，难道就共我没有一点爱情，看着我病都不来理么？"她答道："我若不因大局，决不管你的病，我是真实的话。"①（第八回）因此小说中的爱情实际也是贯串情节的一根主线，并非作者主要命意所在。不过，即便如此，《玫瑰花》在情节的设置上比较紧凑，叙事也井井有条，语言流畅自然，从而使其有一定的可读性，比之前几部小说，可称《自由结婚》之流亚，而高出其他几部小说。

《娘子军》发表于《中国白话报》第3、5、6、13期，共四回②，署"爱国女儿述，白话道人记"，未完。小说为第一人称叙事，主要讲兴办女学的故事。开明女士卢太太想兴办女学校，造就大国民，遂请我经营其事，我请上海学问品行俱佳的戴佛证出面主持，女学很快兴办起来。由于女学不教普通的栽培、家政、裁缝、烹调各学，而注重精神与实业科学教育，其实亦鼓吹革命之一种。结果引起当局注意，后查封报馆（即苏报案）与退学风潮起，政府拿问主脑，戴佛证与女校主要教习张伯安为避风头逃离上海。小说以"娘子军"命名，显然是鼓吹女子参与反满革命，如女校所日唱之体操歌调云：

　　庄严净土我中华，灵苗智种真堪夸。美哉二万万女子，文明之母自由花，自由花，建州女真摧吾芽。（一解）
　　复仇九世春秋义，岂为裙钗废。斯巴达国之妇人，杀敌搴旗帜，搴旗帜，我也挥螳臂。（二解）
　　大风卷地黄沙黄，北来建虏河（何）猖狂。刀砧宛转汉人肉，北面稽首帝豺狼，帝豺狼，纵道男降女不降。（三解）
　　铁也血也坚复坚，姊与妹兮前复前。平台不数秦良玉，会须纤手立黄天，立黄天，故虏从来无百年。（四解）
　　来来来，匈奴未灭胡家为？胜则王兮败则虏，归来乘楯休徘徊，休徘徊，蛾眉红粉今也才。（五解）③

光绪癸卯年十二月一日（1904年1月17日）在上海创刊的《女子世界》

---

① 《玫瑰花》第8回，《中国白话报》第12期，1904年。
② 江苏省社会科学院明清小说研究中心、江苏省社会科学院文学研究所编《中国通俗小说总目提要》（中国文联出版公司1997年版，第900页）标为三回，误。
③ 《娘子军》第3回，《中国白话报》第6期，1904年。

杂志，第1至第4期连载了徐念慈的长篇小说《情天债》，标"女子爱国小说"，除楔子外，共四回，未完，叙述的是巾帼英雄苏华梦、钟文秀、王群媛等为救国而艰苦奋斗的故事。楔子谓六十年后，中华必以强大帝国独立于亚洲大陆，与世界平等往来。国内将实行宪政，社会经济繁荣，科学进步，教育普及，造就这一堂堂帝国的除了一批爱国志士外，还有不少巾帼英雄。正文第一回叙写苏华梦做了一个梦，梦见来到一片荒芜的国土上，到处是昏睡不醒的痴男呆女，忽被从北方、西方冲来的凶人暴客乱砍乱杀，睡梦中便被送上了西天。有一青年在人堆中苏醒，大声喊叫想惊醒昏睡中的男女，但人们仍然沉睡不醒。青年人被两个洋人赶出"离恨乡"，来到一繁华商埠，有一大汉指问他道："你刚从那杀人处来吗？那是华胥人的祖国，国中人都睡了，不知世上是何年，连自己的国名都忘了！你们口喊身体力行、自由平等，只不过说说算了！看见他人残杀自己的同胞，只顾自己逃走！算什么人？"说着便拔刀砍下了青年人的头颅。苏华梦亦从梦中惊醒。这个梦具有明显象征寓意，浓缩了晚清危迫的社会现实。苏华梦在上海读书，结识了一帮女界英雄。其中钟文秀虽是出身士绅的名门闺秀，却立志坚守"不自由毋宁死"的信条，寻机逃出家门，至上海读书，成为学界团体自立会的领袖。时清政府要与六国在俄京签押卖国条约的消息传来，自立会的领袖们在上海徐园开会演说，痛斥清政府的卖国行为，得到了听众的响应与支持，有人当场捐了龙洋、银票，赞助爱国活动。自立会还创办有定期刊物，揭露清廷之腐败与宣传革命思想。钟文秀等人的爱国活动遭到了清廷的注意，并受到了暗探的监视。后自立会为了解民情，派苏华梦同王群媛到国内各地考察，二人每到一处都详细调查当地社会的风土人情，记下所见所闻，而且还深入当地有名望之家，向他们的小姐、太太宣传革命思想。小说至此结束。

通过上面的介绍，结合徐念慈的生平思想，可知创作此部小说是其积极于女界教育的一种具体体现。据丁祖荫《徐念慈先生行述》云："吾虞女界暗蔽甚他邑，而奢靡之风气尤过之。先生谓女子教育不改革，必无以图将来普及教育之效果。谋于同志，鸠赀建校甲辰之秋，竞化女学成。先生主任教务者二年，始终任义务，不稍懈。管理庶务之职，悉委之夫人朱氏。规律井然，生徒踵至，女界风气，由是渐开，则又先生之力多焉。"其女学教育精神可从《常熟竞化女校开学歌》窥知一二：

> 辛峰兮郁葱，文明秀气钟，
> 我辈姐姐妹妹，入校勤课功，
> 愿及时发愤先将普通科学攻，
> 男女原平等，自由之神像铸铜，
> 组织新社会，女权恢复是英雄，
> 改革旧社会，解脱奴隶有几重，
> 幸今朝，研究学问团坐一堂中，
> 万岁万万岁，竞化女校祝声同。①

可见，徐念慈是女子新式教育的提倡者与实行者，《情天债》书写的正是这样一种新式教育思想。职是之故，在写法上《情天债》表现出与前述小说一致的叙事特点，如倒叙手法，具有隐喻意义的梦境，虚构故事中穿插当下时事（如苏报案、拒俄义勇军）等。由此可以说明，其时创作此类小说的作者，具有共同的政治诉求，以及想象未来中国的思维方式，或者毋宁说正是此种共同的思想倾向导致了其时小说创作不约而同的叙事套路。

晚清反映女子从事种族革命小说的出现，标志着新型文学对女性的重视与关爱，这不仅有利于促进中国妇女的觉醒与解放，也拓展了新的文学表现领域。虽然早期的作品仍很稚拙，但其开创之功却是不可磨灭的。

第七节 留学生与晚清其他类型的小说创作

1903 年前后是留日学生思想最为激进的时期，因此在此期间他们创作了大量宣传种族革命的小说。除此之外，他们对其他类型小说也有不同程度的尝试，现就可考知者加以整体论述。对于晚清小说创作的基本情况，鲁迅曾以谴责小说概括之②。陈平原认为："用'谴责'来概括清末小说的基调颇为准确，可用'谴责小说'来代表清末小说类型则不大妥当。"③ 留学生除用小说宣传新思想外，也同样濡染了这种创作风气，不

---

① 《常熟文史》第 22 辑，1994 年。
② 参见鲁迅《中国小说史略》，《鲁迅全集》第 9 卷，人民文学出版社 2005 年版，第 291 页。
③ 陈平原：《小说史：理论与实践》，北京大学出版社 2005 年版，第 191 页。

过破旧实际也是为了立新，只是表达方式发生变化而已。

由留学生创作可归之"谴责小说"或具有谴责基调的有林獬的《新儒林外史》、陈景韩的《新西游记》、马仰禹的《亲鉴》和《新孽镜》等作品。林獬的《新儒林外史》发表于《中国白话报》第 17、19 期及第 21—24 合期，标"社会小说"，共四回①。表面看来似乎是《儒林外史》的翻新小说，实际与《儒林外史》没有直接关系，该小说第一回回末孤山民批云："此书著眼在于学问道德四字，与《儒林外史》以功名富贵为全书主脑同一手法，《儒林外史》描写腐败社会情状毕肖而无改良之方，此书叙述风俗浇漓、学术凋敝，而时以最高理解插入，妙在不露痕迹，使阅者得以渐渍启悟于不觉，此所以为新也。"可见小说虽针砭旧式教育的腐败，但并未一味暴露，而是借此倡导新的教育。对教育的重视与改良，是留学生思想趋新表现的一个重要层面，如果对留学生稍有研究便会发现，这一群体对新式教育的提倡可谓十分突出，晚清所组织兴办的教育团体及新式学堂，随时可见此一群体的身影。《新儒林外史》体现的即是林獬试图通过教育改良来救亡图存的思想，如第一回开首云：

> 诗书烬溺微言绝，沧海横流大道穷。阅世偶然惊白发，吾衰不复梦周公。这一首诗是个亡国遗民，身处衰世，眼见当时天下，遭了异族凭陵，有如洪水猛兽，山河残破，元气大伤，那兴学立教之事，自没有人提及了，所以不上一二百年，就弄得风俗浇漓、学术凋敝。孔子道：今之愚也，诈而已矣。唉！又愚又诈，这真是衰世的气象，照此下去，群道可息，天地可灭，那一大团的种族，也是沉沉沦沦，万劫不能再生的了。看官，你道如今社会进化，岂不是靠着学问？人类安宁，岂不是靠着道德？没有学问、没有道德的民族，在地球上是站不住脚的。那亡国遗民有慨于此，因做了这首诗，自寄感慨，这本是文人抚时兴感的常事。

小说以此种思想为宗旨，叙写了做了二十多年的老夫子李志万，常州人没有一个不说他品学兼优的，因此教运亨通。而实际上此人不仅道德败坏，

---

① 江苏省社会科学院明清小说研究中心、江苏省社会科学院文学研究所编《中国通俗小说总目提要》（中国文联出版公司 1997 年版，第 912 页）以为一回，误。

而且学问平平。他借村中魏武祠堂做书馆，天天托人拉学生，以收取学资，在与官府奸吏周旋时亦颇有世故狡猾之智。同时，小说还以曲笔写出了他干没友人托带葬母之银的事情。如果说作者对李志万的描写是其批判社会"风俗浇漓、学术凋敝"的一面，那么他塑造项屈仲与姚文光则显然是其"以最高理解插入"的直接体现，从而表明了他提倡的为人为学之道及其教育方式。项屈仲本亦为坐馆先生，因颇重孩子教育，遂前往访问李志万，与志万谈论圣贤微旨，颇有新解，不想志万以为他撒谎捏造，结果话不投机而散。后项屈仲姑丈姚文光前来探望，屈仲之子恰好散学，问起所学，李志万随意敷衍学生的一个解释，姚文光误以为他真有学问，遂发了一通入学门径的议论，实际就是治学须先从识字入手，也就是注重小学。次日屈仲访文光，文光邀他去南京夫子庙新设的新民学塾餐馆，二人在参观过程中就所见发表了关于新式教育的想法。小说至此中断。总体而讲，《新儒林外史》也是一部典型的借小说发表政见的作品，后两回基本是论说，没有什么情节内容。

陈景韩的《新西游记》是一部翻新小说，共五回，其《弁言》称："《新西游记》借《西游记》中人名事物，以反演之，故曰《新西游记》。《新西游记》虽借《西游记》中人名事物以反演，然《西游记》皆虚构，而《新西游记》皆实事，以实事解释虚构，作者实略寓祛人迷信之意。《西游记》皆唐以前事物，而《新西游记》皆现在事物。以现在事物，假唐时人思想推测之，可见世界变迁之理。"[①] 小说创作的基本情况大体得到了说明。总体上讲，这部小说有两大特点，首先它以唐时人的眼光来观察晚清社会，使小说充满了荒诞与谐趣。如第一回写孙行者看东洋车：

忽然看见门外路旁停着无数的大粪箕。粪箕的柄都放在地上，下边都装着两个轮盘。孙行者一想：怪不得这里道路这般清洁，原来用这样大的粪箕打扫过的。正看着想，忽见东边一个人，拖了一个粪箕跑来了。粪箕里端坐着一个人。孙行者一看，不觉大笑叫道："好笑好笑！怎么这里的人坐在粪箕里的？想来嫌他生得龌龊，载去不要的。"旁边的人听他自言自语，不觉也好笑起来，因对他说道："这是东洋车，不是粪箕。"

[①] 吴组缃主编：《中国近代文学大系·小说集六》，上海书店出版社1991年版，第346页。

接着孙行者又将人们骑的脚踏车误认为是哪吒三太子的风火轮,如此种种,不一而足。小说以上海外国租界为背景,种种新鲜事物,便都以唐僧师徒四人的这种眼光写出,颇有点《红楼梦》刘姥姥进大观园的味道,从而使小说在展现晚清社会的风貌方面显得荒诞而有意趣。

其次,小说以这种局外人的独特视角对晚清社会的种种腐败现象作了辛辣的嘲讽。如第四回新年初一猪八戒向孙行者行礼,二人的对话:

> 才说完了话,不料八戒早举着前蹄,向行者作了一个揖。行者忙道:"我们熟人何必多礼。"八戒也不答话,接着又将前腿向前一伸,后腿向后一扯。行者惊道:"老猪,老猪!怎么,怎么好好的你如何又发起猪牵风来了?"八戒道:"那里是发猪牵风,这个也是我和你行的礼。"行者不懂道:"这个叫做什么礼?"八戒道:"这个叫个可进可退,伸了前腿,万事可以占些便宜;伸着后腿,万事也可以推卸。这是官场里常用的礼。"行者点头道:"原来如此,我倒不知道。"说声未了,八戒早又改了样子,将前边的右脚举向右眼边一遮。行者道:"老猪,你看甚么?如何也学老孙手搭凉棚。"八戒道:"我不看甚么,这也是我的礼。"行者道:"这叫做甚么礼?"八戒道:"这叫做一手遮尽自己目。现在新学家自欺欺人的多,这个礼是新学家惯行的。"

同回又写挂龙旗的事道:

> 行者道:"拍卖行内的旗,如何也和龙旗放在一处?难道那龙旗也要拍卖了吗?"八戒笑道:"不是,不是。我想这龙旗不值甚么,拍卖他做甚。定然这国里,今年要开个大拍卖行了,所以也挂了出来做个记号。"行者忽又抬头一看,问道:"这是甚么旗?这是甚么旗?如何这般多的白小方块儿?"八戒道:"这是外国人的洗衣作,不是旗。你看他又并不挂在楼上的。"行者指着对面楼上道:"那么,那边挂的是什么旗?这个样式倒也奇怪,又不是长的,又不是方的,又不是阔的,又似个人儿,有身体有手却没有头。这是甚么旗儿?"又指着前面楼上说道:"这个旗比那个更奇怪了,明明是一面方的旗,

如何将他下边挖去了一个圆孔，倒成了个三角形了。"八戒听了，不觉哈哈大笑，说道："老孙，你发了呆了。这是人家晒的衣裤，那里是旗。"行者不服道："我不信人家的衣裤如何和龙旗挂在一块儿的？又如何和龙旗一样挂的？这就奇怪了，这就奇怪了。"八戒道："你管他做甚！这上海的事，奇奇怪怪的多着哩。"

这可以说是对清政府卖国的绝好讽刺，同时也表达了作者对清廷的极度蔑视。综合以上论述，可以说《新西游记》是一部颇有特色的谴责小说，他不仅在叙事视角，同时也在行文情调上提供了与晚清一般谴责小说迥异其趣的表达效果。不过，由于整部小说醉心于暴露与揶揄，未能在思想上有所超越，且以一种写作方式贯穿始终，难免单调与俗气，对晚清同类谴责小说没有实质性的超越，但它仍可反映出陈景韩具有杰出的小说才能。

马仰禹在晚清留学生中，也是一个比较重要的小说家，他在晚清重要小说杂志《月月小说》和《小说林》上发表的《大人国》与《亲鉴》，均有一定影响。前者为短篇，后文将予以论述。《亲鉴》连载于《小说林》第5至第8期，标"家庭小说"，共十回，署"南支那老骥氏编，上海冷眼人评点"。《亲鉴》也是一部改革小说，此部小说创作之时，正是清廷提倡预备立宪后不久，社会各界充斥着种种预备立宪的思想，作者遂借此表达了自己的看法。小说最后一回的回目是"宪政初基改良风俗，地方自治注重家庭"，由此可知作者的基本改革观点，那就是风俗改良是宪政的初基，而风俗改良有赖于家庭教育。其基本措施可通过小说最后一回都御使沈清的一道奏疏窥知一二：

> 第一条禁鸦片。伤财害生，莫甚于此；若大漏卮，既为贫民之张本，几多朽木，尤为弱国之原因。
> 第二条禁僧尼。红灯传教，直省几为糜烂之乡；白日登仙，世界曾见飞升之客。况复竹签可作青囊，性命视同儿戏。
> 第三条禁早婚。两小无猜，乱翻颠鸳倒鸯之谱，又弱一个；致酿离鸾别鹄之音，丁单且堕宗祧。种弱尤为国祸。
> 第四条禁浮费。向平有愿，何尝故示富豪；孟子尽哀，岂是显分厚薄。况价买直等妾姬，慎终乃为孝子。

这是最切时病的四条，也是沈清基于亲身体验而发出的肺腑之声。

沈清是一穷翰林，长期在京候补，而妻子是个大烟鬼，常年卧榻，足不出户，儿女因此缺少家教，脾气很坏，稍有不足便生暗气，故得了慢性的肝疾。女婿玉佛为四品黄堂（知府）符慈仁之子，慈仁早年仅有一女玉芝，为求子，其妻求神拜佛，终得一子，故取名玉佛，实与和尚私通所生。慈仁夫妇重男轻女，加之家人搬弄是非，尤其是玉佛乳母我见怜（与慈仁有染）更是如此，最终玉芝被送给王孝廉之子王英做童养媳。由于慈仁夫妇疼爱儿子，虽为其请塾师，却不许严加管教。塾师本为无行之徒，与我见怜私通，讹诈慈仁后，与席卷了符家财物的我见怜双双潜逃。慈仁听说沈和（沈清之弟）自教子弟颇为严格，遂将玉佛送往附读。沈和的两个儿子由于管教过严，犹如呆子，相比之下，玉佛如鹤立鸡群。沈和觉玉佛聪明伶俐，加之符家又为有名富户，遂将侄女（沈清之女）许配与他。符家要求及早过门，沈清之妻不任事，将四千两银折交由女儿自办陪嫁之物，结果钱为下人虚掏，而所办之物却无用处。沈清只得向弟弟借垫，由于符家排场很大，又不能不顾面子，大肆借贷以与匹敌。沈和为侄女婚事操劳，偶感风寒，其妻不请医生，反信尼姑秘方，结果断送了沈和性命。沈和二子在玉佛的影响下，开始出外吃喝玩乐，偷窃家财，不务学业。玉佛婚后亦时常在外寻花问柳，后为父亲找回训斥，归家一月未出，却与妻子房事过度，偶感寒疾，得了夹阴之症，元气大伤。虽医治偶有起色，然不节房事，终于不起，后听人用鸦片疗治，不但毫无效果，反因此一命呜呼。玉芝到王家后，王孝廉父子均倾向新学，王父亲自教授玉芝，王英亦因学有所成被钦点翰林。王英与玉芝婚后，有倡新学、兴学堂的想法，惜无资财。沈清有感于家事，对王英夫妇的想法极为赞赏。遂写信劝符慈仁捐家资助王英夫妇兴学，慈仁此时亦因玉佛之死颇有感悟，不仅欣然同意，还与辞官归里的沈清一起参与地方教育与风俗改良，不上两年把合境风俗改得完完备备。

应该说，《亲鉴》也是一部有着明确政治目的的小说，所不同的是，它不是完全靠说教，而是以具体同时还带有一定生动性的故事来表明政见，不仅顺理成章，也使读者易于接受。而且作者的认识也有相当深刻之处，如第九回说沈和二子之所以放纵得厉害是因为早先的锢闭，这令人想到了《歧路灯》，谭孝移的儿子谭绍闻不也是如此吗？直至今天，这也是颇有借鉴价值的话。以此种见识写沈和教育的问题，显然高出时人一筹。

同回又借沈清之口，说诸家出现的这些变故"不是一朝一夕的来历，也不是一家两家的祸患，小而言之一乡一邑，大而言之全省全国，这风俗改良是万缓不得的"，就将问题上升到根本，而非就事论事，显示了作者对晚清社会的深入思考。凡此种种，使《亲鉴》不仅具有一定的可读性，也有一定的思想深度，可惜的是其政治意图过于强大，使这些长处没有充分发挥出来。

马仰禹的《新孽镜》可以说是一部完完全全的谴责小说，不过他谴责的不是旧党，而是新党。阿英称在他读过的清末小说中，《新孽镜》给他印象最坏，因为作者"写作这部书的目的，在说明当时维新运动中人物，没有一个是好东西"[①]。其中人物不是借新学谋取私利，就是品行恶劣、不学无术。论者因此认为马仰禹是完全维护清廷的立场。应该说，维新是晚清以来历史的大势所趋，但并不是说维新完全没有问题。晚清一些假维新人士借助维新大肆招摇撞骗，亦不乏其人，所导致社会风气的恶劣亦不容忽视，因此晚清才出现了一批以此种人为批判对象的小说，有时过甚其辞——这是晚清谴责小说的共同风气，连及所有维新人士，亦是势所必至。此方面著名的小说，如李伯元的《文明小史》亦不免于此。从前文论述可知，马仰禹并不是一个顽固不化之人，他对此类维新人士的暴露与谴责，恐怕出于一时快意的宣泄，未必完全反对维新、维护清廷，这是需要注意的。

第八节 留学生与晚清短篇小说创作的转变

鲁迅曾在《域外小说集序》中说："《域外小说集》初出的时候，见过的人，往往摇头说，'以为他才开头，却已完了！'那时短篇小说还很少，读书人看惯了一二百回的章回体，所以短篇便等于无物。"[②] 给人的印象似乎是晚清的短篇小说不但不发达，而且很少。事实并非如此，晚清小说多以报载形式发表，小说过长往往动需年月，方能登完，亦往往令阅者生厌。因此报刊有时会通过增加一些短篇小说来予以调节，如1904年8月4日《时报》登载的一则广告称："本报以前所登小说均系长篇小说，

[①] 阿英：《小说闲谈四种》，上海古籍出版社1985年版，第95、96页。
[②] 鲁迅：《鲁迅全集》第10卷，人民文学出版社2005年版，第178页。

每竣一部动需年月，恐阅者或生厌倦。因特搜得有趣味之一短篇，尽日译成，自今日始连日登载，约一礼拜内登毕……想阅者亦不至厌也。"同年10月29日又登广告云："本报昨承冷血君寄来小说《马贼》一篇，立意深远，用笔宛曲，读之甚有趣味。短篇小说本为近时东西各报流行之作，日本各日报各杂志多有悬赏募集者。本馆现亦用此法，如有人能以此种小说（题目体裁文笔不拘）投稿本馆本报登用者，每篇赠洋三元至六元。"①其时重要的报刊杂志都有登载或征集短篇小说的情况，因此晚清的短篇小说不仅不少，还有日趋繁盛的趋势，是"五四"时期短篇小说流行与繁荣不可或缺的一个前奏。晚清留学生的短篇小说创作不仅数量多，而且出现了与传统短篇小说不同的新特点，从而为短篇小说的现代转型作出了积极贡献。

晚清短篇小说创作风气的兴起，留日学生陈景韩有开创之功。胡适曾说："冷血先生……有时自己也做一两篇短篇小说，如福尔摩斯来华侦探案等，也是中国人做新体短篇小说最早的一段历史。"② 实际上，陈景韩最早发表的不是侦探小说，而是侠客小说《刀余生传》，该小说发表于光绪三十年（1904）八月初一日创刊的《新新小说》。稍后发表的《马贼》，甚至使《时报》萌发了征集短篇小说的创举，这足以说明陈景韩在晚清短篇小说创作发展史上的重要地位。陈景韩晚清时期创作的短篇小说有30余种，其中以反映侠客、侦探及时事的小说为主。陈景韩对侠客小说的青睐，与其翻译虚无党小说的目的是一样的，他曾在《论小说与社会之关系》一文中说中国人无尚侠之风："夫我中国之所以腐败而各事不举者，以各种人于己所应为之事，不能尽力为之也。然又有一故，则以非己所应为之事，不肯仗义以为之也。而社会之性情，遂因之委靡而不振。譬如遇顺境，身所不能计深远！虑续密者，人亦无有出而代为之计虑；又如遇逆境，身所不能亲为报仇者，人亦无有路见而代抱不平。夫天下之事，不过己事与人之事耳。己既不自振，人又不扶助，虽欲社会上事，有一不腐败而不可得也。"此恶劣性质"宜急药救之，不然，将为堕失人道之第一病根"③。因此其创作侠客小说并非仅仅为了取悦大众，而是有着明确

---

① 转引自刘永文《晚清小说目录》，上海古籍出版社2009年版，第402、403页。
② 胡适：《十七年的回顾》，《时报》1921年10月10日。
③ 陈景韩《论小说与社会之关系》，《时报》，光绪三十一年（1905）六月初八日。

的救世目的与言说对象:"侠客谈之作,为改良人心!社会之腐败也,故其种类不一。侠客谈之作,为少年而作也。少年之耐性短,故其篇短;少年之文艺浅,见解浅,故其义其文浅;少年之通方言者少,故不用俗语;少年之读古书者少,故不用典语。"①《刀余生传》可谓这方面的代表作,小说叙写一旅客途中为强盗所劫,坚强不屈,为盗首所赏,遂领其参观谷中的各种设施:"杀人室"、"货币库"、"演习场"、"高等学生教课场"等,这是盗首治国理念的直接体现。原来盗首以往也是一个有着救国理想的士人,觉读书人"外谦让而内多欲,外宽厚而内嫉忌;言甘而行恶,言大而志小",遂去而从商,绝望;又从政,又绝望,遂从盗。获得盗首地位及群盗的信任后,他开始实施自己的救国之道,即优胜劣汰:

> 雅片烟鬼杀!小脚妇杀!年过五十杀!残疾者杀!抱传染病者杀!身体肥大者杀!侏儒者杀!躯干斜曲者杀!骨柴瘦无力者杀!面雪白无血色者杀!目斜视或近视者杀!口常不合者杀!(其人心思必收检)齿色不洁净者杀!手爪长、多垢者杀!手底无坚肉、脚底无厚皮者杀!(此数皆为懒惰之证)气呆者杀!目定者杀!口急或音不清者杀!眉蹙者杀!多疾嚏者杀!走路成方步者杀!(多自大)与人言摇头者杀!(多予智)无事时常摇其体或两腿者杀!(脑筋已读八股坏)与人言、未交语、先嬉笑者杀!(贡媚已惯)右膝合前曲者杀!(请安已惯故)两膝盖有坚肉者杀!(屈膝已惯故)齿常外露者杀!(多言多笑故)力不能自举起身者杀!(小儿不在此例)凡若此者均取无去。其能有一定职业,能劳动任事者,均舍去,且勿扰及财物。②

这种极端的救国理念虽以盗首的口发出,实则反映了陈景韩,当然也包括其时相当一部分知识分子对政府与民众的绝望,以及急于求成的躁进心态。在写作上,陈景韩不仅善于营造冷酷的气氛,而且其冷峻的语言亦有以副之,使小说别具一番风貌。如该小说开头:

---

① 冷血:《侠客谈·叙言》,《新新小说》第1号。
② 冷血:《刀余生传》,《新新小说》第1号,光绪三十年(1904)八月初一日。

强盗！强盗！

有一旅客，且喊且走，在荒野中，正当天地冥黑，星月全无之夜半。

后有一人，如飞而来，身体上下，一色全黑，右手执宝刀，左手袖口束细索，未及百步，旅客遂被执。

旅客既被执，强盗乃取袖口细索缚两手，提钱囊负于背，牵之行，曲折入一山谷。

此山谷中，有石穴，入石穴，再曲折行，约半里，忽然开朗，有石室。石室之中，电灯上下，明亮如白昼，有椅有桌，有各式应用物，有八九人，咸全黑，如彼强盗装束状。宝刀系腰上，左旁裤袋微露手枪柄，或坐或立，均默静无一语。

写法与传统话本小说可谓迥异其趣，因此于润琦认为该小说"打破了中国传统小说平叙的写法，而以简洁有效的手法，对故事中最精彩的片断加以描写，紧紧抓住读者，难怪此篇被誉为中国近代短篇武侠之祖"[1]。

陈景韩同时还创作了不少侦探小说，有些情节曲折生动，显示出结构小说的杰出才能。但更多的情况下，是淡化小说的故事情节，借此类小说达到某种讽世的目的。如《歇洛克来游上海第一案》，仅仅是华客与歇洛克的一段对话，华客为一上海人，欲试探歇洛克的能力，请他说出自己昨夜到现在的所有举动，歇洛克通过敏锐的观察，一一说出他昨夜以来的种种腐败生活。小说的所有情节都在这儿，至此我们已完全明白小说的主要命意所在——讽刺上海人华客。陈景韩的时事小说更是以讽刺为主，如《七妾令》《首县》《外交家》《美少年》《某镇》，这些小说均发表于时报，具有很强的现实性与时效性，简短精悍，以致有论者称之为"变相的时评"[2]。

除此之外，陈景韩的《催醒术》值得大书一笔，因为它是第一篇以现代心理学为基础，塑造了一个精神狂人的形象，被有些论者称为是鲁迅之前的"狂人日记"[3]。小说开头一段引言云："冷曰：世传催眠术，我谈

---

[1] 于润琦：《清末民初的短篇小说》，《明清小说研究》1997年第3期。
[2] 张天星：《报刊与晚清文学现代化的发生》，凤凰出版社2011年版，第403页。
[3] 范伯群：《〈催醒术〉：1909年发表的"狂人日记"——兼谈"名报人"陈景韩在早期启蒙时段的文学成就》，范伯群：《多元共生的中国文学的现代化历程》，复旦大学出版社2009年版。

催醒术。催眠术，科学所许也；催醒术，亦科学所许也。催眠术为心理上一种之作用，催醒术亦为心理上一种之作用。中国人之能眠也久矣，复安用催，所宜催者醒耳。作催醒术，伏者起，立者肃，走者疾，言者清以明，事者强以有力，满途之人一时若饮剧药，若触电气，若有人各于其体魄中与之精神力量，若干而使之顿然一振者。"①小说以第一人称叙事，写"我"倚窗见一人持竹梢，见人即举指之，指后即如引言所云状。"我"亦为所指，顿觉豁然，见己身及周围一切皆布满尘土污垢，不能忍受，不能不尽力除之。见人亦不自觉地为其清洗，人皆以为"我"得了精神狂疾。"我"既不见容于社会，遂感叹："予之生于世也，不自今日始矣。予之有身体手足耳目口鼻也，与生而俱来也，至今日而身体手足耳目口鼻之感觉灵敏于他日，灵敏于他人。予方以为幸也，不意予有此灵敏之感觉，而予乃劳若是，予乃苦若是。予回忆他日，是他日之予逸，而今日之予劳也。予外观他人，是他人之予乐，而予之予苦也，此皆予之感觉灵敏为之也，此皆予之醒之故也，此皆予遇彼手持竹梢人成之也。彼何人，用何术？误我若此，彼既能醒人，何独一予，令予一人劳若此苦若此，此予必索彼、访彼、问彼之故。"这种情形诚如鲁迅所说："假如一间铁屋子，是绝无窗户而万难破毁的，里面有许多熟睡的人们，不久都要闷死了，然而是从昏睡入死灭，并不感到就死的悲哀。现在你大嚷起来，惊起了较为清醒的几个人，使这不幸的少数者来受无可挽救的临终的苦楚，你倒以为对得起他们么？"②《催醒术》中的"我"就可以看作这铁屋子中被唤醒的少数人。应该说，《催醒术》与鲁迅的《狂人日记》在写作目的与思路上是完全一致的，所不同的是，《狂人日记》是在深刻反思传统的基础上提炼出一个具有典型意义的层面——"吃人"，加之精心的结撰，读起来令人毛骨悚然，内心不能不为之震动；而《催醒术》则一眼被人看穿，有点流于浅俗。但是不可否认的是，《催醒术》无论是在创作目的还是写作方式上，都提供了与传统小说大异其趣的特点，作为现代短篇小说的前奏，它当之无愧。

徐念慈的《新法螺先生谭》是科幻小说在中国的首次尝试，具有里程碑意义。该小说初刊于1905年6月，与吴门天笑生（包天笑）的译作

---

① 冷：《催醒术》，《小说时报》第1号，1909年。
② 鲁迅：《呐喊·自序》，《鲁迅全集》第1卷，人民文学出版社2005年版，第441页。

《法螺先生谭》及《法螺先生续谭》合在一起，由小说林社出版，题名为《新法螺》，"法螺"意为说大话。《新法螺先生谭》全文一万一千余字，开头有"觉我"的一段引言："甲辰夏，我友吴门天笑生以所译日本岩谷小波均所译滑稽谭《法螺先生》前后二卷见示。余读之，惊其诡异，暑热乘凉，窃攫之与乡人团坐，作豆棚闲话，咸以为闻所未闻，倏惊倏喜，津津不倦，至三日而毕，次夜集者益众。余不获辞，乃为东施效颦，博梓里一粲，不揣简陋，附诸篇末，大雅君子，尚其谅诸。"① 小说以第一人称叙事，讲"我"（即法螺先生）对现代科学不满，终于有一天灵魂和肉体分开，离开地球，先后游历了月球、火星和金星，经历种种奇异的遭遇后又回到了地球。接着又访问了地底国，目睹了那里的腐朽与堕落，这实际隐喻的是晚清中国的现状。之后又从地底回到上海，对"脑电"（心灵感应）产生兴趣并进行研究，然后设立学校教授学生，推广应用。"脑电"的广泛使用，使通讯业及与之相关的行业受到了沉重打击，大量工人失业，这些人痛恨他并声言要杀死他，法螺先生只好逃离上海。

与一般科幻小说仅仅娱众不同，徐念慈写作此部小说的一个重要目的是向人们介绍科学知识。如小说中说："以欧美近日自诩为文明之国民，余亦如不欲见，是何为者，则以余之面东而立，深有望于黄河、长江之域，余祖国十八省大好河山最早文明之国民，以为得余为之导火，必有能醒其迷梦，拂拭睡眼，奋起直追，别构成一真文明世界，以之愧欧、美人，而使黄种执其牛耳。"因为要以科学唤醒大众，所以小说不仅穿插进了许多科学知识，如生理学、天文学、电学、光学、磁学、引力学等，有些还是相当专业的术语，如"离心力"、"洗脑"、"循环系统"、"呼吸系统"、"神经系统"、"卫星"、"脑电"等，而且小说中的幻想也均有一定科学依据，如写"余"灵魂与月球相撞情形："与月世界相撞后，速力益大，几如炮弹之脱口，飞向天空。余细察行向，知已闯出地球轨道之外。遥视地球，如盆子口大小，一片光亮，隐隐有些黑影，想即是山岛海洋，较之地球望月，正是一般"，这显然符合天体运行规律。除了借小说向民众宣传科学知识外，徐念慈也表现出对现实中国民众愚昧堕落的无奈与绝望。如小说写在"余"光膜映照下，祖国人民居然"无一不嘘气如云，鼾声如雷，长夜慢慢，梦魂颠倒，盖午后十二点钟，群动俱息，即有一小部分未睡之国民，

---

① 吴组缃主编：《中国近代文学大系·小说集六》，上海书店出版社1991年版，第324页。

亦在销金帐中，抱其金莲尖瘦、玉体横陈之夫人，切切私语，而置刺眼之光明于不顾。余于是大怒，拟欲以余身为烈火，爆成无量数火球，将此东半球之东半，一举而焚之，使为净土，复成一未辟之大洲，而畀之将来之哥仑布。无如余光之缺点，正因无热力，嗒焉若丧，两腕无力，竟以余灵魂之身，失手而掷于地上"。后来访问之地底国，所见老翁即隐喻黄种人地下之祖先，时时在关注着其后世子孙，至此见其子孙愚昧堕落，亦陷于绝望，他对"余"说："余之导君游是处，正欲藉君以传语子孙，使彼知地下之祖宗，见彼等之现象，在地狱中，为彼等伤怀耳。"因此可以说，《新法螺先生谭》是一部寓劝、戒于一体的短篇小说，具有鲜明的时代性。不过，徐念慈虽然试图将科学融入文学故事之中，但由于科学的分量过大，影响了小说的文学想象与表达，颇有点喧宾夺主的味道。

马仰禹的《大人国》也是一部值得提及的短篇小说，该小说发表于《月月小说》第6至第8号，标"寓言小说"。小说的主人公为英国人，以第一人称讲述了他的一段奇遇。他乘船出海游历，中途失事，漂流到一座与世隔绝的荒岛。为岛上的一个巨人发现，被带回家。原来此岛居住的都是巨人，他们穴居，不事劳动，每洞有一酋长，靠豢养的巨獒捕猎为生，每打一次猎够一月生活，吃完再去打猎，酋长的手下靠诮事酋长获得衣食。但他们人虽长大，却胆小怕事，"我"靠仅有数十发子弹的小手枪震慑住了他们，驱使他们为自己做事，并试图教他们耕种为生，改变原来懒惰及不卫生的生活习惯。但他们一听要常年劳动，便坚决反对，趁我外出之际联合狡猾的女酋长，与"我"周旋对抗，最终寡不敌众，被围困在高崖之上。在进退无以为计的情况下，"我"写下了此段遭遇。此笔记后为航海的约翰·鼎利孙所得，使其能够公之于众。马仰禹的这篇小说构思写作上可能受到了《格列佛游记》的影响，既称"寓言小说"自然不是简单的虚构故事，但小说的寓指并不明晰。不过，小说中的"大人国"应隐喻的是中国当下社会，清朝向以天国自诩，骄傲自大，而实际却懦弱无能，类似于巨人国的空有其表。巨人虽胆小怕事，却颇有黠智，且顽固不化，这与晚清社会国民又何其相似乃尔？因此，《大人国》并不是一部简单模仿西方小说的作品，而是有所寓指的。同时，小说作者在描写"我"的心理活动时也颇为出色，反映出晚清后期留学生学习西方小说技巧的日渐成熟。

在晚清后期崛起的短篇小说家中，徐卓呆是当之无愧的名家。据统计，他一生创作的短篇小说有一百余部，发表于晚清的亦有十余种。他曾发表《小说无题录》说:"小说是描写人生断片为主,所以既不必有始有终,又无须装头装脚,能够写实当然更好,最容易达这目的的,不消说了,自然是短篇小说。"① 这既表明他对短篇小说的重视,也基本概括了其创作的特点。徐卓呆发表于《小说时报》第9期的短篇小说《无线电话》,后附包天笑的跋语称:"余友卓呆,善状物体情,写实小说家也。"这大体验证了徐卓呆的自述;纵观他在晚清的短篇小说创作,虽不乏荒诞的虚构,但揭露与讽刺的皆是活生生的现实,如《卖药童》《葫芦旅行记》《买路钱》《入场券》《温泉浴》《乐队》《无线电话》等。《卖药童》写卖药童与患有重病的母亲相依为命,每日靠沿街卖药所得维持生计及给母亲治病,穷人出于怜悯有时连买带送还给一些钱,富人则将其视为乞丐加以斥逐。一日为躲雨进一寺庙,有二女子在内,鄙其为乞丐,卖药童因一天未食遂顺势向其讨一口饭,婢女扔下一个发臭的饭团,如给狗一般,卖药童遂捡起砸向此婢女,发生争执引出了里面玩乐的警察,此警察见其所卖药未贴印花税,声言没收,卖药童只得说是糖,当面被迫吃下十七包,结果还是被带进了警察局。其母闻知后,惊惧之下病情加重,在第二天他释放回来之前断了气。卖药童一怒之下跑了出去,第二天他所去的那座寺庙着火烧个馨尽,而旁边树林中也留下了卖药童的尸体——因食药物过多中毒而死。整个小说读起来感觉作者是在写一件实事,而不是写小说,给人以极强的现实感,也因此比一般的谴责小说更震撼人心。徐卓呆的确如其所说是捡取"人生断片"来展现社会,不求故事的有始有终。《买路钱》写一贪官途中被强盗拦截,误将留下"买路钱"听成"卖路钱",便称没有"卖路钱"——想卖铁路而未得手故云,讽刺可谓一箭双雕。《入场券》讽刺的是两个学生不仅没票溜进戏场,还冒领本不属于他们的十元钱——一人将入场券及银票一同给了检查员,并高兴地说前一晚上等于免费嫖了。《温泉浴》写满口新式教育的留学生,却私下大谈嫖资,并对入室沐浴的女子垂涎三尺。《乐队》写新式小学堂教育的腐败,《无线电话》则借孀妇与其亡夫的对话揭露了亲戚朋友的冷漠及其所暴露的世态炎凉。

当然,徐卓呆的讽世小说并不是一副面孔,他的《葫芦旅行记》就以滑稽笔墨出之,写得相当轻松愉快。小说写"我"在葫芦中旅行所

---

① 桌呆《小说无题录》,《小说世界》第1卷第7期,1923年。

见到的种种奇怪现象，里面的人以药物当饭，进来的人都给其一种奇怪的药吃，使其变成与葫芦中的人一样——光头，也就是必须被同化。学堂体操课不让学生活动，而是由教习摸身，学生因此身体矮小，不仅可以节省衣食住行开支，还便于钻营——因身体极小钻狗洞也不费丝毫力气。总之，葫芦国不仅怪象层出不穷，而且腐败透顶，毫无疑问这隐喻的是晚清社会。

如果说以上小说皆是暴露与讽刺的话，那么《小学教师之妻》则体现了徐卓呆对人性的深度关怀。小说写小学教师崔小梅，在城中上班，却住在偏僻的乡曲，每天要起早，学校不提供午饭还需自备吃食——常常是一块面包与一小包白糖。小梅是捏惯笔的，不会做饭，这天早晨起后，唤妻子起床给他做饭并准备自带食物，妻子不但未起还抢白了几句。小梅不仅没有吃上早餐，连常备的白糖也找不到了——实际是妻子忘了准备，遂一怒之下没带任何东西离开了家。放学后尽囊底之钱在餐馆狠吃了一顿，但并未及时回家而是又去朋友家聊天，并在那儿又大吃了一顿，吃得很饱，走路都有点困难，因此很晚才回来。没想到妻子做好饭一直在等他，小梅顿时感到很内疚，接下来小说写道：

不知小梅何忍使那最爱之妻一个人静悄悄饱尝这夜饭滋味，但是此刻无论怎么样也得吃一碗夜饭下去。这时夫人便道："我去搬菜出来，你把洋灯照着。"小梅道："好！好！"便随在他后面一路想："也亏了他，又要抱小孩子，又要弄饭吃，一天到晚也够忙了。自从来了我家四年，也瘦了许多，当初我们订婚的时候，可不是还有个人也来求亲的吗？可是他不愿意，如今这人却得意了，我还如此蹭蹬，这是我负了他咧。"小梅一面想，一面随着夫人，把菜搬了出来，却还是呆呆的立着。夫人笑道："做什么，还不把灯放着。"小梅这时自己方觉得，便笑了一笑。两人对坐，夫人盛起饭来。小梅因怜生爱，觉得从灯下观去，那夫人娇婉得许多，便眼不转睛的望着他夫人。夫人被他瞧得倒不好意思起来了，便搭讪着说道："你今天回来得很晚。"小梅答应一声："是。"他自己也觉得有些难答。夫人道："你不归来，我以为你今天朝晨生气的缘故，我一向在家里家里就有这个被头风毛病，朝晨起来就没有好性子，自己很懊悔，很担忧……"小梅不等他说完，便道："早晨的事已过去，不许再提了。"

夫人又道:"请你以后要早些回来才好。"小梅点点头。夫人道:"今天那里去的?"小梅道:"因为学堂里的事,命我去请一个朋友的,那朋友又不在家,等了一回,所以迟了。"夫人道:"这是应该的,倘然没有事还是早些回来。今天因为早晨我贪懒,你生了气,所以我才疑心到此,但是我一个人在家又是冷静,又是可怕。"说着那夫人把脸儿直凑着饭碗,再也抬不起头来。小梅眼快,早已瞧见,叫道:"做什么?"夫人道:"不做什么。"便把头别转去,把素帕拭了一拭泪,忽然微微一笑,一手伸入衣袋中,说:"我今天收拾收拾书箱,无意之中搜出这捞什子出来咧。"这时夫人的面庞娇羞,如未出阁的处子一般,就怀中取出两封旧信来,授与小梅,小梅一望而知是当初两人未结婚前的情书,小梅登时也脸上发红,把一切烦恼都付诸九霄云外。平和平和,他们两人重温旧爱,只听得桌上那个小闹钟,又是一阵子闹,知道是十一点钟了,遂同入罗帏而睡。①

这段小说描写细腻,感情真挚,在人情关系冷漠与充满尔虞我诈的晚清社会里,犹如沙漠中的绿洲,让人们看到了人性深处那尘封已久的一点爱心。同时,在肆恶泛滥的晚清小说书写中,它也提供或者说开启了一种新的创作方式,即不再通过宣泄社会的恶欲来取悦读者,而是将其作为展现小人物情感与命运遭际的特定背景,两相对照不仅能引起人们对弱者的理解与同情,同时也更能激起人们对现存社会合理性的反思。总之,无论是在思想深度还是表达方式上,此类小说都比以往向前迈进了一大步。

除以上重要作家外,晚清创作短篇小说的留学生可考知的还有不少。如范韵鸾②的《马贼王惜传》、《蒲阳公梦》(《扬子江小说报》第2期,

---

① 徐卓呆、包天笑:《小学教师之妻》,《小说时报》第11期,宣统三年(1911)闰六月初五日。

② 据日本游学生监督处办的《官报》(第1册,国家图书馆出版社2009年影印本,第85页)记载,湖北范韵鸾曾有借款50元之事,知其曾留学日本,具体情况不详。另据范敦民《先父范韵鸾作革命宣传概况》称,范韵鸾号凤傳,晚清秀才,留学日本早稻田大学,攻经济。因受孙中山革命思想影响,回国后于宣统年间任湖北武昌私立江汉法政学校讲座,主办《江汉日报》宣传革命思想。后与《大汉报》胡石庵合作,任该报主笔。1913年《大汉报》社长胡石庵因揭露军阀丑行下狱,范因营救为势所迫走上海,化名入《申报》。次年返原籍应城长县立商叶学校。皮明麻主编:《武昌起义史》,中国文史出版社1991年版,第402页。

1909年6月18日)、《皮刀匠传》(《扬子江小说报》第2期,1909年7月17日)、《酒泉王世家》(《扬子江小说报》第5期,1909年9月14日),景定成①的《一夕雨》(《夏声》第1号,1908年2月26日)、《不平》(《教育界杂志》,1908年)、《袜子》(《国风日报》,1911年)、《杨光浦》(1908年)、《溺女》(1909年)②,缪文公的《田舍翁之学校观》③(标"教育小说",《教育杂志》第二年第11期,1910年12月11日),王桐龄的《中央亚非利加之蛮地探险(英国大探险家李秉铎司徒雷之实地探险谈)》④(《学海甲编》第一年第一号,1908年2月29日),陈公猛⑤的《蔡庐腾之爱国》(《国华报》,1910年11月16日)。

通过上面的论述可知,留学生在晚清短篇小说创作的转型方面起到了关键性作用,虽然他们的创作在艺术上还很粗糙稚拙,但却向现代迈进了可贵的一步。没有这一步,"五四"现代短篇小说的迅速成熟是不可想象的。

---

① 据《清末各省官自费留日学生姓名表》(沈云龙主编:《近代中国史料丛刊续编》第50辑,台湾文海出版社1978年影印本,第252页)载,景定成山西人,东京帝国大学化学科第一年生,由第一高等学校于光绪三十四年六月初三日绍介入学。另据景克宁、赵瞻国《景梅九年谱》(山西人民出版社1990年版,第371、379页),景定成1903年考取清政府日本官费留学生,入东京帝国大学本乡第一高等学校理化科,1907年毕业。

② 景克宁、赵瞻国:《景梅九年谱》,山西人民出版社1990年版,第205、382、389、384页。

③ 缪文公(1871—1944),字敏之,江苏如东人。清末秀才。1905年废除科举,文公与栟茶镇蔡少岚等人改"启秀文社"为"启秀两等小学堂"。首任校长蔡少岚病故后,文公继任校长。不久东渡日本留学,入宏文师范学校。学成回国后,先后任如皋师范学校教员、监督,省立第七中学学监、校长等职,仍兼任启秀小学校长。民国后,任省通中校长,后因病辞职归家疗养。1944年日寇侵华,感于生灵涂炭,病情加剧,是年愤然辞世,享年73岁。(缪俭成、蔡汉伯:《缪文公先生二三事》,《如东文史资料》第2辑,1987年)《田舍翁之学校观》写的是田舍翁参观新式学堂的前后心理与经过。

④ 据《清末各省官自费留日学生姓名表》(沈云龙主编:《近代中国史料丛刊续编》第50辑,台湾文海出版社1978年影印本,第250页)载,王桐龄直隶人,光绪三十四年(1908)六月由第一高等学校升入东京帝国大学文科。第297页又载,王桐龄直隶任邱人,光绪二十九年(1903)十一月到日本,光绪三十四年(1908)七月入学,东京帝国大学第二年生。时年30岁。《中央亚非利加之蛮地探险》没有多少发挥,当为纪实小说。

⑤ 据《浙江同乡留学东京题名》(《浙江潮》第3期)载,陈威公猛,绍兴山阴人,光绪二十八年(1902)八月到日本,自费,入早稻田大学校,时年24岁。生平参见《关于陈公猛昆仲》,陈梦熊:《〈鲁迅全集〉中的人和事》,上海社会科学院出版社2004年版。

第九节 留学生与晚清戏曲变革

在中国传统的文学观念里，小说和戏曲并无本质差别，皆属稗官范围，因此在晚清文学革新运动中，二者的变化也是同时进行的。在这一转变过程中，留学生也起到了重要作用，他们不仅在理论上借助西方文学及戏剧观念倡导戏曲革新，而且积极从事戏曲的改良与创作活动。虽然他们未能占据戏曲创作的主流地位，但代表了未来戏曲发展的方向。

一 留学生与晚清戏曲改良的倡导

光绪三十年（1904）九月的《安徽俗话报》发表了署名"三爱"（陈独秀）的《论戏曲》，这是留学生较早公开以长篇论说形式阐述改革旧戏曲的理论文章。文章开头对戏曲的移情作用进行了大肆渲染："戏曲者，普天下人类所最乐睹、最乐闻者也，易入人之脑蒂，易触人之感情。故不入戏园则已耳，苟其入之，则人之思想权未有不握于演戏曲者之手矣。使人观之，不能自主，忽而乐，忽而哀，忽而喜，忽而悲，忽而手舞足蹈，忽而涕泗滂沱，虽些少之时间，而其思想之千变万化，有不可思议者也……由是观之，戏园者，实普天下人之大学堂也；优伶者，实普天下人之大学教师也。"但是对于这样一个重要的文学样式，"若以迂腐之儒士观之，则必曰：世界上有用之学多矣，何必独取俚俗淫靡游荡无益之戏曲耶？况娼优吏卒，朝廷功令不许其入考为官，即常人亦莫不以无用待之；今尔赞优、伶，诚谬论矣"。陈独秀认为这是"知二五而不知一十之言也"，"人类之贵贱，系品行善恶之别，而不在于执业之高低。我中国以演戏为贱业，不许与常人平等。泰西各国则反是，以优伶与文人学士同等；盖以为演戏事，与一国之风俗教化极有关系，决非可以等闲而轻视优伶也"。对西方戏曲观念的认同，这是晚清留学生提倡戏曲改革的一个重要原因或者说理论前提。前文论述陈季同戏曲观念的变化已为我们提供了这方面的生动例子。戏曲既非贱业，那么又如何看待其"俚俗"与"游荡无益"呢？陈独秀认为戏曲本使"俚俗人知之"，故"俚俗"不足病；若云"游荡无益"，则"戏曲无非演古劝今之虚设事"。不但如此，戏曲还有三长，"吾侪平日不能见，而于演戏始能见之：一即古代之衣冠，一即绿林豪客，一即儿女之英雄"，而"欲知三者之情态，则始知戏曲之有益；知戏曲之有益，则始知迂儒之语诚臆谭矣"。

不过，陈独秀虽然论证了戏曲的重要与有益，但他认为"现演者之中，亦有不善处，以致授人口实"，故"不能持尽善尽美之说，以袒护今日之俳优"，不善者须"改弦而更张之"，对于如何改，他提出了五条：

> 一、宜多新编有益风化之戏。以吾侪中国昔时荆轲、聂政、张良、南霁云、岳飞、文天祥、陆秀夫、方孝孺、王阳明、史可法、袁崇焕、黄道周、李定国、瞿式耜等大英雄之事迹，排成新戏，做得忠孝义烈，唱得激昂慷慨，于世道人心极有益。旧戏中之《吃人肉》、《长板坡》、《九更天》、《换子》、《替死》、《刺梁》、《鱼藏剑》等类，亦可以发生人之忠义之心。
>
> 二、采用西法。戏中有演说，最可长人之见识；或演光学、电学各种戏法，则又可练习格致之学。
>
> 三、不可演神仙鬼怪之戏。鬼神一语，原属渺茫，煽惑愚民，为害不浅。庚子之义和拳，即是学戏中天兵、天将。例如《泗州城》、《五雷阵》、《南天门》之类，荒唐可笑已极。其尤可恶者，《武松杀嫂》元为报仇主义之善戏，而又施以鬼神。武松才艺过人，本非西门庆所能敌，又何以使鬼助而始免于败？则武二之神威一文不值。此等鬼怪事，大不合情理，宜急改良。
>
> 四、不可演淫戏。……伤风败俗，莫此为盛。有谓戏曲为淫靡，优俳为贱业，职是之故，青年妇女观男优演淫戏，已不能堪，何况女优亦现身说法，演其丑态，不知羞耻，而易入其脑，使其情欲不能自禁，故是等戏决宜禁止。
>
> 五、除富贵功名之俗套。吾侪国人，自生至死，只知己之富贵功名，至于国家之治乱，有用之科学，皆勿知之。此所以人才缺乏，而国家衰弱。若改去《封龙图》、《回龙阁》、《红鸾禧》、《天开榜》、《双官诰》等戏曲，必有益于风俗。

前二条为倡，第一条倡"忠义之心"非为清廷，乃为国家救亡图存计，第二条是借戏曲宣传新思想与西学。后三条为破，即破除旧戏所宣扬的盗、淫、功名思想，以形成利于社会变革的新的风俗习惯。陈独秀认为我国戏曲如果依此五项改良，则"演戏决非为游荡无益事也。现今国势危急,内地风气不开,慨时之士,遂创学校。然教人少而功缓。编小说,开报馆,然不能开通不识字人,益亦罕矣。惟戏曲改良,则可感动全社会,虽聋得见,虽盲可闻,诚改良社会之不二法门也"①。这种变革思路与梁启超倡导的"小说界革命"——以"新意境入旧风格",可以说如出一辙,因此此文随后便被《新小说》第14号转载。

1904年10月留日学生陈去病与人创办了中国第一个戏剧专刊《二十世纪大舞台》,并发表论说文章鼓吹戏曲变革。文中说:"我青年之同胞,赤手掣鲸,空拳射虎,事终不成,而热血徒冷;则曷不如一决藩篱,遁而隶诸梨园菊部之籍,得日与优孟、秦青、韩娥、绵驹之俦为伍,上之则为王郎之悲歌斫地,次之则继柳敬亭之评话惊人,要发足以发舒其民族主义,而一吐胸中之块垒。此其奏效之捷,必有过于劳心焦思、孜孜矻矻以作《革命军》、《驳康书》、《黄帝魂》、《落花梦》、《自由血》者,殆千万倍。彼也囚首而丧面,此则慷慨而激昂;彼也间接于通人,此则普及于社会。对同族而发表宗旨,登舞台而亲演悲欢;大声疾呼,垂涕以道。此其情状、其气概,脱较诸合众国民在米利坚费城府中独立厅上,高撞自由之钟,而宣告独立之檄文,夫复何所逊让?"较之陈独秀,陈去病看重戏曲,更发愤于反满革命与救亡图存,当今天下"欧美之学术,既优胜以来前;而北虏之淫威,复佚然以相逞"。在此种情势下,"惟兹梨园子弟,犹存汉官威仪,而其间所谱演之节目、之事迹,又无一非吾民族千数百年前之确实历史,而又往往及于夷狄外患,以描写其征讨之苦、侵凌之暴,与夫国家覆亡之惨,人民流离之悲。其词俚,其情真,其晓譬而讽谕焉,亦滑稽流走,而无有所凝滞"。同时,陈去病认为专制国中,民党往往有两大计划:"一曰暴动,一曰秘密,二者相为表里,而事皆鲜成。独兹戏剧性质,颇含两大计划于其中。苟有大侠,独能慨然舍其身为社会用,不惜垢污,以善为组织名班,或编明季稗史,或演汉族灭亡记,或采欧美近事,而演维新活历史,随俗嗜好,徐为转移,而潜以尚武精神、民族主义,一一振起而发挥之,以表厥目的。夫如是而谓民情不感动,士气不奋发者,吾不信也。"②

紧接陈独秀与陈去病之后,蒋智由发表了论说文章《中国之演剧

---

① 三爱:《论戏曲》,《安徽俗话报》1904年第11期。
② 佩忍:《论戏剧之有益》,《二十世纪大舞台》1904年第1期。

界》，在提倡戏曲变革的思路与目的上与他们并无二致，但他重点强调的是悲剧。这一点显然受到了西方戏剧理论的影响，他引用拿破仑的话说："悲剧者，君主及人民高等之学校也，其功果盖在历史以上"，"悲剧者，能鼓励人之精神，高尚人之性质，而能使人学为伟大之人物者也，故为君主者不可不奖励悲剧而扩张之。夫能成法兰西赫赫之事功者，则坤讷由（Corneille）所作之悲剧感化之力为多。使坤氏而今尚在，予将荣授之以公爵"。蒋氏因此悟道："陶成盖世之英雄者，无论多少，于演剧场必可分其功之一也……使剧界而果有陶成英雄之力，则必在悲剧。"而中国剧界多喜剧，最大的缺憾就是没有悲剧，结果为社会种孽，"社会所以有惨剧也"。因此他呼吁："欲保存剧界，必以有益人心为主，而欲有益人心，必以有悲剧为主。国剧刷新，非今日剧界所当从事哉！"①

总之，由于留学生受到西方戏曲观念的影响，加之救亡图存的迫切感，使其成为晚清鼓吹戏曲改良最为积极的一个文学群体。这不仅有力地推动了本土戏曲观念的转变，而且他们的戏曲创作也产生了不可忽视的示范效应。

二　晚清留学生的戏曲创作

晚清戏曲创作的数量远比小说要少，阿英《晚清戏曲小说目》著录的传奇、杂剧共有150种，不及小说的十分之一。在这有限的戏曲创作中，由于大多数作者无法考知，能确知为留学生创作的更是寥寥无几。

晚清创作第一部现代意义上的戏曲作者仍然是陈季同，他的《英勇的爱》是一部独幕轻喜剧，采用的完全是西方话剧形式。此部话剧讲的是樱桃的未婚夫林长庚应试中举，准备归来成婚，不想途中乘船失事，消息传来，家人处于一片伤痛之中，尤其是他的未婚妻更是从美好未来的想象中一下跌入谷底。由于长庚的父母只有他一个孩子，樱桃为了尽未婚夫未尽之责，主动要求在长庚办丧事的当天嫁到林家，甘当未婚的寡妇照顾两位老人，不顾日后的寂寞与痛苦，此即英勇之爱。正当大家都绝望之时，长庚却意外地回来了，丧事又变成了喜事。无论就主题还是内容来讲，这部话剧本来应该是十分严肃的，但是作者却将其写成了一部轻喜剧，这主要得益于他穿插进了一个必要的丑角——太和。长庚的表兄太

---

① 蒋智由：《中国之演剧界》，《新民丛报》第65号，1905年3月20日。

和，在见到樱桃的那天就为其美丽所吸引，得知长庚死后，更是明确流露出了这种意思。然而这个头脑愚腐的爱慕者实际并不懂什么是真正的爱情，其言行只能引来人们粲然一笑。如他表白爱情的一个譬喻："我的毛笔丢在一旁，墨汁也干得像我的心一样"，婢女莲花听后笑道："哈！哈！哈！他的墨汁像他的心一样干！可您还能读嘛！"他埋怨道："你不安慰我也罢了，反而取笑我；子曰：不知其可也。"然而就是这个为爱情快要活不下去的人，在面对燕窝汤时，不禁说："我爱它。"莲花接道："又来了！您失去理智了！"他居然回答："我说的是燕窝汤。我就喜欢它。"莲花因此感叹："好像爱情没影响他的胃口！他病得不重。"接下来樱桃与莲花两人关于他的一段对话颇能显示其可笑之处：

  樱桃 大家喜欢我做的第一顿饭菜，我真快活！
  莲花 特别是您的爱慕者。他唉声叹气的，伤心到极点。这却不妨碍他的胃口，他一个人吃的顶得上三个人，喝的顶得上四个。
  樱桃 （看太和）真的，表兄胃口奇好。
  莲花 他那双眼睛盯着您，能把您也吃了。可我觉得现在他不会了，他更爱燕窝和米酒，没空儿想别的。
  樱桃 那很好，虽然他挺可笑的，我还是不希望他因我而痛苦。
  莲花 您放心。孔老夫子、经传和美味佳肴很快就能治好他。[①]

这不仅增添了剧本的喜剧情调，同时更衬托出樱桃英勇之爱的难得。与《黄衫客传奇》一样，《英勇的爱》是用法文写的，也就是其拟想的对象是西方人，对于他们来讲这部戏剧可能算不上什么优秀之作，但若将其放到晚清戏剧创作的环境下来考察，其意识与形式毫无疑问是大大超前了。

  与小说一样，留日学生在晚清戏曲变革过程中的作用显然超过欧美留学生，创作的戏曲数量也远远过之。由前文论述可知，晚清由留日学生创办或主编的刊物很多，其中不少除登载小说外，间或发表一些戏曲，可惜的是能够考知的很少。不过，通过仅有的几部留日学生戏曲创作，仍大体可以窥知此一文学群体创作的基本特点。光绪二十八年（1902）七月十

[①] 陈季同：《英勇的爱》，陈季同：《黄衫客传奇》附录三，李华川译，人民文学出版社2010年版，第280、281页。

五日《新民丛报》刊发了署名"东学界之一军国民"的《爱国女儿传奇》，据第一出《宴花》后的按语称："本篇系由东京留学生某君投稿，某君忧国热肠久为同学所推重，且精娴音律，寄托遥深，拟著曲界革命军十种，专以宣扬爱国心为主，此其一种也。"① 由此可知，该剧作者为留日学生，创作志愿虽然很宏伟，实际写成的仅此《爱国女儿传奇》一种，且只有一出，未见下文。该剧的主旨在提倡女权，女子与男子具有同样的爱国责任，所谓"女教不昌，民权不振，民权不振，国势一定不强"。第一出《宴花》名虽赏花——园中移种之泰西名花维多利亚，实借此抒写作者对新式女教的提倡，如其中唱词："重重花影，日光微照，华烛何须高烧，凡葩俗艳，任他带醉扶娇，绿珠侠骨，红线奇情，婢似夫人少，是将国色移三岛，不比春深锁二乔，这天香非俗好。"呼吁女界同胞摆脱传统施加的压力与束缚，做到精神独立、言论自由，与男子一样将救国的"千钧重任，肩上轻挑"。该剧人物不仅装扮新式，而且唱词说白多以新名词出之，如旦角的打扮是"辫发西装"，小生、小旦上场的自白分别是"联邦政治无民党"、"巾帼萧条缺女权"。总之，此剧完全符合梁启超"以新意境入旧风格"的创作理念。

另外，陈天华《狮子吼》楔子插入的一段戏曲，在风格上与《爱国女儿传奇》大体一致，演唱的是"共和国"光复的历史，文词激烈，感情奔放。如开首【临江仙】曲："十万貔貅驰骋地，那堪立马幽燕：羯奴何处且流连？毡庐迷落照，狼穴锁残烟！收拾金瓯还汉胤，重瞻舜日尧天。国旗三色最庄严，乱随明月影，翻入白云边。"又如【油葫芦】曲："十万横磨如电闪，一霎入幽燕。挟秋霜，挥落日，扫浮烟。烽火断神州，血浪黄河远。毳幕走狐群，落叶西风卷。一个是千年老大无双国，一个是万里驰驱第一鞭。算不了鹬蚌相持，渔父漫垂涎。"② 从唱词可以看出陈天华良好的文学修养，可惜仅为一节。

光绪三十三年（1907）四月初一日《法政学交通社杂志》第 5 号发表了署名"善化王时润"的杂剧《闻鸡轩杂剧》。王时润，据《清末各省官自费留日学生姓名表》载，他为湖南自费生，光绪三十二年（1906）

---

① 《新民丛报》第 1 年第 14 号。
② 刘晴波、彭国兴编：《陈天华集》，饶怀民补订，湖南人民出版社 2008 年版，第 93、94 页。

七月到日本，同年八月入法政大学速成班，宣统元年（1909）二月毕业[①]。《小说林》第7期发表有《闻鸡轩诗话》，署名"启湘"，实时润之本名，时润以字行。王时润留日回国后，历任苏、皖、湘各省省立法政专校教员，法政法学、江苏法学、清华学校教授，后又在政府任职。著有《商君书斠全》《鬼谷子校补》《公孙龙子发微》《说文段注补正》《说文研究法》《说文疑义举例》《周秦名学三种》等。《闻鸡轩杂剧》仅发表一折《王粲登楼》，剧依历史，情节简单，但灌注了新的时代内容。作者借王粲这个历史人物表达了对清末时局的忧患心情，抒发了怀才不遇、世道多艰的感慨。如剧中曲【仙吕·点绛唇】："孤负年华，未酬宿愿，值乱离奔走东南，极目乡关远。"上场白【贺圣朝】词："知非吾土吾仍住，要呼群归去。客中滋味最愁人，更连宵风雨。萧条身世，闲愁几许，纵伤心谁诉。荒烟残日蔽浮云，望长安何处。"下场诗又云："落拓尘寰几许秋，庸庸孤负少年头。神州西北云如墨，回首中原一倚楼。"[②]

另外，《民报》第9、11期发表的浴日生传奇《海国英雄记》，主要写郑成功抗清史实。梁淑安、姚柯夫认为浴日生为1906年前后留学日本，可能是因为该剧卷首作者自序落款称"黄帝纪元四千六百零四年八月上旬，浴日生记于日本江岛之旅舍"[③]。但由此判断浴日生为留学生，证据不足，故这里不予论述。

以上为可确切考知为留学生创作的戏曲，与本土作家的创作相比显得微不足道。这再一次说明，留学生作为一个新兴的文学群体，其对晚清文学的贡献并不在创作实绩上，而是强烈的趋新倾向，他们援引西方文学创作的理念与经验来改造传统文学，开启了中国文学现代转型之路。

三 留学生与晚清新剧运动——以春柳社为中心

晚清的新剧运动与西方戏剧的影响存在密切关系。早期出洋考察或任

[①] 参见佚名编《清末各省官自费留日学生姓名表》，沈云龙主编：《近代中国史料丛刊续编》第50辑，台湾文海出版社1978年影印本，第13页。陈玉堂编著《中国近现代人物名号大辞典》（全编增订本，浙江古籍出版社2005年版，第55页）将其毕业时间定为光绪三十四年（1908），误。

[②] 参见左鹏军《晚清民国传奇杂剧文献与史实研究》，人民文学出版社2011年版，第52页。

[③] 梁淑安、姚柯夫：《中国近代传奇杂剧经眼录》，书目文献出版社1996年版，第158页。赵山林《中国近代戏曲编年》（华东师范大学出版社2008年版，第251页）亦承此观点。

驻外使节对西方的戏剧都有所接触，正如有论者所说，他们感兴趣的是："一是西洋剧院建筑之华美，其规模壮阔逾于王宫；二是西方艺人地位之高贵，所谓英俗演剧者为艺士，非如中国优伶之贱，优伶声价之重，直与王公争衡；三是西方戏剧布景之逼真，令观者仿佛身临其境；四是西方戏剧之社会功能"①。这种认识成为早期开明人士提倡戏曲变革的重要动力之一。如康有为旅欧见英王吊唁一名优，遂感叹道："盖其人本有文学，能自创新剧本，吾往观之，旌旗变色，无所不备，兼诸天星界之人物、礼乐而一新之，故自不凡。然在吾国，终不能行此。夫戏者乐也，乐以化民成俗者也。既所关至大，乌得不重视之？亦既重视之，乌得不以学生学之？吾国以虑其蝶也而轻鄙之，士人遂不屑为；且以其为优者，竟不齿于人数焉，故乐益坏而位益下。而戏剧既无通人主持，乃益趋淫靡，而无裨于风化人心焉。大凡物为人情所同好而不能免者，则为治教者必当有维持之，不能以轻鄙绝之也。学者愈轻鄙之而又不能绝之，愈败坏矣。夫道者非从天降地出者也，因人之身体、性情率而行之之谓道也，故孔子曰：道不远人。戏剧者，人身体、性情之所乐好，所谓道也。既有此道，绝之而不裁成著美之，则俗化衰矣。故学生之为戏剧，岂非所谓'道不远人'者耶？"②

　　留学生长期身处异国，耳濡目染，对西方戏剧更具有认同感，如前文论述之李石曾即是如此。尤其是大学开设的演剧课，对留学生从事新剧运动产生的影响更大，留日学生发起成立的春柳社及其演剧活动便是典型之一例，对认识晚清新剧的产生具有重要意义。春柳社1906年冬成立于东京，主持者为李叔同。李叔同（1880—1942），名文涛，字广侯，又字广平，幼名成蹊，号漱筒，又曾用惜霜、息霜笔名。祖籍浙江平湖，出生于天津富商家庭。父亲为进士，后从商，叔同早年得以受到良好的传统文化教育。1898年赴上海居住，其间习学诗词书画，与新学界人士多有往来。1901年就学南洋公学。1905年东渡日本，次年9月入东京美术学校，学的是油画专业。期间与同学曾孝谷等创立春柳社，以倡导新剧闻名于世。1910年归国，加入南社，参与报刊编辑，还担任过音乐、美术教员。后披剃出家。

---

　　① 李默：《"新戏"的产生》，袁进主编：《中国近代文学编年史——以文学广告为中心(1872—1914)》，北京大学出版社2013年版，第272页。
　　② 康有为：《物质救国论序》，姜义华、张荣华编校：《康有为全集》第8集，中国人民大学出版社2007年版，第54页。

关于春柳社创办之宗旨经过，《春柳社演艺部专章》这样说："报章朝刊一言，夕成舆论。左右社会，为效迅矣。然与目不识丁者接，而用以穷。济其穷者，有演说，有图画，有幻灯（即近时流行影戏之一种）。第演说之事迹，有声无形；图画之事迹，有形无声；兼兹二者，声应形成，社会靡然而向风，其惟演戏欤！晚近号文明者，曰欧美，曰日本。欧美优伶，靡不向学，博洽多闻，大儒愧弗及，日本新派优伶泰半学者，早稻田大学文艺协会有演剧部，教师生徒，皆献技焉。夫优伶之学行有如是，而国家所以礼遇之者亦至隆厚，如英王、美大统领之于亨利阿文格。（氏英人，前年死，英王、美大统领皆致词吊唁，葬遗骸于寺院。生时曾授文学博士与法律博士学位。）日本西园寺侯之于中村芝翫辈（今年二月，西园寺侯宴名优芝翫辈十余人于官邸，一时传为佳话）。皆近事卓著者。吾国倡改良戏曲之说有年矣，若者负于赀，若者迷诸途，虽大吏提倡之，士夫维持之，其成效卒莫由睹。走辈不揣梼昧，创立演艺部，以研究学理，练习技能为的。艺界沉沉，曙鸡晓晓，勉旃同人，其各兴起！息霜诗曰：'誓渡众生成佛果，为现歌台说法身。'愿吾同人共矢兹志也。"可见，春柳社的创办虽亦倡"改良戏曲，为转移风气之一助"，但却以"研究各种文艺为的"[1]，其演剧亦遵循此种为艺术的思路，如有论者就指出"春柳剧场基本上走的是为艺术而演剧的道路"[2]。

春柳社第一场公演的戏是《茶花女》，剧本由李叔同改编，共两幕。演员皆为留日学生，据欧阳予倩回忆："演亚猛的是学政治的唐肯（常州人）；演亚猛父亲的是美术学校西洋画科的曾延年；饰配唐的是孙乾三，北平人，是个很漂亮而且英文说得很流利的小伙子；至于那饰茶花女的，是早年在西湖师范学校教授美术和音乐的先生，以后在 C 寺出家的弘一大师。大师天津人，姓李名岸，又名哀，号叔同，小字息霜，他和曾君是好朋友，又是同学。"这场演出，曾延年（孝谷）的朋友日本新派名演员藤泽浅二郎亲自到场指导。由于这是中国人第一次演话剧的尝试[3]，在当

---

[1] 郭长海、郭君兮编：《李叔同集》，天津人民出版社 2006 年版，第 45—46 页。
[2] 陈龙：《近代通俗话剧及其历史价值》，《中国现代文学研究丛刊》1996 年第 2 期。
[3] 王凤霞认为新剧演出最早始于上海的新式学堂学生，参见所著《文明戏考论》（广东高等教育出版社 2011 年版）第六章第二节"中国话剧不始于春柳社补正"。但所提供的资料难以说明演出的具体内容与形式，且春柳社的此次演出就其影响而言显然具有里程碑意义，故本书仍从众说。

时颇为轰动，日本与国内媒体对此作了大量宣传与报道①。春柳社第二场公演的是《黑奴吁天录》，参与演出的有庄云石、曾孝谷、李涛痕、黄二难、李息霜，新加入春柳社的欧阳予倩也在其中饰演了一个小角色。这次演出，据欧阳予倩说："虽有不少演员由着自己出些格外的花样，大体还算不错。重要台词是句句按照剧本的；剧本分幕采取了当时的日本新派戏的形式。"②

春柳社开了中国新剧运动的先河，而其表演侧重于文艺性质，也就是说对形式与样式的重视要超过主题，这在政治功利性文学观盛行的时代是极为难得的。当然，其时由留学生参与公演的新剧更多的是带着明确的政治目的，如1908年归国的留日学生在上海上演的《双烈传》，便在"时事性的素材里加进了政治性的主张"③。

---

① 参见黄爱华《中国早期话剧与日本》第二章的相关论述，岳麓书社2001年版。
② 欧阳予倩：《欧阳予倩全集》第6卷，上海文艺出版社1990年版，第6—10页。
③ 伊藤茂：《藤泽浅二郎与中国留学生（春柳社）交流的定位》，《中国话剧研究》第10辑，2004年，第67页。

参考文献

《游学译编》
《新小说》
《新民丛报》
《官报》
《浙江潮》
《国民报》
《二十世纪大舞台》
《河南》
《寰球中国学生报》
《教育杂志》
《小说林》
《河南》
《月月小说》
《国粹学报》
《申报》
《学部官报》
《清议报》
《时报》
《小说时报》
《新新小说》
《环球》
《东方杂志》
《小说月报》
《新世纪》

《江苏》
《开智录》
《杭州白话报》
《中国白话报》
《民报》
《安徽俗话报》
《清国留学生会馆第一次报告》
《小说世界》
《学海（甲编）》

舒新城：《近代中国留学史》，上海书店出版社2011年版。

［日］实藤惠秀：《中国人留学日本史》，谭汝谦、林启彦译，香港中文大学出版社1982年版。

李喜所：《近代留学生与中外文化》，天津人民出版社1992年版。

王奇生：《中国留学生的历史轨迹：1872—1949》，湖北教育出版社1992年版。

周晓明：《多源与多元：从中国留学族到新月派》，广西师范大学出版社1999年版。

刘集林等撰：《中国留学通史·晚清卷》，广东教育出版社2010年版。

郑春：《留学背景与中国现代文学》，山东教育出版社2002年版。

李怡：《日本体验与中国现代文学的发生》，北京大学出版社2009年版。

中国留学生文学大系编委会：《中国留学生文学大系》（共6卷），上海文艺出版社2000年版。

林仪庄：《晚清留学生小说之主题研究（1894—1911）》，台湾逢甲大学硕士学位论文，2002年。

李东芳：《从东方到西方：20世纪中国大陆留学生小说研究》，中国文联出版公司2006年版。

辜鸿铭、陶菊隐：《张文襄幕府纪闻 近代轶闻》，《民国笔记小说大观》第1辑，山西古籍出版社1996年版。

钱钟书：《七缀集》，生活·读书·新知三联书店2003年版。

郭嵩焘：《伦敦与巴黎日记》，岳麓书社1984年版。

王韬：《漫游随录·扶桑游记》，湖南人民出版社1982年版。

鲁迅博物馆、鲁迅研究室、《鲁迅研究月刊》选编：《鲁迅回忆录》，北京出版社1997年版。

钟叔河编订：《周作人散文全集》（共14卷），广西师范大学出版社2009年版。

湖南省哲学社会科学研究所、古代近代史研究室校注：《宋教仁日记》，湖南人民出版社1980年版。

郭延礼：《中国前现代文学的转型》，山东大学出版社2005年版。

罗竹风主编：《汉语大词典》第7卷，汉语大词典出版社2001年版。

陈潮：《近代留学生》，中华书局、上海古籍出版社2010年版。

中国史学会主编：《中国近代史资料丛刊·戊戌变法》，上海人民出版社1957年版。

张海林：《王韬评传 附容闳评传》，南京大学出版社2002年版。

容闳：《西学东渐记》，王蓁译，中国人民大学出版社2011年版。

王尔敏：《晚清政治思想史论》，广西师范大学出版社2005年版。

梁启超：《饮冰室合集》（共12册），中华书局2011年版。

谢长法：《中国留学教育史》，山西教育出版社2006年版。

张之洞：《张之洞全集》（共12册），河北人民出版社1998年版。

国家档案局明清档案馆编：《戊戌变法档案史料》，中华书局1958年版。

［德］那特硁：《政治学》，冯自由译，广智书局1902年刊。

陈平原、夏晓虹编：《二十世纪中国小说理论资料》（第1卷），北京大学出版社1997年版。

梁启超：《清代学术概论》，夏晓虹点校，中国人民大学出版社2004年版。

鲁迅：《鲁迅全集》（共18卷），人民文学出版社2005年版。

姜义华编：《康有为全集》，中华书局1992年版。

冯自由：《革命逸史》（共6集），中华书局1981年版。

黄兴涛：《文化怪杰辜鸿铭》，中华书局1997年版。

李志梅：《报人作家陈景韩及其小说研究》，华东师范大学博士学位论文，2005年。

杨恺龄撰编：《民国吴稚晖先生敬恒年谱》，台湾商务印书馆1981年版。

袁英光、刘寅生编著：《王国维年谱长编》，天津人民出版社2005年版。

陈平原、王风编：《追忆王国维》（增订本），生活·读书·新知三联书店2009年版。

殷安如、刘颖白编：《陈去病诗文集》（共3编），社会科学文献出版社2009年版。

欧阳予倩：《欧阳予倩全集》（共6卷），上海文艺出版社1990年版。

梁淑安主编：《中国文学家大辞典·近代卷》，中华书局1997年版。

林逸：《清鉴湖女侠秋瑾年谱》，台湾商务印书馆1985年版。

郭长海、金菊贞编：《高旭集》，社会科学文献出版社2003年版。

杨天石、曾景忠编：《宁调元集》，湖南人民出版社2008年版。

郭长海、郭君兮编：《李叔同集》，天津人民出版社2006年版。

阿英：《小说四谈》，上海古籍出版社1985年版。

时萌：《中国近代文学论稿》，上海古籍出版社1986年版。

徐友春：《民国人物大辞典》，河北人民出版社2007年版。

金天翮：《女界钟》，陈雁编校，上海古籍出版社2003年版。

郑逸梅：《书报话旧》，中华书局2005年版。

王凤霞：《文明戏考论》，广东高等教育出版社2011年版。

单周尧主编：《明清学术研究》，中国社会科学出版社2009年版。

付建舟、朱秀梅：《清末民初小说版本经眼录》，上海远东出版社2010年版。

张人凤、柳和城编著：《张元济年谱长编》，上海交通大学出版社2011年版。

王国平：《东吴大学简史》，苏州大学出版社2009年版。

王尔敏：《中国近代文运之升降》，中华书局2011年版。

陈垣：《中国现代学术经典·陈垣卷》，河北教育出版社1996年版。

杨云慧：《从保皇派到秘密党员——回忆我的父亲杨度》，上海文化出版社1987年版。

张梅编注：《邹容集》，人民文学出版社2011年版。

王栻主编：《严复集》（共5册），中华书局1986年版。

吴汝纶：《吴汝纶全集》（共4册），黄山书社2002年版。

劳祖德整理：《郑孝胥日记》（共5册），中华书局1993年版。

柳无忌编：《柳亚子文集·苏曼殊研究》，上海人民出版社1987年版。

管林、钟贤培：《中国近代文学发展史》，科学出版社2009年版。

樊增祥：《樊山集》，沈云龙主编：《近代中国史料丛刊续编》第61辑，台湾文海出版社1978年影印本。

刘成禺、张伯驹：《洪宪纪事诗三种》，上海古籍出版社1983年版。

陈季同：《中国人自画像》，段映虹译，广西师范大学出版社2006年版。

欧阳哲生编:《胡适文集》(共12册),北京大学出版社1998年版。
王元化等著:《崩离与整合:当代智者对话》,东方出版中心1999年版。
许寿裳:《我所认识的鲁迅》,人民文学出版社1978年版。
陈季同:《巴黎印象记》,段映虹译,广西师范大学出版社2006年版。
陈季同:《中国人的戏剧》,李华川、凌敏译,广西师范大学出版社2006年版。
郭嵩焘:《郭嵩焘日记》(共4册),湖南人民出版社1982年版。
王韬等:《漫游随录·环游地球新录·西洋杂志·欧游杂录》,岳麓书社1985年版。
[美]夏志清:《人的文学》,台湾纯文学出版社1984年版。
吴玉章:《吴玉章回忆录》,中国青年出版社1978年版。
许寿裳:《亡友鲁迅印象记》,人民文学出版社1981年版。
周作人:《知堂回想录》,安徽教育出版社2008年版。
刘晴波、彭国兴编:《陈天华集》,饶怀民补订,湖南人民出版社2008年版。
樊增祥:《樊山政书》,中华书局2007年版。
[美]费正清、刘广京编:《剑桥中国晚清史》,中国社会科学院历史研究所编译室译,中国社会科学出版社1996年版。
张枬、王忍之编:《辛亥革命前十年间时论选集》(共3卷),生活·读书·新知三联书店1963年版。
[俄]列夫·托尔斯泰:《列夫·托尔斯泰文集》,丰陈宝译,人民文学出版社1992年版。
黄锦珠:《晚清时期小说观念之转变》,台湾文史哲出版社1995年版。
夏晓虹:《觉世与传世——梁启超的文学道路》,中华书局2006年版。
[美]夏志清:《中国现代小说史》,刘绍铭等译,台湾传记文学社1979年版。
夏晓虹编:《追忆梁启超》,中国广播电视出版社1996年版。
黄霖:《中国文学批评通史·近代卷》,上海古籍出版社1996年版。
陈玉堂:《中国近现代人物名号大辞典》(全编增订本),浙江古籍出版社2005年版。
卞孝萱、唐文权编:《民国人物碑传集》,团结出版社1995年版。
周锡山编校:《王国维集》(共4册),中国社会科学出版社2008年版。
孙应祥:《严复年谱》,福建人民出版社2003年版。

陈鸿祥：《王国维传》，人民出版社2004年版。

陈子善、张铁荣编：《周作人集外文》，海南国际新闻出版中心1995年版。

时萌编著：《曾朴及虞山作家群》，上海文化出版社2001年版。

［德］爱克曼辑录：《歌德谈话录》，朱光潜译，人民文学出版社1982年版。

吴稚晖：《吴稚晖学术论著》，上海书店据1925年版影印。

辜鸿铭：《辜鸿铭文集》，黄兴涛等译，海南出版社1996年版。

俞晓红：《王国维〈红楼梦评论笺说〉》，中华书局2004年版。

谢维扬、房鑫亮主编：《王国维全集》，浙江教育出版社、广东教育出版社2010年版。

［英］赫胥黎：《天演论》，严复译，商务印书馆1981年版。

［英］约翰·穆勒：《穆勒名学》，严复译，商务印书馆1981年版。

朱光潜：《朱光潜全集》（共20卷），安徽教育出版社1993年版。

马祖毅：《中国翻译史》（上卷），湖北教育出版社1999年版。

夏晓虹辑：《〈饮冰室合集〉集外文》（共3册），北京大学出版社2005年版。

熊月之：《西学东渐与晚清社会》，上海人民出版社1994年版。

［美］韩南：《中国近代小说的兴起》，徐侠译，上海教育出版社2004年版。

陈平原：《中国现代小说的起点——清末民初小说研究》，北京大学出版社2005年版。

马建忠：《适可斋纪言纪行》，沈云龙主编：《近代中国史料丛刊》第16辑，文海出版社1966年影印本。

皮后锋：《严复评传》，南京大学出版社2011年版。

苏中立、涂光久主编：《百年严复——严复研究资料精选》，福建人民出版社2011年版。

王佐良：《文学间的契合——王佐良比较文学论集》，外语教学与研究出版社2005年版。

止庵主编：《周氏兄弟合译文集·红星佚史》，新星出版社2006年版。

吴均：《鲁迅文学翻译研究》，齐鲁书社2009年版。

伍光建：《伍光建翻译遗稿》，人民文学出版社1980年版。

柳亚子编：《苏曼殊全集》（共5册），中国书店1985年影印本。

莫世祥编：《马君武集》，华中师范大学出版2011年版。

施蛰存主编：《中国近代文学大系·翻译文学集》，上海书店出版社1991年版。

陈子展：《中国近代文学之变迁 最近三十年中国文学史》，上海古籍出版社2000年版。

胡适：《尝试集：附〈去国集〉》，安徽教育出版社2006年版。

郭延礼：《中国近代文学发展史》（共3册），高等教育出版社2001年版。

林纾：《林纾选集·文诗词卷》，林薇选注，四川人民出版社1988年版。

张宪文等主编：《中华民国史大辞典》，江苏古籍出版社2001年版。

黄濬：《花随人圣庵摭忆》（共3册），中华书局2008年版。

[英]哈葛德：《迦茵小传》，林纾、魏易译，商务印书馆1981年版。

杨荫深：《中国文学家列传》，中华书局1939年版。

阿英编：《晚清文学丛钞·小说戏曲研究卷》，中华书局1960年版。

薛绥之、张俊才编：《林纾研究资料》，福建人民出版社1982年版。

严家炎编：《二十世纪中国小说理论资料》（第2卷），北京大学出版社1997年版。

刘德城、周羡颖主编：《福建名人词典》，福建人民出版社1995年版。

[日]樽本照雄编：《新编增补清末民初小说目录》，齐鲁书社2003年版。

吴学昭整理：《吴宓诗话》，商务印书馆2005年版。

李彦福等编：《广西教育史料》，广西人民出版社1990年版。

杭州大学日本文化研究所、神奈川大学人文学研究所编：《中日文化论丛——1996》，杭州大学出版社1997年版。

佚名编：《清末各省官自费留日学生姓名表》，沈云龙主编：《近代中国史料丛刊续编》第50辑，台湾文海出版社1978年影印本。

清末日本游学生监督处编：《官报》（共12册），国家图书馆出版社2009年影印本。

刘真主编：《留学教育——中国留学教育史料》（共5册），台湾国立编译馆1980年版。

张维襄编纂：《清代毗陵名人小传》，常州旅沪同乡会1944年刊。

汤锦程编著：《中华汤姓源流》，中国文联出版社2006年版。

房兆楹辑：《清末民初洋学学生题名录初辑》，台湾中研院近代史研究所1962年版。

周葱秀、涂明：《中国近现代文化期刊史》，山西教育出版社1999年版。

阮荣春、胡光华：《中国近现代美术史》，天津人民美术出版社2005年版。

戈炳根主编：《常熟国家历史文化名城词典》，上海辞书出版社2003年版。

郭延礼：《中国近代翻译文学概论》，湖北教育出版社1998年版。

丁文江、赵丰田编：《梁启超年谱长编》，上海人民出版社1983年版。

[日] 烟有三、山田有策：《日本文艺史》（共5卷），河出书房新社1990年版。

[美] 德纳尔特·金：《日本文学史·近代现代编》，中央公论社1985年版。

蒋瑞藻编：《小说考证（附续编拾遗）》，古典文学出版社1957年版。

魏绍昌等主编：《中国近代文学辞典》，河南教育出版社1993年版。

郝如一、池子华主编：《红十字运动研究》，安徽人民出版社2008年版。

郭则沄：《洞灵小志 续志 补志》，东方出版社2010年版。

熊月之主编：《晚清新学书目提要》，上海书店出版社2007年版。

郑逸梅：《艺林散叶续编》，中华书局2005年版。

包天笑：《钏影楼回忆录》，香港大华出版社1971年版。

阿英：《小说闲谈四种》，上海古籍出版社1985年版。

尚明轩等编：《孙中山生平事迹追忆录》，人民出版社1986年版。

庞荣棣：《申报魂：中国报业泰斗史量才图文珍集》，上海远东出版社2008年版。

戈公振：《中国报学史》，商务印书馆1928年版。

郑逸梅：《清末民初文坛轶事》，中华书局2005年版。

连燕堂：《二十世纪中国翻译文学史·近代卷》，百花文艺出版社2009年版。

邹振环：《影响中国近代社会的一百种译作》，中国对外翻译出版公司1994年版。

陈汉才：《康门弟子述略》，广东高等教育出版社1991年版。

李建华：《名家扇书扇画漫说》，学林出版社2008年版。

上海交通大学校史编纂委员会编：《上海交通大学纪事（1896—2005）》，上海交通大学出版社2006年版。

段开龄：《二十世纪中国保险之发展》，新华出版社1997年版。

钱益民：《李登辉传》，复旦大学出版社2005年版。

北京图书馆编：《民国时期总书目：1911—1949》（语言文字分册），书目文献出版社1986年版。

陈衍：《石遗室诗话》，郑朝宗、石文英校点，人民文学出版社2004年版。

林怡：《榕城治学记》，岳麓书社2010年版。

鲁迅：《鲁迅译文集》（共10卷），人民文学出版社1959年版。

杨世骥：《文苑谈往》，中华书局1946年版。

阿英：《晚清小说史》，人民文学出版社1980年版。

陶孟和：《北平生活费之分析》，商务印书馆2011年版。

［日］樽本照雄：《清末小说研究集稿》，陈薇监译，齐鲁书社2006年版。

李新总编：《中华民国史·人物传》（共8卷），中华书局2011年版。

丁天顺、徐冰编著：《山西近现代人物辞典》，山西古籍出版社1999年版。

阿英：《晚清戏曲小说目》，上海文艺联合出版社1954年版。

张静庐辑注：《中国近代出版史料二编》，上海书店出版社2003年版。

刘成禺：《世载堂杂忆》，中华书局2006年版。

湖北省地方志编纂委员会编：《湖北省志人物志稿》，光明日报出版社1989年版。

贾植芳、俞元桂主编：《中国现代文学总书目》，福建教育出版社1993年版。

戈宝权：《中外文学因缘——戈宝权比较文学论文集》，北京出版社1992年版。

闵杰：《近代中国社会文化变迁录》（第2卷），浙江人民出版社1998年版。

张铁夫：《群星灿烂的文学——俄罗斯文学论集》，东方出版社2002年版。

王晓元：《翻译话语与意识形态——中国1895—1911年文学翻译研究》，上海外语教育出版社2010年版。

中国社会科学院近代文学研究组编：《中国近代文学研究集》，中国文联出版公司1986年版。

韩一宇：《清末民初汉译法国文学研究（1897—1916）》，中国社会科学出版社2008年版。

赵景深：《文坛回忆》，重庆出版社1985年版。

胡适：《胡适学术文集·新文学运动》，姜义华主编，中华书局1993年版。

孙中田、查国华：《茅盾研究资料》，中国社会科学出版社1983年版。

［法］大仲马：《侠隐记》，伍光建译述，茅盾校注，湖南人民出版社1982年版。

张元济：《张元济全集》（共10卷），商务印书馆2008年版。

吴迪等：《浙江翻译文学史》，杭州出版社2008年版。

韩洪举：《浙江近现代小说史》，杭州出版社2011年版。

鲁迅博物馆鲁迅研究室编：《鲁迅年谱》（共4册），人民文学出版社2000年版。

张菊香、张铁荣编著：《周作人年谱》，天津人民出版社2000年版。
止庵主编：《周氏兄弟合译文集·域外小说集》，新星出版社2006年版。
［俄］安德列耶夫：《安德列耶夫小说戏剧选·沉默》，鲁民译，外国文学出版社1984年版。
沈永宝编：《钱玄同五四时期言论集》，东方出版中心1998年版。
刘晓路：《世界美术中的中国与日本美术》，广西美术出版社2001年版。
朱汉国、杨群主编：《中华民国史》（共10卷），四川人民出版社2006年版。
［波兰］廖抗夫：《夜未央》，李石曾译，革新书局1908年版。
巴金：《巴金译文选集》，生活·读书·新知三联书店1991年版。
巴金：《巴金全集》（共26卷），人民文学出版社1991年版。
上海文化出版社编：《滑稽论丛》，上海文化出版社1958年版。
徐卓呆：《卓呆小说集》，世界书局1924年版。
梁启超：《饮冰室诗话》，舒芜校点，人民文学出版社1982年版。
雷鸣：《汪精卫先生传》，《民国丛书》第1编第88册，上海书店出版社1992年影印本。
徐珂编撰：《清稗类钞》（共12册），中华书局2012年版。
朱寿朋编：《光绪朝东华录》，中华书局1984年版。
商务印书馆编辑部编：《论严复与严复名著》，商务印书馆1982年版。
钱玄同：《钱玄同文集》（共6卷），中国人民大学出版社1999年版。
杨源濬：《陈君天华行状》，新华自治会1907年刊。
郭延礼编：《秋瑾研究资料》，山东教育出版社1987年版。
秋瑾：《秋瑾集》，上海古籍出版社1979年版。
衡阳市妇女联合会编：《唐群英史料集萃》，湖南省地质测绘印刷厂2006年版。
湖南省地方志编纂委员会编：《湖南省志·人物志》，湖南出版社1992年版。
王天根等著：《近代报刊与辛亥革命的舆论动员》，黄山书社2011年版。
中国社会科学院近代史研究所整理：《黄炎培日记》（共10卷），华文出版社2008年版。
郭人民、史苏苑主编：《中州历史人物辞典》，河南大学出版社1991年版。
郭长海、李亚彬编著：《秋瑾事迹研究》，东北师范大学出版社1987年版。
周一川：《近代中国女性日本留学史》，社会科学文献出版社2007年版。
赵景深主编：《中国古典小说戏曲论集》，上海古籍出版社1985年版。

梁河县志编纂委员会编：《梁河县志》，云南人民出版社1993年版。
李景煜主编：《云南省志》，云南人民出版社2002年版。
李克简、孔昭慈主编：《天津近代人物录》，《天津史志丛刊》（二），1987年。
荣县县志编纂委员会编：《荣县县志》，四川大学出版社1993年版。
刘永文编：《晚清小说目录》，上海古籍出版社2009年版。
方汉奇：《中国近代报刊史》（3册），山西教育出版社2012年版。
欧阳健：《晚清小说史》，浙江古籍出版社1997年版。
陈季同：《黄衫客传奇》，李华川译，人民文学出版社2010年版。
严家炎主编：《二十世纪中国文学史》上册，高等教育出版社2010年版。
冯自由：《中华民国开国前革命史》，中国文化服务社1946年版。
郭浩帆：《中国近代四大小说杂志研究》，2000年山东大学博士学位论文。
石昌渝主编：《中国古代小说总目》（白话卷），山西教育出版社2004年版。
陈铮编：《黄遵宪全集》，中华书局2005年版。
姜荣刚：《晚清小说的变革：中西互动与传统的内在转化——以梁启超为中心》，中国社会科学出版社2014年版。
孙元超编：《辛亥革命四烈士年谱》，北京图书馆出版社1981年版。
陈墨峰：《海外扶余》，孙菊园、孙逊校注，湖南人民出版社1985年版。
张肇桐：《自由结婚》，1903年自由社刊本。
汪原放：《回忆亚东图书馆》，学林出版社1983年版。
江苏省社会科学院明清小说研究中心、江苏省社会科学院文学研究所编：《中国通俗小说总目提要》，中国文联出版公司1997年版。
陈平原：《小说史：理论与实践》，北京大学出版社2005年版。
吴组缃主编：《中国近代文学大系·小说集》，上海书店出版社1991年版。
范伯群：《多元共生的中国文学的现代化历程》，复旦大学出版社2009年版。
皮明庥主编：《武昌起义史》，中国文史出版社1991年版。
景克宁、赵瞻国：《景梅九年谱》，山西人民出版社1990年版。
陈梦熊：《〈鲁迅全集〉中的人和事》，上海社会科学院出版社2004年版。
左鹏军：《晚清民国传奇杂剧文献与史实研究》，人民文学出版社2011年版。
梁淑安、姚柯夫：《中国近代传奇杂剧经眼录》，书目文献出版社1996年版。
赵山林：《中国近代戏曲编年》，华东师范大学出版社2008年版。
袁进主编：《中国近代文学编年史——以文学广告为中心（1872—

1914)》，北京大学出版社 2013 年版。

姜义华、张荣华编校：《康有为全集》（共 12 集），中国人民大学出版社 2007 年版。

黄爱华：《中国早期话剧与日本》，岳麓书社 2001 年版。

孔凡岭：《留日学生对中国近代文化的贡献》，《齐鲁学刊》1987 年第 6 期。

［日］泽田瑞穗：《晚清小说概观》，谢碧霞译，林明德编：《晚清小说研究》，台北联经出版事业公司 1988 年版。

周棉：《留学生与近代以来的中国文学》，《徐州师范学院学报》1990 年第 1、2 期。

贾植芳：《中国留日学生与中国现代文学》，《中国比较文学》1991 年第 1 期。

陈辽：《略论留学生对中国文学发展的贡献》，《徐州师范大学学报》2005 年第 2 期。

钟俊昆：《留学生与 20 世纪中国前期文学思潮》，《徐州师范大学学报》2000 年第 2 期。

钟俊昆：《留学生与二十世纪前后的中国散文》，《江西社会科学》2002 年第 10 期。

潘建国：《近代小说的研究现状与学术空间》，《文学遗产》2006 年第 1 期。

王富仁：《影响 21 世纪中国文化的几个现实因素》，《战略与管理》1997 年第 2 期。

李喜所：《清末留日学生人数小考》，《文史哲》1982 年第 3 期。

［日］樽本照雄：《清末民初的翻译小说——经日本传到中国的翻译小说》，王宏志主编：《翻译与创作——中国近代翻译小说论》，北京大学出版社 2000 年版。

以君：《岭南羽衣女士考》，《顺德文史》第 3 辑，1983 年。

沈寂：《陈独秀留学问题再考》，《安徽史学》1992 年第 4 期。

唐仁郭：《广西乡贤马君武》，《广西社会科学》1995 年第 5 期。

林慰君：《记先父林白水烈士》，《新闻研究资料》总第 41 辑，1988 年。

姜荣刚：《晚清留学生小说家杨心一生平事迹新考》，《许昌学院学报》2012 年第 1 期。

姜荣刚：《王国维"意境"新义源出西学"格义"考》，《学术月刊》2011 年 7 月号。

姜荣刚：《王国维"有我之境"、"无我之境"概念形成考》，《浙江学刊》

2012 年第 3 期。

姜荣刚：《两种"意境"的并存与交融——"意境"现代意义生成的历史考察》，《人文杂志》2012 年第 6 期。

姚永新集辑：《苏州留学生名录（初稿）》，《苏州文史资料》第 15 辑，1986 年。

贝德士辑录：《中国基督教名录》，章开沅、马敏主编：《社会转型与教会大学》，湖北教育出版社 1998 年版。

刘廷芳：《基督教在中国到底传什么》，张西平、卓新平编：《真理与生命：20 世纪中国基督教文化学术论集》，中国广播电视出版社 1998 年版。

李华川：《晚清外交官陈季同法文著作考》，《中华读书报》2002 年 3 月 6 日。

范铁权：《黄尊三留日史事述论》，《徐州师范大学学报》2012 年第 4 期。

［日］增田涉：《与鲁迅先生相处的日子》，卞立强译，山东师范学院聊城分院中文系、图书馆编：《鲁迅在日本》，《鲁迅生平资料丛抄》第 5 辑，1978 年。

皮后锋、杨琥：《〈国闻报〉所刊〈本馆附印说部缘起〉之作者考辨》，《明清小说研究》2011 年第 3 期。

姜荣刚：《一篇被忽略的早期小说革新宣言——论杨度〈游学译编叙〉中的小说思想及其价值》，《中国古代小说研究》第 4 辑，2010 年。

陆扬、张祯：《托尔斯泰〈艺术论〉在中国》，《江苏行政学院学报》2012 年第 3 期。

姜荣刚：《梁启超对"小说支配人道"的佛学阐释》，《华南理工大学学报》2010 年第 1 期。

［日］斋藤希史：《近代文学观念形成期的日本》，［日］狭间直树编：《梁启超·明治日本·西方：日本京都大学人文科学研究所共同研究报告》，社会科学文献出版社 2001 年版。

邬国义：《第一部翻译小说〈昕夕闲谈〉译事考论》，《中华文史论丛》2008 年第 4 辑。

刘镇清：《试探〈昕夕闲谈〉的译者身份》，《华侨大学学报》2009 年第 1 期。

罗新璋：《我国自成体系的翻译理论》，《中国翻译》1983 年第 7 期。

林庆元：《近代爱国造船专家魏瀚》，《史学月刊》1985 年第 3 期。

林家钟：《王寿昌》，《福州历史人物》第 10 辑，1998 年。

林怡、卓希惠：《处困还期得句工——近代著名翻译家王寿昌及其〈晓斋遗稿〉》,《中国韵文学刊》2005 年第 2 期。

胡孟玺:《林琴南轶事》,《福建文史资料》第 5 辑,1981 年。

褚志义:《著名律师褚嘉猷》,《海宁人物资料》第 8 辑,1990 年。

沈琼楼:《清末广州科举与学堂过渡时期状况》,《广东文史资料》第 53 辑,1987 年。

陈力卫:《日本政治小说〈雪中梅〉的中文翻译与新词传播》,王中忱等主编:《东亚人文》第 1 辑,2008 年。

钱仲联:《〈广清碑传集〉补遗六篇》,《苏州大学学报》2000 年第 2 期。

陈洪范:《松江革命前辈陈景韩先生》,《松江文史》第 3 辑,1983 年。

曹聚仁:《陈冷血的时评》,《20 世纪上海文史资料文库 (6)》,上海书店出版社 1999 年版。

张书才编选:《宣统二年归国留学生史料续编》,《历史档案》1997 年第 4 期。

胡道静:《上海的定期刊物》,上海通志馆编:《上海市通志馆期刊》第 1 年第 3 期,1933 年。

牛亚华:《清末留日医学生及其对中国近代医学事业的贡献》,《中国科技史料》2003 年第 3 期。

谢长法:《清末的留日女学生》,《近代史研究》1995 年第 2 期。

王澈编选:《宣统二年归国留学生史料》,《历史档案》1997 年第 2 期。

范腾霄:《范腾霄自传》,《利川文史资料》第 1 辑,1986 年。

范光华:《父亲范腾霄》,《利川文史资料》第 1 辑,1986 年。

杨天石:《苏、陈译本〈惨世界〉与近代中国早期的社会主义思潮》,《中国社会科学院研究生院学报》1995 年第 6 期。

伍季真:《回忆前辈翻译家、先父伍光建》,《上海文史资料选辑》第 69 辑,1992 年。

蒋维乔:《编辑小学教科书之回忆》,《出版周刊》新 156 号,1935 年。

王善生、秦彤:《中国早期的话剧倡导者曾孝谷先生二三事》,《文史杂志》1986 年第 3 期。

郭延礼:《20 世纪初中国女性文学四大作家群体考论》,《文史哲》2009 第 4 期。

龚喜平:《秋瑾文体革新理论与实践考论》,《西北师大学报》2002 年第 2 期。

陆承裕:《同盟会女志士张汉英传略》,《湖南文史》第 43 辑,1991 年。

林慰君:《先姑母林宗素女士事略》,《文史资料选辑》第 32 辑,1987 年。

《本省资遣留学各国学生调查表：美国》，《江苏教育行政月报》第 1 号，1913 年。

郭延礼：《20 世纪初女性政论作家群体的诞生》，《中国现代文学研究丛刊》2009 年第 3 期。

翟品三：《李庆芳》，《长治文史资料》第 9 辑，1991 年。

刘积学：《刘积学自传》，《河南文史资料》第 8 辑，1983 年。

于必昌：《〈自由结婚〉作者小考》，《文学评论丛刊》第 16 辑，1982 年。

任建树：《陈独秀字号笔名化名考释》，《民国档案》1986 年第 6 期。

徐念慈：《常熟竞化女校开学歌》，《常熟文史》第 22 辑，1994 年。

于润琦：《清末民初的短篇小说》，《明清小说研究》1997 年第 3 期。

缪俭成、蔡汉伯：《缪文公先生二三事》，《如东文史资料》第 2 辑，1987 年。

陈龙：《近代通俗话剧及其历史价值》，《中国现代文学研究丛刊》1996 年第 2 期。

［日］伊藤茂：《藤泽浅二郎与中国留学生（春柳社）交流的定位》，《中国话剧研究》第 10 辑，2004 年。

后　　记

我关注晚清留学生文学群体始于2006年，当时正在中国社会科学院研究生院攻读博士。正如很多学者一样，我对中国古典文学如何向现代文学转变充满浓厚兴趣，但是面对近代浩如烟海的文学史料与纷繁复杂的文学现象，如何寻找一个最佳切入点成为我一直思考的问题。后来我将目标定在了留学生文学群体上，其因一在留学生在近代文学变革过程中一直是一个非常活跃的群体；其次是域外文学作为中国文学近现代转型的一个重要推动因素，它如何内化进中国近现代文学的历史建构，留学生无疑是一个最佳的观察视角。

当然，选择这个研究目标也因为我当时以为学术界没什么研究，不过从后来的学术史梳理中我发现我是孤陋寡闻了，现当代文学已有相当研究积累。但我所关注的近代，留学生文学群体研究则相当薄弱，专题论文难得一见，更重要的是他们关于留学生的界定十分宽泛，有些研究者将留学生与出洋者等同，一些并非真正的留学生，如出国工作者、游历者均被纳入研究范围，这显然泯灭了研究对象的独特个性。因此，我在研究这一文学群体时，首先将其界定为晚清曾留学海外，留学期间或之后从事过文学活动或创作的一批人，不包括游历、工作于海外而无学堂学习经历及仅在留学之前从事过文学活动或创作的人。这一界定虽较以往研究更为严谨科学，但也给自己带来了巨大麻烦，以往研究者只要知道研究对象有出国经历即可将其纳入研究范围，但是我必须首先考证其域外学堂的学习经历。由于晚清此方面的文献十分分散，且不易获见，这项工作进行得甚为艰辛。如晚清留学生的重要文献《清国留学生会馆第一至第六次报告》，我曾按照研究者提供的收藏单位前往借阅，两次均因种种原因被拒之门外。不过，功夫不负有心人，通过大量文献的爬梳考证，我所确定的研究对象已是学界估计的数倍以上。近代文学研究专家郭延礼先生曾估计近代留学生作家在一百名左右，而本书考出的晚清留学生文学群体即已接近这一数字。

在对晚清留学生文学群体进行研究时，我也的确有不少发现与收获，其中最值得一提的便是王国维"意境"理论来源的研究。我在阅读皮后锋先生大著《严复大传》时，见其提及严复翻译的《美术通诠》，并称此译著学界向无关注，我当时深感此材料至为重要，遂与皮先生联系，承蒙其慷慨惠赐影本。经过仔细研读，我发现"意境"不仅是这一译著的核心美学概念，而且其理论构成与王国维的"意境"具有高度的一致性，遂尝试从中西"格义"的角度对王国维的"意境"理论作了重新解读与研究，曾先后发表4篇论文，未曾想在学界竟产生了较大反响。这4篇论文被《新华文摘》论点摘编2次、中国人民大学书报复印资料全文转载1次，在2012年至2013年参加的中外文艺理论年会及中国古代文学理论第十八年会上宣读研究观点，也引起了与会专家的高度关注。

说实话，在研究的过程中我几次都因论题难度过大产生放弃的念头，但均因单位领导与师友的鼓励坚持了下来。诚如他们所说，难度大才说明有研究价值。同时，以此为研究课题申请的基金项目也屡屡获批，2011年我以"留学生与晚清文学转型"为题申报教育部社科基金获得批准，今年以"留学生与中国文学的近代转型研究（1840—1919）"为题又获得了国家社科基金资助，这说明学界对此课题是颇为认可的。有了基金资助，我有条件当然也必须将此课题研究进行到底。

本书作为我教育部社科基金及中国博士后科学基金的结题成果，出版时删掉了其中关于文论方面的论述，一是因为它与全书体例不相协调，二是我拟将其作为专题进行更深入的研究。在此书的写作过程中，我得到了许多师友的帮助，在此一并致谢！同时，还要特别感谢本书编辑刘艳女士在校对过程中付出的辛勤劳动！

姜荣刚
2015年9月7日